거침없이 정청래

정청래의 정치현장보고

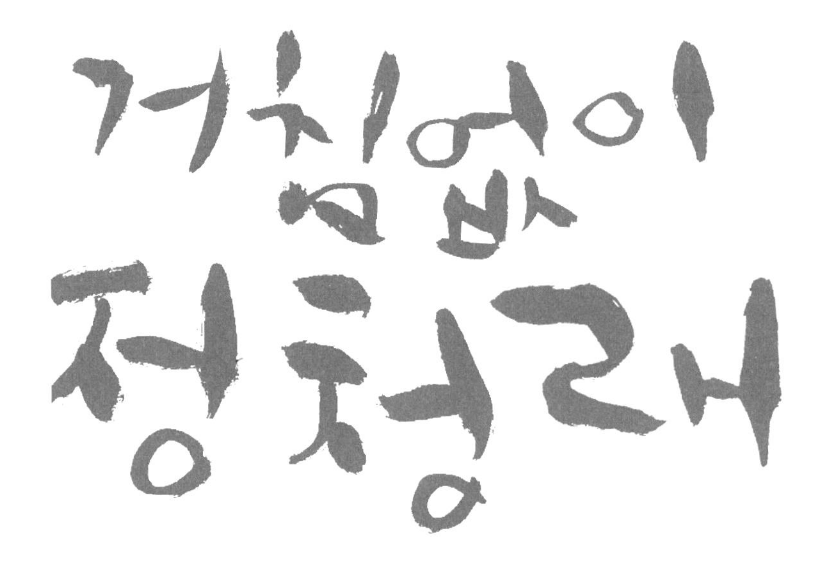

정청래 지음

(주)자음과모음

추천의 글

파도 같은 에너지
눈물 많은 내면

도종환(시인 · 국회의원)

정청래는 강한 사람이다.

정청래는 최전방 공격수다.

정청래는 당 대표가 되기를 자처하는 사람이다.

정청래는 원칙을 지키는 사람이다.

정청래는 보수언론과 타협하지 않는 사람이다.

정청래는 거침없는 사람이다.

정청래는 야성이 살아 있는 정치인이다.

정청래는 정면 승부 하는 사람이다.

이게 우리가 알고 있는 정치인 정청래의 모습입니다.

국민은 이런 정치인을 원합니다. 국민을 대신해서 싸워주는 사람, 할 말을 속 시원하게 하는 사람을 보고 싶어 합니다. 악의 무리를 물리치는 영웅, 불의에 맞서는 정의로운 사람이 나와주기를 바랍니다. 그런 역할을 정청래 의원이 해왔습니다. 그래서 국민은 정청래 의원을 좋아합니다. 그의 말은 거침이 없습니다. 논리정연하고 화끈합니다. 순발력이 있고 분명합니다. 군더더기가 없고 명료합니다. 그는 최전방 공격수이길 자처합니다.

그의 공격적인 자세에 국민은 박수를 보냅니다. 박근혜 정부의 뻔뻔함과 무능과 퇴행에 맞서 정면 승부를 하고자 합니다. 박근혜 정부의 튼튼한 지지의 원천인 보수언론과 타협하지 않는 어려운 길을 가고 있습니다. 그는 야성이 살아 있는 정치인입니다. 그에게는 야생의 냄새가 납니다. 그걸 국민이 예민한 후각으로 알아챕니다.

그래서 정청래는 피도 눈물도 없는 사람이라고 생각하는 국민이 많습니다. 그러나 이 책에서 정청래는 자신이 눈물 많은 사람이라는 이야기를 여러 번 합니다.

"저는 인생을 살면서 참 많은 눈물을 흘리고 제 삶을 개척하기 위해 많은 땀도 흘렸고 조국을 위해 혈서도 써봤고 감옥에도 갔습니다. 앞으로 저를 피도 눈물도 없는 놈이라 욕하지 마십시오. 저요, 눈물 많은 남자입니다."

이런 말을 들으면 좀 당황스러울 겁니다. 정청래가 눈물 많은 남자라니? 그런데 제가 옆에서 지켜보니 정청래는 웃음도 많고 눈물도 많은 사람입니다. 강하지만 여린 데도 있고, 매사에 당당하지만 수줍음도 많이 타는 사람입니다. 무서울 것 같지만 정도 많은 사람입니다.

정청래 의원을 옆에서 지켜보면서 제가 제일 부러워하는 것 중의 하나가 그의 순발력입니다. 한 달에 한 번 있는 '시 읽는 의원 모임'에서 시집을 읽다가 금방 패러디 시를 만들어내서 좌중을 즐겁게 만드는 일은 흔한 일입니다. 일상적인 대화를 나누다가도 어찌 그리 머리가 민활하게 돌아가는지 감탄할 때가 많습니다.

지난 5월 최고위원회의 도중에 있었던 발언도 저는 그의 순발력이 원인이라고 생각합니다. 주승용 의원이 '공개', '공정', '공평'을 말하는 걸 듣다가 운율을 맞춰 '공갈'이라고 말했을 겁니다. 그게 이렇게 엄청난 파장을 불러오리라는 생각을 못 했을 겁니다. 머리 회전이 너무 빠른 게 병입니다. 그 바람에 최고위원회에 참여할 수 없는 징계를 받은 것이지요. 낙선에 버금가는 충격을 받았을 겁니다. 많이 괴로워했고, 참으로 힘든 기간을 보내고 있을 겁니다. 아마 국회의원직을 그만두고 싶었을 겁니다. 그의 팔에 생긴 상처들을 보고 놀란 적이 있습니다. 몸을 긁어서 생긴 상처였습니다. 얼마나 스트레스를 견딜 수 없었으면 그게 피부 트러블로 왔을까 생각하니 안쓰러웠습니다. 팔만 그러냐고 물어보니 온몸이 그렇다고 하더군요. 속은 썩을 대로 썩었을 겁니다. 벤치로 물러난 공격수가 되고 말았으니 얼마나 속이 타겠습니까?

나는 이번 일을 계기로 정청래 의원이 최전방 공격수에 그치지 말고 대표선수로 거듭나는 계기가 되길 바랍니다. 최전방 공격수에 머물지 말고 격투기 선수가 되기를 바라는 사람도 있을 겁니다. 국민은 럭비 선수처럼 공을 끌어안고 온몸으로 부딪치고 뒹구는 선수를 원할지도 모릅니다. 그러나 나는 공격 축구의 선봉에 서는 것만이 아니라 좀 더 치밀한 선수가 되길 원합니다. 좀 더 지혜로운 경기를 하는 선수가 되기를 바랍니다.

정청래 의원은 이번 자숙 기간 동안 『징비록』을 읽었다고 합니다. 그는 최고위원에 출마할 때 이순신처럼 길목을 지키는 장수가 되겠다고 했습니다. 이순신 장군은 가만히 서서 길목만 지킨 장수가 아닙니다. 이순신 장군이야말로 지혜로운 장수였습니다. 지지 않는 싸움을 할 줄 아는 장수였습니다. 최후의 순간을 기다릴 줄 아는 장수였고, 마지막으로 어디에 목숨을 던져야 하는지를 아는 장수였습니다. 그런 장수가 최고의 장수입니다.

단 한 방의 대포도 헛되이 쏘지 않는 '당 대포'이길 바랍니다. 그의 대포는 원칙이 있고 소신이 있는 대포였습니다. 그는 강한 사람이지만 실은 곧은 사람입니다. 그는 곧은 사람이지만 경직된 사람은 아닙니다. 야성이 살아 있고 동시에 상상력이 살아 있는 사람입니다. 창의력이 생동하는 사람입니다.

어려서부터 그랬습니다. '나무꼭대기까지 올라가 새집을 들고 내려오는 데 실패한 적이 없는 아이'였고, '사과 껍질 안 끊어지고 깎기 기록 보유자'입니다. '라면 한 개를 나누어 끓여 먹으며 3박4일을 버티는 사람'이고, 유민 아빠와 함께 24일을 단식한 사람입니다. 강직한 사람이면서 청국장을 즐겨 먹는 사람이고, 정부 관료들을 향해서는 목청을 높이다가 서강대교만 건너가면 털털한 아저씨로 변하는 사람입니다. 가까이 가서 보면 '인간적인 너무나 인간적인'사람입니다.

태양에서 뿜어져 나오는 양화(陽火)의 기운이 타오르는가 하면, 달빛과 같은 음화(陰火)의 기운이 동시에 내재되어 있는 사람입니다. 파도처럼 거침없이 몰아치는 양수(陽水)의 에너지가 출렁이기도 하지만, 잔잔한 개울물의 평화를 아는 사람, 눈물 많은 음수(陰水)의 내면을 가진 사람이기도 합니다.

자숙의 기간이 그에게 찾아온 것이 어쩌면 다행인지도 모릅니다. 성찰하고 사유하는 시간을 가지면서 깊어지기를 바랍니다. 보현보살의 행덕(行德)과 실천하는 힘만이 아니라 문수보살의 지덕(智德)의 깊이까지를 배우는 계기가 되길 바랍니다.

그래서 이 책이 인간 정청래를 다시 이해하게 되고, 더 가까이 알게 되며, 그를 재기하게 만드는 계기가 되길 바랍니다. 그에게 다시 야성이 살아 있는 정치인이 될 수 있는 기회를 주어야 합니다. 그를 다시 기용하여 대표선수로서 제 역할 하는 모습을 온 국민이 볼 수 있게 되기를 바랍니다.

낡은 지갑에 담긴 일관된 삶

문재인(새정치민주연합 당대표)

정청래 의원이 자숙의 기간 동안 책 한 권 썼다는 말을 듣고, 아주 기뻤습니다. 고통스러운 시간도 있었을 테고 무엇보다 마음속의 말을 표현하지 못해 답답했을 텐데, 잘 이겨내서서 고맙고 또 다른 성과를 만들어낸 성실함에 박수를 보냅니다.

당 지도부에 정청래 의원이 함께할 때, 기자들의 표정이 새삼스럽게 떠오릅니다. 정청래 의원의 순서가 되면 눈이 반짝반짝하면서 '오늘은 무슨 말을 할까?' 하는 기대감이 방 안에 가득했습니다. 물론 기대에 걸맞게 정부여당에는 대포를 쏘아대고, 내부 비판에도 거침이 없었습니다. 물론 아슬아슬한 때도 있었지만, 눈치 보지 않고 영합하지 않는 모습이 좋았습니다.

여의도 정치권에는 300여 명 의원이 활동하고 있지만, 사실 자기 언어와 말을 가진 의원은 많지 않습니다. 그것은 개인의 소신과 철학 문제이기도 하고, 수많은 이해관계에 얽매이면서 이것저것 뒤섞이다보니 자기 목소리가 빠져버리게 되기 때문입니다. 소신 없이 정치를 시작하지 않은 사람이 있겠습니까만, 끊임없이 처음으로 돌아가고 스스로를 점검하지 않으면 어느 순간 자신이 왜 정치를 시작했는지 잃어버리기 쉬운 곳이 여의도입니다.

자신의 길을 믿고 흔들림 없이 가지 않으면 자기 언어는 생기지 않습니다. 또 국민의 목소리를 대변하지 않고 이해관계에 얽매인 말을 하기 시작하면 어느새 그 언어에 자신이 사라져버립니다. 남의 이야기를 옮기는 앵무새가 되고 맙니다. 여의도에서 정청래 의원은 소신 있는 자기 목소리를 가진 몇 안 되는 사람 중 한 명입니다. '늘 처음처럼'이라는 정청래 의원의 사인 문구는 자기 자신을 붙잡는 간절한 다짐 같습니다.

이번에 책을 읽으면서도 아주 놀랐습니다. 정치인이 되지 않았다면 소설을 써도 되겠다 싶을 정도로 글 솜씨도 대단했습니다. 대학 때 학보사 기자를 했다고 들었는데 그때부터 쌓인 실력인가 싶습니다.

그렇지만 그보다 더 놀란 건 미래를 설계하고 자신이 설계한 미래에 다가가기 위해 노력한 일관성이었습니다. 원칙에 벗어나거나 타협하지 않고 올곧게 자신을 지키는 일이 얼마나 어려운 일입니까? 그 과정에서 자기 언어에 대한 확신이 생겼고 그렇기 때문에 정청래 의원의 말을 많은 사람이 좋아하는 게 아닌가 합니다. 사업을 할 때도, 초선 이후 낙선의 힘든 과정에서도 그토록 자신을 잘 지키고 설계해온 것이 존경스럽습니다. 정치인이 아니라 한 사람 정청래를 만나게 된 것 같아 반가웠습니다.

처음에 기자들도 '오늘은 어떤 재미난 말을 할까?' 하고 기다렸겠지만 어느새 그 말속에 담긴 일관된 태도와 내용을 보고 다시 보았을 것입니다.

정청래 의원과 밥을 먹어본 사람이면 알 수 있는 일인데, 정청래 의원의 지갑은 너덜너덜해진 낡은 지갑입니다. 매형이 지인의 정육점 개업식 때 사은품으로 받은 선물을 준 것이라 정육점 마크가 찍혀 있습니다. 이 지갑을 족히 30년은 가지고 다녔다고 하니, 이런 사람이라면 국민을 배반하지 않는 의정활동을 하리라 믿게 됩니다. 이 지갑이 보고 싶다면 정청래 의원에게 "밥 한번 먹자"고 말을 걸어보세요. 지갑 하나에 담긴 30년의 삶이 얼마나 진솔한지 알게 되실 겁니다.

정청래 의원이 얼마나 일관되게 서민의 편인지 알 수 있는 사례가 하나 있습니다. 담뱃세 인상으로 서민들의 한숨이 깊었던 지난 1월 25일 정부는 주민세와 자동차세의 인상을 추진하겠다고 밝혔습니다. 정부는 1만 원 이하인 주민세를 1만 원 이상 2만 원 이하로 올리고, 영업용 승용차 등 450만 대의 자동차세를 100퍼센트 인상할 계획이었습니다. 이 계획이 국회 안행위에서 큰 벽에 부딪쳤는데, 우리당 안행위 간사가 정청래 의원이었습니다.

담배세는 국세이기 때문에 인상안을 국회의장이 예산부수법안으로 지정해서 직권 상정, 통과되었지만, 주민세와 자동차세는 지방세이기 때문에 직권상정 할 수가 없고 반드시 안행위를 통과해야 했습니다. 그때 저는 전당대회를 치르기 위해 대구에 있었습니다. 정청래 의원도 최고위원 출마로 정신없는 와중이었지만 "서민증세 절대 안 된다"며 꼼수 증세를 막았습니다.

장판교에서 눈을 부릅뜨고 조조군을 홀로 막은 장비 같은 기개였습니다. 이순신 장군도 "한 명의 군사가 길목을 잘 지키면 천 명의 적도 물리칠 수 있다"고 했습니다. 한 명의 의원이 마음먹고 국민의 편에 서기만 해도 국민의 지갑을 지킬 수 있다는 걸 정청래 안행위 간사가 보여주었습니다.

자신의 신념을 지키며 다른 사람에게 기대지 않고 살기란 어렵습니다. 사람은 누구나 흔들리기 마련이고 그래서 신념을 지키며 사는 사람일수록 홀로 흘리는 눈물이 많은 법입니다. 정청래 의원이 홀로 흘린 눈물을 보면서 이 사람, 결국 더 깊은 생각 더 단단해진 생각을 가지고 돌아올 것이라는 믿음이 들었습니다.

정치란 사람과 사람 사이에 엉킨 실타래를 푸는 일에서부터 시작하는 것 같습니다. 아무리 좋은 생각을 가졌다 해도 혼자서 할 수 없는 일도 많습니다. 이 책을 통해 많은 사람이 정청래 의원을 이해하고 공감하게 되기를 바랍니다. 그의 인간적인 면모가 지역구 마포에서뿐만 아니라 여의도를 넘어 널리 국민에게 스며들기를 바랍니다. 많은 사람이 정 의원을 격려하고 응원해주시면 좋겠습니다.

언젠가 정청래의 진심이
국민 마음속에
아름다운 꽃으로 피어날 것으로 믿으며

정청래 하면 떠오르는
파격(破格)-일정한 격식을 깨트리다

박원순(서울시장)

정청래 의원을 단 한마디로 표현하자면 단언컨대 '파격'이란 말이 가장 잘 어울릴 것입니다.

"그런 일은 전례가 없습니다."

"전례가 없으면 지금부터 만드십시오."

두 해 전, 국회 국정감사 중계를 지켜보던 중 무릎을 치며 "역시, 정청래"를 외친 적이 있습니다. 정청래 의원이 재외국민들의 안전과 지원을 촉구하던 중이었는데 해당 정부기관은 "전례가 없어서 못 한다"는 입장을 보였습니다. 그때 정청래 의원이 이렇게 질타했습니다.

"전례가 없으면 지금부터 만들면 되지 않습니까?"

아주 단편적인 일화지만 정청래 의원이 일을 할 때는 이처럼 거침이 없습니다. 체면이나 격식을 따지지도 않습니다.

잘 알려져 있지 않지만, 2011년 무상급식 주민투표에 대해 "나쁜 투표 착한 거부"라는 딱지를 붙이고 시민들의 호응과 동의를 이끌어 낸 주역이 바로 정청래 의원이었습니다.

당시 정청래 의원은 국회의원 신분이 아니었습니다. 하지만 정청래 의원은 국회의원 배지가 있든 없든 상관치 않고 그 누구보다 열심히 뛰었습니다. 대의를 위한 일이라면 자신의 체면과 격식도 과감히 내려놓는 사람입니다.

관성의 법칙이란 것이 있습니다. 관성의 법칙은 물리학에만 있는 것이 아니라 우리 사회에도 존재합니다. 잘못된 관례가 계속되는 것은 그러한 관성에서 나오는 것입니다.

우리 사회의 부조리를 타파하기 위해서 때로는 고착화된 관성의 법칙을 깨는 새로운 도전이 필요합니다. 그것이 바로 '파격'입니다.

관성이 주는 편안함에 안주하지 않고 새롭게 도전하며 더 나은 세상을 위해 거침없이 불편함을 자처하고 나서는 용기, 저는 바로 이 점이 인간 정청래의 진면목이 아닐까 싶습니다.

단 한 번, 단 일 분이라도 정청래 의원과 눈을 맞추고 대화한다면 인간 정청래의 진가를 쉽게 발견할 수 있을 것입니다. 하지만, 그럴 기회가 없다면 『거침없이 정청래』, 이 책을 꼭 한 번 읽어보기를 권유합니다.

이 책은 굴절된 프리즘을 통해 만들어진 정청래에 대한 고정관념을 타파하고 인간 정청래의 진면목을 볼 수 있는 투명한 유리창 같습니다.

우리 사회의 부조리를 깨기 위한 정청래 의원의 파격적인 행보는 멈추지 않을 것이고, 이 책을 읽은 분이라면 그의 행보에 더 큰 박수를 보낼 수밖에 없을 것입니다.

한국 정치사에 새로운 전례가 될 정청래 의원의 파격 행보를 계속 기대합니다.

빛이자 가능성으로 존재하는 그 이름, 정청래

정봉주(제17대 국회의원)

정치란 무엇인가? 이에 대해 가슴에 와 닿는 수많은 정의가 있다. 나는 정치란 이런 것이라고 본다. 펄펄 뛰는 내 심장을 꺼내서 나와 소통하려는 혹은, 나를 거부하는 사람들의 심장을 맞대는 일이라고. 심장을 꺼낸다? 필요한 경우는 목숨을 거는 일이다. 맞댄다? 내 모든 것을 날것으로 부딪친다는 뜻이다. 자신을 던져 진정으로 국민과 삶을 함께하려는 정치인이 지금 이 땅에 몇이나 있는가? 그런 정치인이 얼마 되지 않기에 국민은 더 갈증이 나고 더 배고픈 것이다.

이런 답답한 사회에 존재하는 정청래는 빛이다. 가능성이다. 그래서 그를 죽이지 못해 안달들을 하는 이도 많은 것이다. 그럴수록 더욱더 정청래는 존재해야 한다. 이 책은 그 존재의 이유를 밝히고 있다.

이 책은 정청래의 슬픈 서정시이고 비장한 서사시다. 그를 날것으로 만난다는 사실에 가슴 뛴다. 힘내리라 믿는다. 그 옆에는 오랜 우정을 나누어온 정봉주가 있으니 어려울 때마다 친구인 나를 잊지 말기를 바란다.

저자의 말

착하기는 쉬워도
정의롭기는 어렵다

나는 전문 글쟁이가 아니다. 글을 잘 쓰지도 못하고 책을 펴낼 만큼 무슨 거창한 새로운 내용을 가지고 있는 것도 아니다. 그저 말하기를 좋아하고, 생각날 때마다 말한 내용을 기록하는 취미가 있을 뿐이다. 그러다 보니 못 쓰는 글이지만 끼적끼적한 내용은 꽤 많은 편이다.

"페이스북에 올리는 글을 진짜 직접 다 씁니까?"

이따금씩 이런 질문을 받는다. 수년째 이런 질문을 받을 때마다 나의 대답은 한결같다.

"네, 그렇습니다."

페이스북에 올리는 글이나 내 이름으로 나가는 칼럼들은 누가 대신 써주지 않는다. 내가 다 쓴다.

빨리 쓰는 재주는 좀 있어서 내용의 질을 떠나서 빨리 쓰고 많이 쓴다. 그러니 글 같지 않은 글 또한 많은 것도 숨길 수 없는 사실이다. 사정이 이러함에도 불구하고 책을 펴내기로 작정한 것은 몇 가지 이유에서다.

사람이 책을 만들고 책이 사람을 만든다. 명작이든 졸작이든 사람이라면 누구나 책을 쓸 수도 있지 않을까? 책이 전문 전업작가의 전유물은 아니란 점이 용기를 주었다. 꼭 문학성이 뛰어난 작품만이 책으로 발간되는 것은 아니지 않는가?

이 책에 대해 한마디로 말하면 정청래의 생각 바로 알기다. 나의 삶과 생활을 통해 정치의 부정적 이미지를 씻어내보고자 했다. 아니, 조금 욕심을 낸다면 내가 꿈꾸는 대한민국의 미래를 말하고 싶었다. 대한민국은 삼권분립의 법치국가이고 그 핵심에 국회가 자리 잡고 있다. 국회와 국회의원이 국민에게 배척받는다면 그 누구에게도 도움이 되지 못한다.

국회도 사람이 살고 있는 곳이다. 국회 안에서 벌어지고 있는 온갖 일이 모두 잘못된 것만은 아니다. 여느 세상이 다 그러하듯이 희노애락이 있고 정치적 생로병사가 있다. 국회에서 벌어지는 일들을 진솔하게 보여주고 싶었다. 물론 다른 사람이 아니라 정청래 내 자신의 일상을 통해서 말이다.

전체 내용은 네 부분 기승전결로 구성되어 있다.

기: 남부끄럽지만 아무래도 징계 이야기를 안 할 수가 없었다. 나는 왜 욕먹고 매 맞을 일을 자초하는가. 착하기는 쉽고 정의롭기는 어렵다고 했던가. 그저 그렇게 평범하게 살지 못하고 독특한 캐릭터로 사는가. 왜 당 대포를 자처하고 거침없이 하이킥을 날리며 고난을 자초하는지 설명하고 싶었다.

승: 2012년 대선 패배 후 내 나름대로의 성찰을 담았다. 이렇게 했으면 이기지 않았을까, 무엇이 부족했고 무엇이 문제였는가를 분석했다. 그렇다면 그 분석을 토대로 집권을 위해 앞으로 어떻게 할 것인가, 무엇을 닦고 고치고 기름칠할 것인가, SNS 스마트정당을 어떻게 만들 것인가, 이런 부분을 조금은 적나라하게 실었다.

전: 국회의원에 당선도 했고 낙선도 해보았다. 전현직 국회의원을 두루 경험했다. 의정활동을 하면서, 특히 전 국민적 이슈가 되었던 신문법 제정을 두고 벌어졌던 전쟁 같은 상황, 국정원 댓글사건을 놓고 벌어진 숨겨진 1인치를 생생하게 공개했다.

결: 나는 정청래다. 나는 날마다 우는 남자다. 나는 보수언론에 의해 피도 눈물도 없는 공격적인 냉혈한으로 묘사되곤 한다. 그러나 나도 돌아가신 부모님을 생각하며 눈물짓는 사람이다. 시골 깡촌에서는 누구나 그럴 것이다. 나 역시 고단했지만 흙 향기 풀풀 나는 동화 같은 유년의 추억이 있다. 이 책에는 한국 현대사의 가파른 고갯길을 굽이굽이 넘으며 힘들었지만 희망을 가지고 살았던 우리네 어머니 아버지들의 이야기도 담았다.

따지고 보면 별 내용이 없다. 매우 부족한 책이다. 그럼에도 기꺼이 눈 비벼가며 책을 읽고 추천사를 써주신 존경하는 시인 도종환 의원님, 문재인 대표님, 박원순 서울시장님, 그리고 항상 미안하고 고마운 정봉주 선배님께 무어라 감사해야 할지 모르겠다. 여기저기 흩어져 있는 방대한 글들을 옥석을 가려 구성하고 편집해주신 강병철 사장님, 정은영 편집장님, 유지서 차장 등 출판사 가족에게 감사한다. 이 책은 이분들의 공이다.

아내와 아이들과는 한 번도 징계를 주제로 대화를 나눈 기억이 없다. 이 책의 초고를 읽으며 말없이 울던 아내와 아빠의 우울한 모습을 묵묵히 견뎌주던 세 아들에게 조금이라도 위로가 되었으면 좋겠다.

2015년 8월 여름 끝자락 여의도에서
정청래 씀.

차례

전, 강성에서 감성까지

결, 나는 정청래다

기,

새로운 시작

정청래라는 키워드

나의 길

일하는 소가 매 맞는다.

아무 말도 하지 않으면 욕먹을 일 없고,
아무 일도 하지 않으면 매 맞을 일도 없거늘,
나는 왜 욕먹고 매 맞을 일을 자초하는가?
지금은 저항시대, 아무도 말하지 않으면 안 되니까,
내가 말하는 거다.
외롭고 쓸쓸해도 나는 내가 해야만 하는 일을 하겠다.
힘들고 고달파도 나는 내가 가야 할 길을 걸어가겠다.

바람을 거슬러 나는 새처럼

민주주의 후퇴 반동의 역사를
거슬러 날겠다.
물살을 거슬러 헤엄치는 물고기처럼
반칙과 특권에 맞서겠다.
외롭고 쓸쓸하지만 노무현처럼
그 길을 가겠다.

성찰: 정청래를 징계한다

핸드폰을 껐다. 머리를 깎으러 동네 미용실(서교동 '머리하는 날')에 갔다. 미용실 TV에서는 여느 때처럼 종편 패널들이 시답지 않은 이야기들로 시끄럽게 떠들고 있었다. 미용실 TV까지 끄고 머리를 깎았다. 이수연 원장은 선선히 TV도 꺼주고 내 소식을 알고 있으면서도 아무 말 없이 머리만 깎았다.

낙심과의 이별
9번 낙선, 사업 실패를 비롯한 29번 실패. 가장 많이 실패했지만 가장 성공한 미국 16대 대통령 링컨. 낙선 직후 그는 레스토랑을 찾아 가장 맛난 음식을 먹고 이발소에서 머리 손질을 했다. 실패 후 낙심하지 않은 것이 그의 성공 비결.

내가 몇 년 전에 썼던 트위터 글이다. 시련을 예감한 나는 링컨처럼 미용실을 찾았다. 얼마나 지났을까? 미용실 주인은 "의원님, 머리 다 깎았어요. 이쪽으로 오세요. 샴푸 하셔야죠"라고 했다. 의자에서 일어나 서너 발짝을 떼면서 보니 내가 항상 이 미용실을 찾을 때마다 나를 반겨주던 서양식 헤어스타일 모델들은 유난히 더 멋을 내고 나를 바라보고 있었다.

머리를 깎고 지역 사무실에 도착해 중국집에서 짜장면을 시켜 비서 몇 명과 우울하지만 맛있는 식사를 했다. 민주화운동 시절 감옥살이를 할 때 단식을 할 때면 가장 먼저 생각나는 음식이 짜장면, 라면 등이었다. 짜장면이 그렇게 맛있을 수 없었다.

2015년 5월 26일 오후 4시. 여의도 국회에서는 '정청래를 어떻게 벌을 줄까?'를 논의하는 새정치민주연합 윤리심판원 회의가 열리고 있었다. 5월 8일부터 시작된 기자의 전화와 내 핸드폰 간의 숨바꼭질은 이날 더 심했다. 어떻게든 내 멘트를 하나라도 따내야 하는 기자와 어떻게든 침묵해야 하는 나와의 줄다리기는 핸드폰을 꺼버림으로써 고요해졌다.

4월 13일 대정부 질문을 통해 이완구 총리의 성완종 리스트에 대한 폭풍 질의 이후, 포털 사이트 다음의 실시간 검색 순위는 한 달 넘게 '정청래'라는 키워드가 연일 올라오고 있었고, 올리는 트위터 글 하나하나가 모두 인터넷 판 기사로 둔갑해 사이트를 뜨겁게 달구었다. 아무리 생각해도 이상한 현상이지만 인터넷 언론의 속성상 멈출 수 없는 관성이 되어 나를 집어삼키려 들었다. 이때까지만 해도 '정청래'라는 키워드는 당 대포의 포성처럼 기세가 드높았다.

이런 뜨거운 열기 속에서 튀어나온 '공갈 발언'은 불에 기름을 부은 격이었다. 인터넷상에서는 내 이름이 들어간 것만으로 낚시질이 될 정도로 '정청래'라는 이름은 나를 벗어난 내 이름이 되었다. 기자들은 내가 수년 전 썼던 트위터 글 하나하나까지 찾아내 기사화하기에 바빴고 이런 일이 반복되면서 '정청래'라는 키워드는 사람들의 눈길을 잡아끄는 시선 집중의 덫이 되어 더욱 기승을 부렸다. 소위 '공갈 발언' 이후에도 이 현상은 5주간 지속되었고, 심지어 한류스타 배용준의 결혼 소식마저 내 이름 뒤로 밀려났다(『더팩트』, 2015년 5월 15일). 일찍이 없던 전무후무한 일이고 다시는 기록될 일이 없을 실시간 검색 순위로 기록될 것 같다.

인터넷의 폭풍 속으로 빨려 들어간 5월 8일 공갈 발언 이후, 이제 더 이상 '정청래'라는 키워드는 관심과 열정의 키워드가 아니었다. 보수언론과 종편뿐만 아니라 진보매체에서도 '정청래'라는 키워드는 잡기 좋고 먹기 좋은 사냥감이 되었다. 일회성 기사뿐만 아니라 사설의 메뉴로도 '막말의 달인 정청래'가 등장하기 시작했고, 나의 당 대포 역할에 우호적이었던 매체마저도 등을 돌렸다.

사면초가란 것이 이런 것일까? 당 내에서도 싸늘했고 말 붙이기가 참 어려운 당혹스러운 상황의 연속이었다. 그것의 정점을 이룬 시점이 윤리심판원에 출석해 소명을 한 5월 20일 오전 10시였다. 여러 가지 이슈로 카메라 세례를 받은 적은 많았어도 마치 검찰 포토라인에 선 것처럼 이날은 정말 죽을 맛이었다.

5월 8일 '공갈 발언'을 하게 된 이유와 전후 사정과 맥락을 풀어 정성을 다해 소명서를 썼고, 이와 관련된 자료도 챙겼다. 너무 열심히 소명 자료를 챙겼을까? A4 용지 박스 일곱 개 분량의 자료를 모았다.

그러다 보니 너무 오버하는 듯한 느낌이 들어 꼭 필요한 두 박스만 준비를 해서 윤리심판원에 출석했다. 종편들은 말 한마디에 소명자료는 두 박스나 되었다며 비아냥거렸다.

> 정 최고위원은 출석 전 취재진과 만나 "소명에 최선을 다하겠다"고 했으며, 약 1시간 뒤에는 "성심성의껏 소명했다. 심의가 비공개인 만큼 (내용은) 말하기 적절치 않다"면서 회의장을 떠났다. 그는 "어떤 결정이 나올 것 같으냐"는 질문에는 답을 내놓지 않았다.
>
> —『국민일보』, 2015년 5월 20일

윤리심판원 회의가 열리던 의원회관 회의실 앞에는 구름같이 기자들이 몰려들었고 카메라 플래시는 어지럽게 터졌다. 예상대로 기자들은 귀에 다 담을 수 없을 정도로 속사포처럼 질문을 쏘아댔다.

"지금 심정이 어떻습니까? 징계는 어느 정도 예상하십니까? 억울하지는 않습니까?"

그랬다. 질문은 많았지만 말을 많이 할 필요는 없었다. 될 수 있으면 짧고 간단하게 답하기로 마음먹고 팔자에 없는 포토라인에 서서 "소명에 최선을 다하겠다"라고 짤막하게 답변하고 회의실로 입장했다. 입장하는 과정에서 평소 아는 기자들이 한마디라도 더 들으려고 몸을 밀치고 달려드는데 마치 맹수들 같았다.

한 시간 가까이 차분하게 소명을 마치고 나왔다. 비공개로 진행된 만큼 솔직하고 담담하게 '공갈 발언'을 하게 된 정황과 '그것이 이렇게 큰 파장을 불러올 줄은 꿈에도 몰랐고, 모든 것을 떠나 주승용 최고위원에게 마음의 상처가 된 부분은 미안하게 생각한다'는 취지로 소명을 했다.

소명 말미 마지막 발언을 할 때가 문제였다. 육하원칙에 의해 소명을 마치고 한 가정의 남편과 아버지로서 아내와 아이들 이야기를 꺼내는 순간 나도 모르게 눈물이 핑 돌았다. 그 순간 발언을 멈추고 "그만 말하겠다"고 서둘러 말을 맺었다. 담담하게 이 상황을 이겨내고 있었지만 정치인이기에 앞서 한 여자의 남편으로서 세 아들의 아버지로서 가족이 겪을 고통에 대한 미안한 마음은 너무도 컸다. 나도 어쩔 수 없는 지극히 나약한 사람일 뿐이다.

휴지로 눈가에 살짝 맺힌 눈물을 닦고 불거진 눈을 잠시 진정시키느라 2~3분 뒤에 밖으로 나오니 기자들이 벌떼처럼 달려들었다. 나는 "최선을 다해 소명했다"라는 답변을 하고 차에 올랐다. 차를 타고 서강대교를 지나면서 만감이 교차했다.

정치를 시작하면서 10년간 서강대교를 오갈 때마다 나는 빠른 모드 전환을 해야 했다. 서강대교를 건너 여의도로 갈 때는 절대로 행정부 관료들에게 주눅 들지 않고 정의롭게 꼿꼿하게 국민이 부여한 권한으로 강렬하게 정부를 비판했다. 이런 모습 때문에 나는 항상 강경한 이미지로 국민에게 인식되었다. 거침없는 정청래의 모습으로.

서강대교를 지나 곧바로 지역구인 서강동에 진입할 때는 여의도에서 곧추세운 기상을 풀고 곧바로 이웃집 아저씨의 소탈한 분위기 모드로 전환했다. 믿으실지 모르지만 여의도에서 마이크를 잡은 정청래와 마포 지역구 동네에서 주민들과 만날 때의 내 모습은 천양지차이다. 동네를 돌아다니다 보면 가장 많이 듣는 말이 이거다.

“동네에서는 이렇게 순한데 테레비에서는 왜 그렇게 강성이야?”

“여러분이 장관을 혼내고 싶어도 어떻게 혼내겠어요. 정부가 잘못하는 거 혼내주라고 저를 국회에 보내셨잖아요. 제가 대신 혼내주는 거예요. 그리고 여러분이 낸 세금을 잘 쓰고 있는지도 잘 감시해야 하잖아요. 잘못한 것을 혼낼 때 헤죽헤죽 웃으면서 할 수는 없잖아요.”

이렇게 해명을 하고 나면 그제야 “그러네, 맞네, 맞아”라고 맞장구를 치신다. 그리고 꼭 당부를 하신다. “그래도 될 수 있으면 살살해”라고. 이렇게 만나서 이야기를 하다 보면 금세 주민들이 호감을 표시하니 보좌관들은 “의원님은 사람들을 자주 만나시는 게 좋겠어요”라고 한다.

‘정청래 당직 자격정지 1년.’ 지역 사무실의 컴퓨터는 이 소식을 속보로 바삐 전하고 있었다. 자격정지 1년이라, 그럼 내년 5월 25일까지란 말이지. 20대 총선이 4월 13일이니 총선 공천 탈락이나 마찬가지였다. 언론은 이를 아는지 모르는지 당헌 당규상 당원 자격정지만 아니면 총선 출마에 불이익은 있겠지만 출마 자체에는 지장이 없다며 오보 아닌 오보를 내기 시작했다.

그러나 생각해보시라. 최고위원과 마포(을) 지역위원장 자격이 총선 때 정지되었는데 그것보다 상위 개념인 공직자격은 괜찮다? 이는 상식적으로 납득이 가지 않는 해석이다. 당직 자격정지 1년이란 중징계는 간단하게 말하면 공천을 박탈하겠다는 것이고 20대 총선 공천 탈락 1호가 정청래가 된 것이다.

당직 자격정지 1년이란 속보가 뜨는 순간 오히려 잘됐다고 생각했다. 보좌관들은 낯빛이 흑빛이 되어 아무 말도 못 하고 있었다. 내가 "아니야, 오히려 잘됐어. 3개월보다는 1년이 차라리 낫겠어"라고 말하자 그런 나를 이해 못 하겠다는 듯이 쳐다보았다. 그 이유는 나중에 설명하겠다.

"정청래를 살려내자." 다음 아고라를 중심으로 '정청래 일병 구하기'에 많은 네티즌들이 자발적으로 모여들었다. 인터넷 서명이 3만 명을 넘어섰고 각종 SNS에서도 정청래를 구하자는 움직임이 시작되었다. 인터넷상에서 열기는 뜨거웠고 나는 이분들이 눈물 나게 고마웠다. 여의도 당사 앞에서 첫 촛불시위가 있던 날, 나는 아프리카TV로 이를 조용히 지켜보았다. 여러 사람들이 모여 있었고 일면식도 없는 진행자가 어색하게 구호를 외치고 있었다. 조직적으로 훈련된 사람들이 아니었고 이런 일을 많이 해본 사람들이 아니었다. 나는 이분들에게서 희망과 위안을 받았다.

'내가 뭐라고 나를 위해 저 사람들은 모였을까?'

첫 번째 촛불시위도 두 번째 촛불시위도 감사했다. 내가 누군가를 위해 촛불을 들었던 적은 많았어도 누군가가 나를 위해 촛불을 든다는 것은 상상해본 적이 없었기에 감사하고 또 감사했다.

5월 8일 주승용 최고위원의 3공(공개, 공정, 공평) 라임을 타고 내가 던진 4공(공갈)의 위력은 대단했다. 솔직히 별생각 없이 한 발언치고는 내가 상상한 것 이상으로 공격과 비난을 받았다. 처음에는 어리둥절하다가 그것이 심각한 상황으로 전개될지도 모른다고 생각했는데, 그 결과는 윤리심판원으로의 제소였다.

윤리심판원 인적 구성상 어쩌면 회복 불능의 심판 결과가 나올지도 모른다는 불길한 예감이 들었다. 네티즌들의 정청래 일병 구하기도 사실 당 밖의 외침이었고 그것이 당 안으로 영향력을 행사하기 어렵다는 구조적 문제를 잘 알고 있었다. 정봉주의 팟캐스트가 전국구에서 세 번씩이나 특집방송을 편성해 과도한 징계를 경계했지만 그것 역시 허사였다. 정봉주 선배에게 참으로 감사하면서도 결과가 좋지 못해 참으로 미안한 마음이다. 그러나 정봉주 선배의 그 진심 어린 의리를 나는 영원히 간직하겠다.

불길한 예감이 마구 들었다. 내일이 징계 일인데 어떤 결과가 어떻게 나와도 의연해지자고 마음먹었지만 마음속의 고요는 좀처럼 찾아들지 않았다. 부적절한 공갈 발언은 나의 잘못이라 하더라도 종편이 잘근잘근 인신을 모독하는 상황과 당 내부에서의 싸늘한 움직임은 참으로 나에게 큰 상처를 주었다.

"형님, 좀 도와주십시오"라고 이종걸 원내대표에게 보낸 문자메시지가 어쩐 일인지 종편들에서는 "형님, 살려주십시오"라고 둔갑해 연신 '비굴한 정청래'로 가공되어 전파를 탔고 SNS에서도 실망 어린 댓글들이 달리기 시작했다. 자존심도 상하고 억울하기 짝이 없는 일이었다. '도와달라는 말'과 '살려달라는 말'이 주는 어감의 차이는 나를 심리적으로 무너뜨리기에 충분했다. 맨주먹으로 벽이라도 치고 싶은 심정이었다.

그렇다. 내가 무슨 고(故) 노무현 대통령처럼 전두환에게 명패를 던진 것도 아니고 99번 당 밖에 대포를 쏘다가 어쩌다 한 번 당 안으로 대포를 쐈는데 이런 일이 발생했다면 그 모든 것은 나로부터 시작된 일이니 누구를 원망하고 누구를 탓하랴. 자숙하기로 마음먹고 정치적 언행을 자제했다.

나도 인간인지라 초기에는 많은 사람에게 서운한 마음이 들었고 원망스러운 마음도 들었다. 새누리당을 보라고, 욕설을 내뱉어도 당에서 감싸 안잖아. 우린 뭐냐고. 당 안에서 정치적 발언으로 좀 지나쳤다고 해서 이렇게까지 해야 되나? 아무리 그래도 그렇지 이렇게까지 하는 건 너무 심한 것 아니야? 더군다나 믿었던 동료들이 나의 징계를 앞장서 주장하다니.

사사로운 것 한 가지 한 가지, 설마 했던 한 사람 한 사람에게 서운했다. 이런 서운병이 들면 영혼이 황폐해지고 매사를 부정적으로 보게 되어 마음이 깊게 패이고 넓게 병들게 된다. 우선 이것을 떨쳐내야 했다. 혼자 외롭고 쓸쓸한 밤에 레슬링 하듯이 마음을 고치고 또 고쳐먹었다. 참 쉽지 않은 일이었다. 많은 생각이 뒤엉켜 내 영혼을 엎어치고 매치고 있었다.

시련의 기간이 장기화될 것이란 예감으로 나는 징계가 내려지기 전날인 5월 25일 어머니 품속 같은 텃밭을 찾았다. 솔직히 말씀드리면 한 달이 될지 두 달이 될지 아니면 그 이상이 될지 모를 기간에 나를 위로하고 지탱해줄 일거리를 찾아야 했다. 시골 출신이라서 그런지 역시 농사를 짓는 일이 제일 좋았다. 어려울 때 고향을 찾고 부모님이 그리워지는 자연스러운 귀결이다.

경기도 고양시에 40평 남짓 작은 텃밭을 구하고 오이, 고추, 가지의 모종을 사다가 심었다. 호미로 땅을 파고 모종 하나하나를 심었다. 중학교 때까지 어머니가 짓던 오이 농사를 어깨너머로 배워서 그런지 작은 구덩이에 오이 모종을 심고 물을 주는 것은 그리 어렵지

않았다. 오이 옆줄에는 고추와 가지를 나란히 심었다.

땀이 비 오듯 했다. 한나절에 걸쳐 심은 오이 모종 옆에 오이가 타고 올라갈 지지대를 설치해야 했다. 하얀 알루미늄 지지대를 세우고 그것이 넘어지지 않게 줄로 연결하고 그물을 쳤다. 오이의 속성상 하늘로 향하는 줄기와 그 옆의 덩굴들이 잡고 올라갈 손잡이 같은 것을 만들어주어야 했다.

세상이 복잡하고 시끄러워도 텃밭에서 물을 주고 풀을 뽑고 새순을 쳐주고 오이 줄기를 지지대에 노끈으로 묶어 세우는 일이 그렇게 재미있을 수가 없었다. 몇십 년 만의 가뭄으로 전국이 타들어가도 내가 심은 오이들은 갈증을 느낄 겨를이 없었다. 매일 이 텃밭을 찾아서 정성스레 물을 주고 자식 돌보듯이 보살폈다.

오이 모종이 2~3일 뿌리를 내리느라 몸살을 앓더니 하루가 다르게 쑥쑥 자랐고 꽃이 피었다. 좁쌀만 한 오이가 줄기 옆에서 뻗어나간 잎을 사이에 두고 하나씩 맺히기 시작했다. 줄기 옆에서 뻗어나간 잎에서 꽃이 피고 그 꽃에 오이가 하나씩 열리기 시작했는데 3주째는 따서 먹어도 좋을 만큼 오이가 실하게 열렸다.

농사짓는 재미가 이런 것인가? 아침에 눈만 뜨면 오이 밭으로 달려가고 싶었다. 밤새 얼마나 자랐을까? 하루 종일 지역 일정을 소화하다가 오후 5시쯤 잠깐 짬을 내어 가보면 그때마다 오이와 고추 줄기는 한 뼘씩 자라 있었고, 토실토실 보람차게 열렸다. 오이를 수확하던 첫날의 그 기쁨을 잊을 수가 없다.

오이는 모종을 심고 수확하는 데 한 달 남짓 걸린다. 처음 속마음으로는 오이를 심는 데 흘린 땀만큼 열매의 수확을 얻듯이 나의 징계도 그리 잘 풀렸으면 좋겠다는 소망을 가졌던 것이 사실이다. 동료 의원들도 당직 자격정지 1년은 너무나 과하다며 안민석 의원의 주도로 68명의 국회의원과 52명의 지역위원장들이 탄원 서명을 해주었다. 발단이 되었던 주승용 최고위원도 탄원 서명에 앞장서주었다.

당 안팎에서 정청래의 징계를 경감해주자는 분위기가 형성되었고 6월 25일 재심의 날이 왔다. 나는 재심의 순간에도 공교롭게 미용실에서 머리를 깎고 있었다. 그러나 아쉽게도 윤리심판원 9명 중 4 대 5로 '경고'가 1표차로 패하고 당직 자격정지 6개월로 낙찰되었다. 6개월이면 11월 26일에 당직이 복귀되는 것이다. 그때까지 벙어리로 살 수는 없는 일이었다.

재심 결정이 있던 날 즈음에 반가운 소식이 전해졌다. 법률소비자연맹이 의정활동 13개 분야를 종합 평가해 선정한 헌정대상 우수의원에 뽑혔다는 것이다. 전체 300명 국회의원 중에서 11등, 새정치민주연합 130명 국회의원 중에서 6등이라는 비교적 괜찮은 성적표였다. 자숙 기간이라도 어차피 수상을 하려면 공개적인 장소에 나가야 하고 또 그것을 언제까지나 피할 일도 아니었다.

역사적으로 보면 억울한 일을 당하는 사람도 많고 지도자를 잘못 만나 고생하는 국민도 많다. 나는 나의 사사로운 일로 분노하는 것이 아니라 공익적으로 국민과 함께 분노하는 일에 열중하게 해달라고 수없이 기도했다. 농부가 밭을 탓하지 않듯이 당원으로서 당을 탓하지 않게 해달라고 간절히 기도하고 다짐했다.

—공식활동 중단

당의 결정을 존중합니다.

지금 어떤 선택이 당의 화합과 단결을 위해서 보탬이 될 것인지 또 어떤 선택이 당의 부담을 덜 수 있을지 고심했습니다. 당의 결정을 존중합니다. 당분간 최고위원회의에 참석하지 않을 것이며 자숙하겠다는 저의 입장에는 변함이 없습니다. (5월 13일)

—공식활동 재개

어머니, 저 상 탔습니다.

국민과 당원이 어머니입니다. 국민과 당원만 믿고 부족한 부분은 고치고 채우겠습니다. 더 낮게, 더 겸손하게, 더 열심히 일하겠습니다.

(6월 29일)

전화위복

안녕하세요? 정청래입니다. 오랜만입니다. 그동안 많은 생각을 했습니다. 걱정해주신 분들께 감사드리고 심려를 끼쳐드린 점에 대해 사과드립니다. 특히, 정청래 일병 구하기에 나서주신 분들께 깊이 감사드립니다. 사람은 누구나 실수를 할 수 있습니다. 그러나 그 실수를 반복하지 않는 것도 사람이기에 가능한 일일 겁니다. 앞으로는 더 진중하게 더 지혜롭게 말하겠습니다.

그동안 어떻게 지냈는지는 차차 말씀드리겠습니다.

어떤 분이 말씀하시더군요. 인생지사 새옹지마이고 힘든 일은 있어도 나쁜 일은 없다고. 일희일비하지 않고 국민의 눈높이에 맞춰 역사의 눈높이에 맞춰 일로매진 정진하겠습니다. 이번 일을 전화위복의 계기로 삼고 저 자신을 뒤돌아보는 깊은 성찰의 시간으로 보냈습니다. 말을 아끼고 참았습니다. 그러나 예전에 그랬듯이 지금도 앞으로도 제가 맡은 당 대표로서의 소임은 다 하겠습니다.

말을 진중하게 하되 할 말은 하고 할 일은 하는 정치인이 되겠습니다. 강물이 바다를 포기하는 법이 없고 그 바다는 비에 젖지 않습니다. 역사는 용기 있는 자가 만들어놓은 발전 방향의 길임을 믿습니다. 역사를 믿고 국민만 보고 뚜벅뚜벅 옳은 길을 가겠습니다. 달라진 정청래, 변치 않는 당 대표 정청래의 모습을 기대해주십시오.

더 낮게,

더 겸손하게,

더 열심히 일하겠습니다.

야성회복 – 정권교체

야당답게 정청래, 거침없이 정청래. (6월 29일)

자숙의 기간 동안 『징비록』을 읽었다. 숱한 역경 속에서도 애국의 끈을 놓지 않았던 충무공 이순신과 서애 유성룡 선생을 닮고 싶었다. 무책임과 무능의 대명사, 이기주의의 화신 선조였지만 그를 원망하지 않고 충심을 다해 보필했던 두 영웅의 모범에 대해 다시 생각하는 계기가 되었다.

징비록을 읽었습니다.

백성을 속이고 선조는 몽진을 떠났고 끝내 혼자만 살겠다고 명나라에 망명까지 신청했지만 거절당했습니다. 선조는 이순신을 정적으로 간주해 제거하려 했고 수많은 의병들은 공을 인정받기는커녕 관군의 시기와 질투로 죽음을 당했습니다. (7월 9일)

징비록을 읽었습니다. 2

전쟁이 끝난 후 선조는 나라를 위해 싸운 애국자들은 공신에서 빼고 자신의 몽진을 도운 환관들만 잔뜩 공신 반열에 올렸습니다. 선조는 전쟁 준비도 못 했고, 전쟁 중에는 도망쳤고, 전쟁 후에는 민심을 얻은 전쟁 영웅들을 견제하기에 바빴습니다. (7월 9일)

"당 대포가 되겠습니다"
새정치민주연합 최고위원 출마

"당 대표는 여기 계신 훌륭한 분들 중에서 한 명을 뽑아주시고 당 대포는 저 정청래를 뽑아주십시오. 길목만 잘 지키면 한 명의 군사로도 천 명의 적군을 물리칠 수 있다고 이순신 장군께서 말씀하셨습니다. 제가 최전방 공격수가 되어 정권교체의 길목을 지키겠습니다. 거침없이 정청래! 야당답게 정청래! 정청래 같은 사람 한 명쯤은 말석이라도 꼭 최고위원에 뽑아주십시오."

새정치민주연합 전당대회 연설회장에서 나의 이런 외침에 당원들의 반응은 뜨거웠다. 당원들은 내 순서가 되면 '정청래가 또 뭐라고 할까?' 귀를 쫑긋 세우고 연설을 들었다. 연설회장 안에서도 연설회장 밖에서도 일반 당원들은 뜨겁게 내 손을 잡아주었다.

예상 밖의 반응에 적잖이 놀랐던 것이 사실이다. 최고위원 출마를 결심하고 선언하기 전에 떨리는 마음으로 처음으로 경상남도 지역 순방을 갔다. 원외 지역위원장을 만나 "제가 최고위원에 출마하려고 하는데 도와주시겠습니까?" 하니 의외로 지역위원장들의 반응은 "정청래 같은 사람 한 명쯤은 최고위원회에 있어야 한다"며 반드시 출마를 하라고 권유를 했다.

부산에 갔다. 부산 지역위원장들의 반응은 더 화끈했고 어떤 위원장은 선거에 쓰일 구호를 정해서 권하기도 했다. 그래서 나온 구호가 '거침없이 정청래, 야당답게 정청래'였다. 대구 경북지역은 이미 소문이 났는지 '출마하면 도와주겠다'며 나서는 지역위원장들도 생겼다.

지역을 돌아보니 출마를 해도 떨어질 것 같지는 않았다. 누군가 출마 선언을 하기 전에 제1번 타자로 출마할 것을 선언했다. 부산에서 하룻밤을 자고 올라오는 일요일 아침, 출마 선언 기자회견을 하겠다고 사발통문을 돌리고 서울행 KTX에 몸을 실었다.

생각해보니 국정원 댓글 사건 국정조사, 네이버 밴드, 네비게이션 민간인 사찰 그리고 세월호 참사 등 제19대 국회 출범 후 본의 아니게 항상 이슈와 논란의 중심에 정청래가 있었다. 이것도 팔자라면 팔자일까? 정말 숨 가쁘게 달려온 시간이었다. 그래서 그런 걸까? 최고위원에 출마한다고 지역을 돌다보니 과분한 칭찬과 너무도 과중한 책임을 기대하고 있었다.

잘할 수 있을까? 출마하면 될 것 같기는 한데 정말 잘할 수 있을까? 잠시 후면 돌이킬 수도 없는 출마 선언 기자회견을 하는데 정말 잘할 수 있을까? 지역 순방 후 당원들이 갖고 있는 당에 대한 불만은 참으로 컸다.

"왜 맨날 새누리당에게 밀리냐? 도대체 야당성은 어디 가고 마치 새누리당 2중대처럼 구느냐? 싸울 의지는 있는 거냐? 존재감 없는 야당, 국민과 함께 싸우려 하지 않고 새누리당에 질질 끌려다니는 모습, 이제 지긋지긋하다. 이런 상태로 정권교체 하겠느냐? 좀 제대로 밀어붙여라."

이런 불만과 토로는 특히 영남지역에서 드높았다. 독립운동 하듯이 영남을 지켜온 원로 당원과 지역위원장들의 불만은 터져 나갈 것 같았다. 여의도에서 국회의원 생활을 하는 것 자체가 죄스러울 정도로 참으로 면목이 없었다. 이대로 가다가는 총선은 물론 대선에서도 희망은 없다는 것이 이분들의 공통분모요, 공통의 절규였다.

아전인수 격으로 해석하자면 이런 불만과 하소연은 어쩌면 반대급부로 "정청래 같은 사람이 필요해"로 분출될 것 같았다. 사람은 간사한지라 이런 불만을 들을 때마다 괴로웠지만, 한편으로는 당선에 대한 희망감으로 가득 찼다. 그런데 정말 고민되는 지점이 있었다. 나에 대한 과도한 기대가 나중에 실망감으로 바뀌면 그때는 어쩔 것인가?

이런 상념에 젖어 눈을 지긋이 감았다. KTX는 빠른 속도로 서울역을 향해 달리고 있었다. 기차 안에서 마음의 준비를 단단히 했다. 출마 선언문은 내 생각 있는 그대로 작성했고 굳은 의지로 출사표만 던지면 되었다. 국회 정론관에 도착해 출마 선언문을 읽어 내려갔다.

"올 한 해 많이 힘드셨죠? 저도 많이 힘들었습니다. 무엇보다 '제1야당은 어디 있냐, 새정치민주연합은 뭐하느냐'라는 질책이 쏟아질 때 가장 고통스러웠습니다. 그런 상황에서 뭐라도 해야겠는데, 제가 할 수 있는 것은 단식밖에 없었습니다. 24일간 광화문 국민단식장을 지켰습니다.

단식을 하며 가장 힘들었던 것은 밥을 먹지 못하는 것, 잠을 편히 자지 못하는 것이 아니었습니다. 극우세력이 몰려와 저에게 손가락질하는 것도, 보수언론이 저의 단식을 매도하는 것도 아니었습니다.

무엇보다 가장 참담했던 것은 세월호 유가족들과 이들을 응원하는 국민이 모여 세월호 특별법을 촉구하고 마지막 희망을 걸었던 곳, 박근혜 대통령에 대한 분노와 원망의 눈물이 흘렀던 광화문 국민단식장, 그곳에 제1야당이 없었다는 것이었습니다.

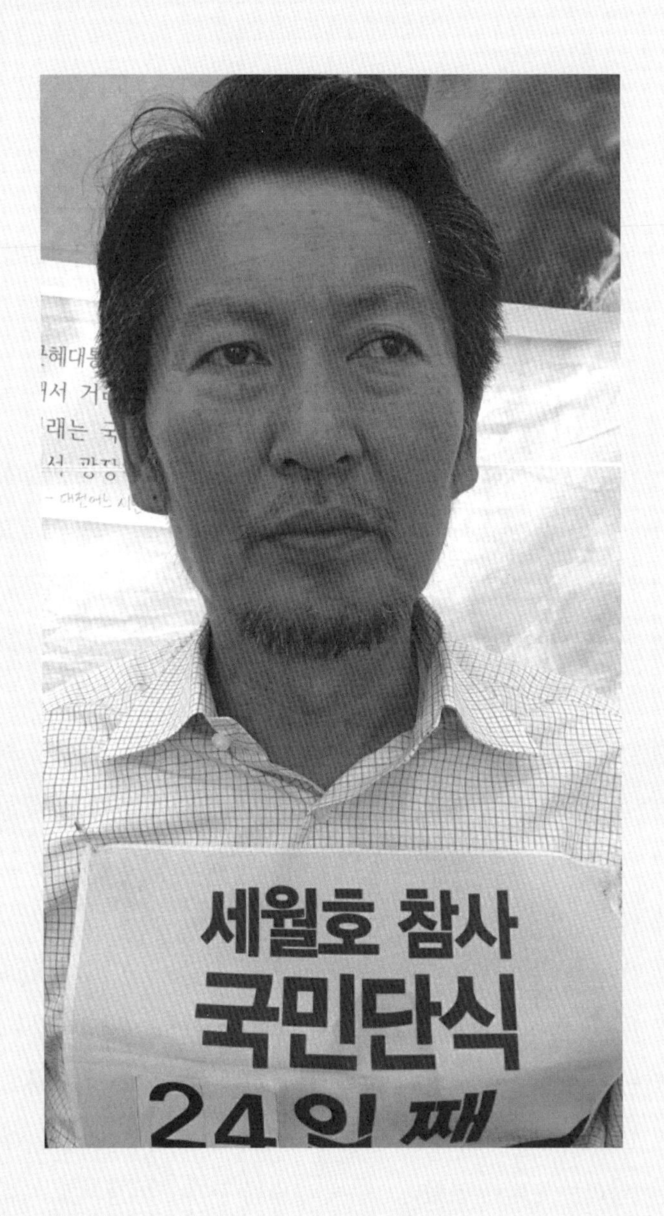
세월호 참사
국민단식

다시 한 번 제가 할 수 있는 것이라면 무엇이든 해야겠다고 생각했습니다. 제1야당의 야성을 되찾고, 정권을 되찾아 오는데 힘을 보태기 위해 최고위원 선거 출마를 결심했습니다. 대한민국에 강한 야당이 살아 있다는 것을 당당히 보여주고, 박근혜 정권과 정면승부 해서 정권을 되찾아오는 데 이 한 몸 바치겠습니다.

대한민국에 야당이 있습니다. 야당에 정청래가 있습니다."

선거 후 여덟 명의 후보자 기호순으로 중앙 대의원의 득표수와 득표율을 먼저 발표했다. 아니, 어떻게 이런 결과가? 나는 잠실 체육관 연단에 앉아 이 발표를 하는 순간을 잊을 수가 없다. 8명 중 8등, 꼴찌였다. 머릿속이 아득해졌다. 멍했다. 1만여 명의 관중 앞에서 표정관리를 어떻게 해야 할지 참 난감했다.

내 지역구 마포을이 찬물을 끼얹은 듯 조용해졌다. 수첩을 꺼냈다. 다른 후보들 득표 현황과 내 득표 현황을 적었다. 일반 당원, 기간당원, 국민 여론조사가 남았다. 중앙 대의원 40퍼센트 득표비율을 다른 종목에서 극복할 수 있을까?

천만다행이었다. 일반 당원과 국민 여론조사 성적은 내가 압도적으로 1위를 차지했고 아무래도 호남 출신 비율이 높은 당비납부 기간 당원은 간발의 차이로 2등을 했다. 그런데 합산을 하려고 해도 도무지 합산을 할 수가 없었다. 도대체 총 합산으로 내가 몇 등을 한 걸까? 기다리는 수밖에 없었다. 1분이 그렇게 길게 느껴진 적도 처음이었다.

"최고위원 후보자 순위를 말씀드리겠습니다. 주승용 후보 1위, 정

청래 후보 2위……."

박수가 터져 나왔다. 내심 '1위도 가능하지 않을까?'라는 실망감보다 2등이라도 당선되었다는 안도감에 두 손을 번쩍 추켜올렸다. 환호와 함성이 울려 퍼졌고 카메라 플래시가 연신 터졌다.

국회의원들이 관리하는 오더표라는 중앙 대의원 표에서는 꼴찌, 일반 당원과 국민 여론조사에서는 압도적 1위. 이런 극명한 차이는 지금껏 정당사상 없었다. 이런 극명한 표 차이가 나의 운명이었을까? 2월 8일 전당대회 후 최고위원으로서의 활동은 정확히 3개월 후인 5월 8일에 중단되었다.

어머니, 엄마

"엄마, 저 상 받았어요."

초등학교 시절 큰 상이든 작은 상이든 상을 받으면 제일 먼저 어머니께 숨이 차도록 달려가 자랑을 했습니다. 어머니는 "아이고, 우리 막내 장하다" 하며 기뻐하셨습니다. 어머니, 저는 어머니의 기뻐하시는 모습이 제일 기뻤습니다.

어머니, 며칠 전 당에서 징계를 내린 날 법률소비자연맹에서 상을 준다는 연락을 받았습니다. 어머니, 칭찬해주실 거죠?

어머니, 어머니는 열여섯에 한 살 어린 꼬마 신랑에게 시집와서 열일곱에 큰아들을 낳고 그 아들이 장가를 가서 가진 첫 손주보다 5개월 늦게 저를 낳았습니다. 어머니 나이 마흔다섯, 열 번째 늦둥이로 저를 낳았습니다.

어머니, 하늘나라에서 요즘 외롭고 쓸쓸한 저를 보고 계시지요? 당에서 혼나기도 하고 또 밖에서는 상을 주기도 합니다. 울기도 하고 웃기도 합니다. 그러나 어머니, 아무리 못난 자식이라도 아들은 아들이지요? 어머니, 죄송해요.

어머니, 제가 스물네 살 때 더 크신 어머니인 조국과 민족을 위한

다며 1988년 6월 2일에 건국대학교 조국통일특별위원장을 한다고 했고, 어머니가 저를 낳으신 날 안기부로부터 수배되었습니다. 그로부터 석 달 후에 잡혀서 징역을 살고 나와 집에 갔을 때가 기억납니다. 현관을 들어서는 저에게 어머니는 우시면서 두부 한 모를 다 먹기 전까지는 거실에 올라가지도 못하게 하셨습니다.

어머니, 그 후 또 감옥에 갔을 때 서울구치소로 면회를 오셔서 한 시간 특별면회 시간 중 50분을 우시다가 딱 한 마디 "삼시 세끼는 꼬박꼬박 챙겨 먹어라"는 말씀만 남기시고 보안과 앞마당을 비척비척 걸어 나가셨습니다. 단 한 차례도 뒤를 돌아보지 않았고 단 한 마디의 질책도 없으셨습니다.

어머니, 어머니는 저를 면회하시고 사흘 후에 도라지 밭에서 일을 하시다가 쓰러지셨고, 제가 2년 징역 살고 나와서도 내내 못 걸으시다가, 4년 후에 제가 돈 벌어서 처음 드린 용돈 10만 원을 꼬깃꼬깃 속주머니에 넣고 계시다가 돌아가셨습니다.

어머니, 막내가 그토록 보고 싶으셨어요? 어머니가 생과 사의 길목에서 헤매실 때 저를 기다렸다는 듯이 저를 보자마자 그 천근 같이 무거운 눈꺼풀을 밀어 올리시고 서너 번 저와 눈을 맞추시고 저와 눈을 마주친 채 눈을 감지 못하고 돌아가셨습니다. 지금도 저를 보고 계신가요?

어머니, 제가 일곱 살 때 저를 처음이자 마지막으로 회초리를 때리셨던 날을 기억하시는지요? 종아리에 피가 나도록 때리시다가 도망치라며 회초리로 땅바닥을 치시면서 어머니도 우셨지요? 잘못을 해도 아들이었고 저를 때려도 어머니는 저의 사랑하는 어머니셨지요.

어머니, 그때와 마찬가지로 더 크신 어머니인 조국과 민족, 역사 그리고 새정치민주연합, 국민으로부터 질책을 받았다 하여 조국을 부정하거나 원망하지 않습니다. 어머니가 저의 부족함을 감싸주셨듯이 결국에는 조국도 저를 보듬어주시리라 믿습니다.

어머니, 저는 저의 일로 분노하지 않기로 했습니다. 국민의 고통, 역사의 눈높이에 맞지 않은 불의에만 분노하기로 마음먹었습니다. '네 탓이오'가 아니라 '내 탓이오, 내 탓이오, 내 탓이오' 하겠습니다.

어머니, 제가 자숙하는 한 달 반 동안 가장 힘들었던 것은 말 못 하는 고통이었습니다. 박근혜 정부가 메르스(MERS)를 쉬쉬하며 비밀주의로 얼렁뚱땅 넘어가려 할 때, 국민의 생명보다 재벌병원의 이익에만 급급하여 국가의 기본 원칙을 망각할 때 괴로웠습니다.

이미 SNS에서 메르스 환자 입원 병원이 공개되어 국민은 다 알고 있는데, 정부는 그 명단을 손바닥으로 가리며 쉬쉬했습니다. 그때 그 명단을 저라도 나서서 전격 공개해 환자의 이동 경로를 경계하여 메르스 환자를 최소화하고 국민을 보호했어야 했는데, 그러지 못해서 가슴이 탔습니다.

병원 명단을 공개하면 괴담 유포자로 처벌하겠다는 정부의 대책 아닌 대책을 보며 분노했지만 저는 아무 말도 할 수 없었습니다. 세계 역사를 보면 전쟁으로 죽은 숫자보다 역병으로 죽은 숫자가 더 많다고 들었습니다. 전쟁을 막는 것 못지않게 역병을 막는 것이 가장 큰 국방의 의무이고 대통령의 책무일진대 참으로 답답했습니다.

노무현 정부는 중국에 사스(SARS)가 창궐했을 때 비행기에서 내리지 못하게 하고 입국하는 사람 60여만 명을 일일이 검사했고, 의심

환자 4명의 이동 경로를 찾아내 접촉했음직한 20여만 명에게 일일이 전화로 확인했던 그때와 같은 대책은 없었습니다. 박근혜 정부는 정부가 아니었습니다.

어머니, 박근혜 대통령은 메르스에 위협받고 있는 국민들의 고통보다는 자신의 자존심에 상처를 입는 것에 더 고통스러워하는 것 같았습니다. 유아교육법에는 분명 보육 관련 예산이 국가의 책임 아래 보건복지부 예산으로 편성하도록 되어 있는데, 모법인 유아교육법에 맞지 않게 시행령을 살짝 뜯어고쳐서 지자체에서도 예산을 써야 하는 것처럼 꼼수를 부렸고, 세월호특별법도 법 취지에 맞지 않게 시행령을 뜯어고쳐 진상 규명을 방해하도록 만들어버렸습니다. 이런 것은 당연히 국회가 바로잡아야 합니다.

법률이 헌법에 맞지 않게 제정되었다면 헌법재판소에서 위헌판결을 통해 바로잡듯이, 모법을 위반한 정부 시행령 또한 바로잡아야 하는 것 아닙니까? 박 대통령은 잘못된 시행령을 바로잡자는 국회법을 거부했습니다. 법치주의에 대한 거부요, 국회와 국민에 대한 거부권 행사입니다.

그러면서 여야 합의를 빅딜이니 연계니 하면서 억울하기 짝이 없는 애꿎은 여당 원내대표를 쫓아내버렸습니다. 합리적인 이성적 판단은 없고 말을 듣지 않는다며 극도로 분노하고 있습니다. 여야 국회가 합의했고 국회를 통과한 국회법을 거부한 박근혜 대통령이 유죄이고 이종걸, 유승민 원내대표는 무죄입니다.

어머니, 제가 많이 부족한 자식입니다. 이번 일도 제 잘못이 큽니다. 냉정하게 인정하고 더 반성하고 자중하겠습니다. 그러나 부족하면 부족한 대로 또 제 나름의 역할은 있을 것입니다. 지난 전당대회 때 당에서는 꼴찌를 했지만 많은 국민과 당원들은 저를 1등으로 뽑아주셨습니다. 당 대포인 저에 대한 기대가 있었을 텐데 그 역할을 제대로 하지 못함이 고통이었습니다.

어머니, 어머니께서는 '땅에서 쓰러진 자, 땅을 딛고 일어서라' 했지요. 맞습니다. 어머니, 저에게 국민과 당원은 저의 더 크신 어머니입니다. 어머니가 이 땅의 모든 꽃과 열매를 피울 뿌리이면서 그 꽃과 열매가 열릴 풀이고 나무입니다. 어머니가 국민이고 당원이고 모든 국민과 당원이 제 어머니이십니다.

어머니, 이제 수많은 어머니를 믿고 더 크신 어머니를 위해 어머니 곁으로 가렵니다. 또 넘어지고 쓰러질지도 모릅니다. 이제 좀 더 품격 있게 말하겠습니다. 그러나 할 말은 하겠습니다.

어머니, 저는 당분간 최고위원으로서 활동은 못 하게 되었지만 어머니께서 저에게 부여한 신성한 국회의원으로서의 임무는 충실하게 수행하겠습니다. 어머니께서 부끄럽지 않게 흡족하실 수 있도록 더 낮게, 더 겸손하게, 더 열심히 의정활동을 하겠습니다.

어머니, 저는 어머니를 사랑합니다.

원대한 포부

사랑하니까 치열하게

정청래는 왜 공격적이고 독한가?

내 이미지는 참 강성이다. 주위에서 이런저런 말도 많이 듣는다. 사실 나는 감성적이고, 눈물도 많고, 정도 넘치는 사람이다. 강성과는 거리가 멀다.

나도 욕먹지 않고 살고 싶고, 우아하게 미사여구만 써서 말하고 싶다. 조중동 보수언론과 타협하고, 종편에 출연하면 지금처럼 매도당하지도 않을 것이다. 오히려 대접을 받을지도 모른다. 나는 보수언론과는 인터뷰도 안 하고, 종편에도 출연하지 않은, 거의 유일한 정치인이다. 대한민국의 언론 시장 70퍼센트를 장악하고 있는 보수언론과 척지고 사는 중이다. 대중을 상대로 하는 정치인이 말이다. 참 바보짓이다. 출연 요청이 쇄도해도 전부 마다한다. 그야말로 형극의 길을 자초하고 있다. 도대체 왜?

지금 우리가 사는 세상은 좋은 말만 하고 살기에는 너무 팍팍한 세상이다. 좋은 말만 하기에는 현실이 호락호락하지 않다. 누군가는 이 팍팍하고 녹록지 않은 이 세상을 향해 공격적이고 독한 말을 해야 한다. 역사는 왜곡되고, 여기저기 편 가르기가 난무하고, 반통일 세력이 준동하는 시절이다. 남과 북은 서로 헐뜯고 비방하고 증오의 말을 퍼붓는다. 하루하루가 전쟁 같은 세상이다. 2015년 지금도 걸핏하면 종북이니 빨갱이니 몰아간다. 갈수록 세상이 과거로 회귀하고 있다.

누군가는 이 왜곡되고 잘못 돌아가는 세상을 향해 발언해야 한다. 바로잡자고, 제대로 하자고. 그래서 내가 나선 것이다. 그 누군가가 되자고, 작정하고 각오하고 말이다. 나는 그저 이 세상 속에 치열하게 살아갈 뿐이다.

70년 전 조국이 해방되던 시기에 서울의 인구는 90만 명, 한반도 인구는 약 2,500만 명 정도였다. 당시 우리 민족, 우리 민중에게는 세 가지 꿈이 있었다. 첫 번째가 통일된 독립국가, 두 번째가 친일파 척결, 세 번째가 토지개혁이었다. 이 세 가지 꿈을 실현하려고 깃발을 든 게 몽양 여운형 선생이 주도한 건국준비위원회를 비롯한 사회주의세력이었다. 그때 사회주의 세력에 대한 여론의 지지는 높은 수준이었다. 상황이 이렇게 돌아가자 화들짝 놀란 미국이 이승만을 공군기에 태워서 급히 한반도로 보냈다. 삼팔선 이남이라도 미국의 입맛에 맞는 정권을 세우려는 의도였다. 때문에 미국은 친일파 척결에 미온적이었다. 친미로 전향하면 봐줬다. 그리하여 일제강점기하 공무원이었던 친일파들이 친미의 옷으로 갈아입었다. 대략 8만여 명이라고 한다.

미국의 이익과 소련의 이익이 충돌하는 가운데 미국은 민주주의라는 선물을 풀었다. 핵심은 보통, 평등, 직접, 비밀에 의거한 투표권. 대대로 왕조 아래 살아서 권력은 하늘이 내린다고만 알고 있던 민족에게는 실로 어마어마한 선물이 아닐 수 없었다. 내 손으로 왕을 뽑다니! 북쪽에는 없는 이 투표권으로 남한 단독정부가 수립되었다.

이로써 통일된 독립국가의 꿈은 날아가버렸다. 덩달아 토지개혁도 물거품이 되고 말았다. 적산불하(敵産拂下)를 해버렸다. 일본 소유의 재산을 친미 정권에 협조한 소수에게 헐값으로 넘겼던 것이다. 지금의 삼성, LG 등 상당수 재벌기업들이 적산불하에 힘입어 커나갈 수 있었다. 친일파 척결을 위한 반민특위(반민족행위특별조사위원회)가 있었지만 친일파 출신들의 조직적 반대로 결실을 보지 못했다. 도리어 제헌국회에 북의 조정을 받는 간첩이 있다는 소문에 따른 국회 프락치사건으로 반민특위는 사실상 좌절됐다. 그리고 백범 김구 선생이 암살당하며 친일파 척결은 완전히 물 건너갔다.

백범 김구 선생은 삼팔선을 베고 쓰러질지언정 분단은 용납하지 않았다. 자본주의든 사회주의든 오로지 통일정부만 소원했다. 그게 너무 순수하고, 정치적이지 못해서 죽임을 당했다. 북쪽에서도 홀대를 받았다. 북은 이미 김일성 1인 독재체제가 사실상 완료된 상태였고, 백범 김구 선생은 들러리 역할에 불과했다. 북에는 김일성의 갑산파 외에 연안파, 소련파 등 4개 파벌이 있었는데, 1958년에 김일성이 박헌영을 숙청함으로써 자파 위주의 전면적 권력을 장악하였다.

남한은 친일파와 민족주의세력이 사회주의세력을 대대적으로 압살한 데다, 반민특위의 좌절로 이승만체제가 확립됐다. 그렇게 남과 북이 제 갈 길만 가면서 대립하다가 결국 한국전쟁이 일어났고, 분단체제로 이어졌다.

분명한 건 한국전쟁은 북의 김일성세력이 일으켰고, 대단히 큰 잘못을 저질렀다는 것이다. 자기들이 아무리 선의를 가졌다고 선전 선동을 하더라도, 역사와 민족에 씻을 수 없는 죄를 지었다. 한국전쟁으로 죽은 사람이 제2차 세계대전에서 희생된 사람들 수보다 더 많다.

당시 이승만 대통령의 과오도 묵과할 수 없다. 안심하라고 해놓고, 한강 다리를 폭파하고 도망갔다. 선조와 다를 바 없었다. 비겁한 대통령이었다. 게다가 한국전쟁 발발 후 20일 뒤에 대전협정이라 해서 전시작전통제권을 미국에 넘겨버렸다. 이 과정에서 주한미군 주둔에 관한 지위 협정이 생겼고, 이것이 역사상 가장 불평등한 국가 조약의 하나인 한미행정협정(SOFA)으로 남게 됐다.

만사를 미국에 의존하는 정치체제가 된 것이다. 그러니 미국이 전시작전권을 돌려준다 해도 절대로 못 받겠다는 반역사적인 세력이 등장하는 것 아닌가. 한 술 더 떠 이 세력은 자신들과 입장이나 생각이 다르면 무조건 종북으로 몰아간다. 이명박 정부에 이어 박근혜 정부의 비호를 받으면서 말이다.

해방정국에서 일어난 일련의 불행한 사건들은 결국 남과 북에 독재 정권이 수립되는 바탕이 되고 말았다. 이후 박정희와 김일성은 서로 대립하면서, 이를 통해 내부 통제를 강화하는 '적대적 상호의존관계'로 독재를 유지해나갔고 분단은 더욱 공고해졌다.

우리의 근현대사가 이렇기에 나는 유유자적할 수가 없다. 불의가 정의를 단죄한다지를 않나, 권력이 국민을 우습게 알고, 정부를 비판하면 좌빨이니 종북이니 매도하고, 자본이 노동을 짓누르는 현실은 어제오늘 일이 아니다. 저 멀리 해방정국에서부터 비롯됐다. 때문에 민족정기를 올곧게 세운다거나 왜곡된 역사를 바로잡는다면서 친일의 후손들이나 친일을 옹호하는 세력과 친하게 지낼 수가 없다. 적당히 타협하는 짓을 할 수가 없다. 그럴 거면 정치를 왜 하나?

나는 이 땅의 역사를 사랑하고, 이 땅의 민중을 사랑하고, 이 땅의 노동을 사랑하고, 한반도의 평화와 통일을 사랑한다. 그리고 나는 이 땅의 정의와 인권을 부르짖는다. 그렇다면 내 사랑을 위해서 이를 방해하는 모든 것과 싸워야 한다. 비타협적으로 맞서겠다는 투쟁심, 결기, 싸움을 못 해도 싸우려는 투지로 말이다. 나는 국회의원이다. 흔들림 없이 싸워야 하는 존재다. 그렇기에 나는 공격적이고 독한 소리를 하는 것이다.

10년 동안 정치를 하면서 편한 길, 꿀단지가 놓인 길을 가지 않았다. 조금만 변절하면 참 잘 지낼 수 있었다. 그러지 않았을 뿐이다. 타협하지 않았을 뿐이다. 그저 치열하게 살았을 뿐이다.

나는 한 여자의 남편이고, 세 아들의 아빠다. 나는 순하고 속 여린 사람이다. 나도 조용히 살고 싶다. 편하게 지내고 싶다. 그러나 내가 사는 세상을 너무 깊게 사랑하기 때문에 가만히 있지를 못하는 것이다.

개성공단에서 보는 미래

21세기로 접어들 무렵, 한반도를 짓누르던 분단의 비극을 끝낼 절호의 기회가 있었다.

2000년 10월, 미국 대통령 선거가 한창이던 시기였다. 민주당 후보는 엘 고어, 공화당 후보는 조지 부시. 당시 미국 최초의 여성 국무장관인 매들린 올브라이트가 평양으로 가서 김정일 국방위원장을 만났다. 빌 클린턴 대통령의 북한 방문을 성사시키기 위해서였다. 빌 클린턴 대통령과 김정일 국방위원장의 만남, 즉 북미 정상회담이 목적이었다.

그야말로 역사의 흐름을 바꿀 수 있는 세기의 회담이 바야흐로 수면 위로 떠오르기 직전이었다. 1972년 리처드 닉슨 대통령이 베이징을 방문해서 마오쩌둥 국가주석과 만났던 역사적 회담과 비견될 만한 일이 진행 중이었던 것이다. 북미 정상회담이 이루어진다는 건 북한과 미국이 수교를 맺겠다는 것이고, 이는 1953년 7월 27일에 북한·미국·중국이 체결한 정전협정을 끝내겠다는 것 아닌가.

그러나 역사에 획을 그을 수 있었던 이 회담은 희망 고문에 그치고 말았다. 엘 고어가 패했기 때문이다. 조지 부시는 대통령에 당선되고 나서 북한을 이란, 이라크와 함께 악의 축으로 선언해버렸다. 그리고 이라크 전쟁을 일으켰다. 북미 정상회담은 끼어들 한 치의 틈조차 없었다. 통탄할 일이 아닐 수 없었다. 우리 민족에겐 큰 비극이었다.

당시 김대중 대통령과 클린턴 대통령은 원대한 구상을 공유했다.

①북한과 미국이 수교를 한다, ②미국은 북한을 후견하고 북한은 핵무기를 폐기한다, ③북한과 일본이 수교를 한다, ④일본은 북한이 일관되게 요구하는 일제강점기 배상금 110억 달러를 한 푼도 깎지 않고 지불한다, ⑤정전협정을 폐기하고 평화협정을 체결하고 남북이 상호불가침선언을 한다, ⑥IAEA(국제원자력기구)가 북한으로 들어가 핵무기 폐기 과정을 사찰한다, ⑦남북간 철도가 연결된다. 한마디로 한반도 평화통일 방안이었다.

이 평화통일 방안의 구체적 실천의 하나로 나왔던 게 개성공단이다. 개성공단은 창원시 모델과 똑같았다. 공단 부지 800만 평과 배후도시 1,200만 평, 총 2,000만 평을 개발하는 것이었다. 이를 정주영 명예회장이 민간사업으로 추진했다.

정주영 개성공단을 다 개발하면 일자리 30만 개는 나올 겁니다. 그런데 개성시와 외곽의 개풍군 인구를 다 합쳐도 30만 명이 안 되는데 노동자를 어떻게 충당할 겁니까?

김정일 회장님, 그거 간단합니다. 인민군 옷 벗겨서 보내면 됩니다.

개성공단 계약서에 기록된 두 사람의 대화 내용이다.

즉 북한은 북미수교가 이루어지고, 1년 국방비 10억 달러의 11배나 되는 110억 달러를 받고, 평화협정이 체결되어 전쟁의 위협이 사라진다면 얼마든지 군인의 수를 줄이겠다는 의지가 있다는 것이다. 북한 인민군은 7년 의무 복무에 100만 명 수준이다. 그중 당장이라도 몇만 명의 옷을 벗기겠다는 말을 했던 것이다.

북한으로선 피 한 방울 안 흘리고, 총 한 방 안 쏘고 자기네 땅을 내준 것이다. 당시 북한 노동자 임금은 월 6만 원이었고, 남한 노동자는 300만 원을 받았다. 지금도 북한 노동자는 20만 원 수준이다. 개성공단 계약상 전체 노동자 중 10퍼센트는 남한 사람이어야 한다. 그러니까 30만 명 노동자라 하면 남한 노동자 3만 명이 북한의 영토로 들어간다는 뜻이다. 출퇴근을 하든 그곳에서 먹고 자든 말이다. 실제 마포구청에서 개성공단까지 자동차로 45분밖에 안 걸린다.

북한 입장에서는 서부전선을 내준 꼴이다. 개성공단과 비무장지대 사이에 전진 배치되어 있던 남침용 무기들이 후방으로 재배치되었다. 개성을 에워싼 송악산 북쪽으로 후퇴시킨 것이다. 금강산 관광을 위해 장전항 해군기지도 북쪽의 원산 쪽으로 이동시켰다. 금강산 바로 앞 장전항은 산으로 둘러싸인 천혜의 요새로 최남단 해군기지였다. 이처럼 북한은 동쪽과 서쪽의 주요 남침 경로를 포기했다. 어쩌면 전쟁할 의지가 없다는 것을 간접적으로 표현했던 것인지도 모른다.

2007년 노무현 대통령이 북한을 방문해서 김정일 위원장을 만났다.

노무현 우리 작별 인사는 개성공단에서 합시다. 거기엔 남쪽 노동자도, 북쪽 노동자도 있으니 상징적이지 않겠습니까?

김정일 안 됩니다. 내가 무슨 면목으로 거기를 가겠습니까?

그때 노무현 대통령은 김정일 위원장의 말을 이해하지 못했다. 우리는 내줄 거 다 다 내주고 노동자는 헐값에 등골이 다 빠지고 있는데 남쪽은 이익만 챙기고 있으니, 노동자 보기 민망해서 갈 수 없다는 뜻이었다. 그 정도로 북한은 개성공단에 신경을 쓰고 공을 들이고 있었던 것이다.

에곤 바르 박사는 독일이 동서로 갈라져 있던 시절, 서독 빌리 브란트 총리의 동방정책을 설계했던 당사자다. 그가 말했다.

"개성공단은 누구도 생각 못 한 창의적인 모델입니다. 개성공단을 지속적으로 끌고 가면 한반도 통일이 보일 것입니다."

노무현 대통령은 김정일 위원장과 만난 자리에서 황해도 해주공단도 내놓으라고 했다. 김정일 위원장은 해주공단은 군사도시다, 바늘 하나 꽂을 데가 없다면서 반대했다. 그런데 점심을 먹으면서 김정일 위원장이 김계관 외무성 부상에게 물어보니 가능하다는 이야기가 나왔다. 금강산, 개성공단에 이어 해주공단도 열릴 뻔했던 것이다.

그런데 이 상황을 보수언론은 엉뚱하게 왜곡시켜버렸다. 김정일 위원장이 김계관 부상에게 해주공단 가능성에 대해 "계관 동무 들어오시오. 보고하시오"라고 말한 것을 "노무현 대통령 보고하시오"라고 한 것처럼 뒤집어씌운 것이다. 더구나 『문화일보』는 특종이라면서 터무니없는 소설도 썼다. 당시 노무현 대통령은 KDI(한국개발연구원) 경제보고서를 가져갔다. 해주공단을 열고 남북 경제 공동체를 실현하면 북한에 얼마나 이득이 되는지를 보여주려는 뜻에서였다. 그러나 이를 "대한민국에 있는 비밀 경제 정보를 넘겼다"는 식이었다. 참으로 비상식적이고 악의적이었다.

남북철도가 주는 희망

아무튼 분단 극복과 평화통일은 김대중 대통령과 클린턴 대통령이 꿈꿨던 원대한 구상, 그랜드 플랜이 정답이라고 생각한다. 이 방법밖에 없다. 정전협정을 폐기하려면 북한·미국·중국의 사인이 필요하다. 한국은 협정 당사국이 아니어서 권한이 없다. 결국 중국의 협조를 받아야 한다. 즉 통일은 한반도 내부의 문제만이 아니라 외교적 노력이 필요하다는 것이다. 남과 북이 먼저 평화롭게 공존하는 모습을 보여줘야 한다. 개성공단과 같은 것들이 그 역할을 해줄 수 있는 것이다.

남북철도 연결도 그 역할을 할 수 있다. 남북철도는 대륙으로 뻗어나가는 길이다. 고립된 섬이나 다름없는 남한으로서는 숨통과 같은 길이 생기는 것이다. 노무현 대통령 임기 말기에 남북철도 시범운행을 한 적이 있었다. 어차피 남북철도는 다 연결되어 있으니 완전히 새롭게 시작하는 것도 아니다. 남북철도가 연결되면 노무현 대통령은 부산에 제2항만을 건설하려고 했다. 일본에 있는 상품들이 배로 부산에 도착한 뒤, 철도를 이용해 한반도를 거쳐 유라시아로든 시베리아로든 갈 수 있다. 일본에서 배로 유럽까지 가는 데 40일이 걸리지만, 남북철도와 대륙철도를 이용하면 14일이면 충분하다. 물류비용이 3분의 1로 확 줄어든다. 일본도 큰 이익이 되는 것이다. 필리핀 같은 나라도 부산을 이용하는 게 낫다. 부산은 동북아 최대의 물류항, 물류 도시가 될 수 있는 것이다.

김일성 주석은 1994년에 유언을 남겼는데 그중 하나가 남북철도의 연결이었다. 당시 계산으로 남북철도를 이용해 대륙으로 가는 경우 통행세로만 1년에 3억 달러를 거둘 수 있다고 나왔다. 지금으로 치면 10억 달러 정도다. 북한 경제의 주름살이 펴질 만한 금액이다.

북한이 좋아서, 북한이 예뻐서 이런 소리를 하는 게 아니다. 아무것도 모르는 사람들은 이런 소리를 하면 종북이니 빨갱이니 하면서 북한을 망하게 해야 한다고 극렬히 부르짖는다. 망하게 한다고 북한만 망가지나. 북한에 내분이라도 벌어지면 당연히 몇 십만, 몇 백만 명의 난민이 생길 것이다. 이들은 보트피플이 되어 한국 여기저기로 밀려들 게 분명하다. 아마 한강에도 거대한 난민촌이 형성될 것이다. 이들을 어쩔 것인가. 죽이기라도 할 것인가. 그럴 수도 없다. UN이 눈을 부릅뜨고 지켜볼 테니까 말이다. 그들을 먹여 살려야 한다. 한국 경제가 마비되는 것은 순식간이다.

그러니까 북한을 위해서가 아니다. 우리가 '살기' 위해서다. 북한 사람들이 난민이 되어 남으로 넘어오는 경우가 없도록 최소한 생계 유지는 할 수 있게 해주어야 한다는 것이다. 그것은 남쪽을 위한 일이다. 한 마을에 100가구가 있는데 대지주 한 집만 잘 먹고 잘 살고, 나머지 99가구 소작농은 굶어 죽을 판이라면 어떤 일이 벌어지겠는가. 낫이든 작두든 들고 대지주의 집 담을 넘을 것이다. 이후 상황은 아주 참혹할 것이다. 남북이 이 지경이 되면 안 된다. 서로 망하는 길이다.

통일은 당위론적으로 이념적으로 해야 하는 것이 아니다. 역사적으로 한 민족이니까 통일이 되어야 한다는 논리는 실사구시 측면에서도 맞지 않는다. 종북 좌빨이라서 통일을 주장한다는 건 더더욱 맞지 않는다. 시대착오적이다. 남한을 위해서, 우리의 목숨을 위해서, 우리가 잘살고 잘 먹기 위해서 통일을 해야 하는 것이다.

지금과 같은 남북 군사 대립과 군비경쟁이 앞으로도 지속된다면 복지국가는 영영 까마득할 뿐이다. 남한은 1년에 국방비로 30조 원 이상을 쓴다. 북한은 1조 원. 한반도 평화통일 방안이라면 국방비를 반 토막 이하로 줄이는 게 가능하다. 15조 원이면 무상급식과 무상교육에, 경로당 난방비 걱정 안 해도 되고 노인연금은 더 많이 드릴 수 있다. 분단체제 극복은 우리의 복지, 우리 삶의 문제인 것이다.

우리는 작은 나라다. 좁은 땅덩어리에 부존자원도 부족하다. 대한민국의 경쟁력은 대한민국 국민이다. 우수한 두뇌에 풍부한 문화적 소양을 갖춘 국민이다. 한류로 대변되는 무한한 창조적 상상력으로 무장한 문화콘텐츠를 들고, 남북철도를 타고 대륙으로 뻗어나가는 것이다. 문화적으로 호령하면서 말이다. 생각만 해도 흥분되고 기운이 샘솟는 일 아닌가.

김대중, 노무현 대통령이 평화통일을 위해 혼신의 노력을 했지만 한계가 분명했다. 이런 점에서는 현 박근혜 대통령이 유리하다. 종북이니 좌빨이니 매도되지도 않을 테고, 보수의 대장이니 반발하거나 방해하는 세력은 얼마든지 물리칠 수 있다. 권력의 힘을 마음껏 휘두를 수 있다. 누구보다 분단 극복과 평화통일에 위대한 업적을 남길 수 있는 것이다.

그런데도 안 한다. 국내 정치의 유혹을 뿌리치지 못하고 있다. 대통령 임기가 끝나고도 보수의 대장이 되고 싶어서다. 사소한 유혹 때문에 분단의 종지부를 찍는 대업을 놓치는 우를 범하지 않길 바랄 뿐이다. 더더군다나 아무것도 한 일이 없는 대통령으로 남기 싫다면 말이다.

개성공단은 즉각 발전시켜나가야 한다. 해결할 과제도 있다. 북한 노동자들의 임금 인상이다. 현 20만 원 수준을 40~50만 원 수준으로 올리는 것이다. 사실 남한 기업들은 개성공단에서 적지 않은 혜택을 받았다. IMF 시절 부도를 맞았던 신원에벤에셀 같은 기업은 개성공단으로 가자마자 흑자로 돌아섰다. 개성공단에는 노사분규가 없다. 임금도 엄청 싸다. 북한 노동자의 평균 학력은 전문대 졸업 이상이다, 북한에 세금을 내지도 않는다, 기술 이전을 해주지 않아도 된다. 이 정도면 임금 인상을 꺼릴 까닭이 없다.

2006년 10월 9일 북한이 1차 핵실험을 했다. 그때 나는 여당 쪽 인사로 KBS 라디오에 출연해서 "부시 정권의 대북 강경책이 부른 재앙이다"라고 말했다. 며칠 뒤 MBC 여론조사에서 미국의 책임이 가장 크다는 결과가 나왔다. 북한이 핵실험을 했는데도 시중에서는 라면 사재기 같은 현상이 전혀 없었다. 왜 그랬을까?

그때까지 금강산을 방문한 남한 사람이 130만 명 이상이다. 그 사람들은 북한을 방문하여 우리 체제의 우월성을 확실히 느꼈다. 북에 동조될 수가 없었다. 북이 전쟁을 일으킬 능력도 안 되고, 설혹 전쟁이 나도 우리가 충분히 북을 제압할 수 있다는 자신감을 가지게 됐다. 정전협정 이후 50여 년 동안 어떤 경로로든 북한을 방문한 사람은 200명이 채 안 되었다. 그러나 김대중 정부 들어서 단 몇 년 동안 북한을 방문한 사람은 150만 명이 넘었다. 백문이 불여일견, 보니까 알게 된 것이다. 남한이 북한보다 우월하고, 북한은 낙오했다는 사실을. 이게 햇볕정책의 가장 큰 성과였다. 결코 '북한 퍼주기'가 아니었다. 포용정책으로 남북의 격차를 확인시킨 다음, 평화통일로 이끌려는 의도였다. 그걸 보수언론은 억지 논리로 우악스럽게 물어뜯었던 것이다.

새 정치를 위하여

이제 남과 북이 해야 할 일은 개성공단을 좋은 모델로 만들어나가는 것이고, 남한에서 횡행하는 종북몰이를 중단시키는 것이다. 중단시킨다고 중단하지도 않겠지만, 그런 노력은 필요하다. 그렇지만 현실은 어렵다. 종편은 주야장천 황당무계하고 악의적인 보도만 하면서 세상을 어지럽힌다. 진보개혁세력은 움츠러들었고, 수구세력은 날뛰고 있다. 지금은 무릎 꿇리게 하는 시대다. 정권이 마음에 안 들면 아예 밥줄을 끊어놓는다.

"박근혜 대통령께서 헌법을 잘 모르시는 것 같습니다. 헌법 공부 좀 하셔야겠습니다."

우리 당 이종걸 원내대표가 한 말이다. 국회법 개정안에 대해 청와대가 위헌을 주장하자 반격한 것이다. 그러자 종편들은 대통령을 폄훼했다고 하루 종일 공격하고 또 공격했다. 욕을 한 것도, 막말을 한 것도 아니었다. 그저 정치적 수사 아닌가. 이 정도도 못 받아들이고 못 참는다면 가히 침묵을 강요하는 시대라 할 수 있다.

그렇기에 내가 대포가 되려는 것이다. 박근혜 정부의 공포정치에 다들 주눅 들어 있을 때 나라도 나서서 목소리를 내겠다는 것이다.

지금은 물러섬 없이 당당하게 싸울 사람이 필요할 때인 것이다. 사실 나의 말은 지극히 평범하다. 그런데도 내 말이 돋보인다. 이 시대가, 이 정권이 그렇게 만들었다.

안철수 의원이 새 정치를 말했다. 그렇다면 새 정치는 무엇일까. 안철수 의원은 알까? 새 정치의 반대말은 무엇인가? 낡은 정치, 구 정치다. 새 정치를 말하려면 먼저 낡은 정치를 말해야 한다. 낡은 정치는 무엇인가? 종북몰이 정치다. 옳지도 않고 불의하다. 종북몰이 이전에 지역주의 정치가 있었고, 그 이전에 반공주의 정치가 있었다. 이 모든 것의 시작은 분단이다. 이게 낡은 정치의 핵심이다. 새 정치는 이 핵심을 끝장내는 것이다. 종북몰이, 지역주의, 반공주의를 뿌리 뽑는 것이다. 그 과정이 분단체제를 극복하고 통일로 가는 길이다. 그게 새 정치다!

새 정치를 위해서는 선거 혁명밖에 없다. 정당 혁신을 통해 나 같은 국회의원이 많이 등장하고, 그들이 야당의 주류가 되어 여당에 거침없이 맞설 때 낡은 정치는 사라지고 비로소 새 정치가 자리 잡을 것이다.

승,

집권으로 가는 길

18대 대선 복기

통한의 패배

풀

풀이 눕는다
비를 몰아오는 동풍에 나부껴
풀은 눕고
드디어 울었다
날이 흐려서 더 울다가
다시 누웠다

풀이 눕는다
바람보다도 더 빨리 눕는다

바람보다도 더 빨리 울고
바람보다 먼저 일어난다

날이 흐리고 풀이 눕는다
발목까지
발밑까지 눕는다.
바람보다 늦게 누워도
바람보다 먼저 일어나고
바람보다 늦게 울어도
바람보다 먼저 웃는다.
날이 흐리고 풀뿌리가 눕는다.
— 김수영, 「풀」

미안합니다.
미안합니다.
미안합니다.
정말 미안합니다.

감사합니다.
감사합니다.
감사합니다.
정말 감사합니다.

어떻게 미안함을 표현해야 할지
어떻게 감사함을 표현해야 할지
잘 모르겠습니다.

정말 져서 미안하고
열정적으로 문재인을 지지해줘서 감사합니다.

오늘 새벽 2시에 "미안합니다"라는 트위터 글을 올렸습니다. 그전까지는 이를 악물고 울지 않았습니다. 그런데 이 트위터 글에 오히려 "힘내십시오", "나꼼수를 지켜주십시오"라는 위로를 받고 정말 불 꺼놓고 하염없이 꺼이꺼이 울었습니다. 내가 위로할 사람들이 나를 위로하다니……. 부끄러웠습니다. 그래서 더 눈물이 났습니다.
강한 것이 옳은 것을 이겼습니다. 좀 더 강하지 못해서 더 눈물이 났습니다. 절반의 국민이 지지했건만 2퍼센트가 부족하고 약했습니다. 국민 세금으로 밥 벌어먹고 있는 저 같은 사람들의 잘못입니다. 참 무슨 말을 해야 할지 잘 모르겠습니다. 그래도 저 같은 사람들이야 어차피 그렇고 그렇다지만…….
문재인 이름 석 자 이마에 새기고 열정적으로 문재인을 외쳤던 수많은 민초들이 기죽어 살 것을 생각하면 정말 가슴이 미어집니다. 제 트위터에도 페이스북에도 박근혜 지지자들이 몰려와 "쌤통이다", "고소하다"며 조롱하고 멸시합니다. 저는 그럭저럭 견딜 수 있다지만 아무 죄 없는 여러분이 당할 상처와 정신적 고통을 생각하면 정말 미치겠습니다.
그래도 우리 한번 견뎌봐요. (2012년 12월 20일)

여러분들도 그렇듯이 저 또한 나약한 인간인지라 한동안 정신을 차릴 수가 없었습니다. 대선 2일전 KBS, MBC, SBS 방송 3사 여론조사에서도 1.4퍼센트 문재인 후보가 역전했고 투표율도 높고 정말 진다는 생각을 전혀 하지 못했습니다.

제 지역구인 마포을 분위기는 정말 좋았습니다. 선대위에 뭐 폼 나는 자리도 없는 무임소 지역위원장으로 지역만 샅샅이 훑으면 된다는 심정으로 영하 14도 날씨에도 유세차를 타고 지역을 누볐습니다.

계산해보니 '문재인' 이름 석 자를 적어도 22일 동안, 하루 7~8시간 동안, 하루에 8,000번, 선거 기간 내내 20만 번 정도는 외쳤던 것 같습니다. 3일이 지나니 입술이 터지고 발가락이 아팠지만 정말 이기고 싶었습니다. 이를 악물고 뛰었습니다.

제가 잘나서 제가 열심히 해서는 절대 아니고요. "정청래가 저렇게까지 고생하는데 문재인 한 표 찍어주자!"고 마음먹게 하는 것이 저의 목표였습니다. 그런 보람이 있었는지는 잘 모르겠고요(정말요), 결과는 마포을 15.1퍼센트, 21,282표 차이로—참고로 서울 전체 22만 표 승리—승리했습니다.

이렇게 크게 이겼으니 그동안 동네 분위기가 참 좋았지 않았겠어요? 그러니 더더욱 저로서는 패배라는 것은 상상하지 못했습니다. 그러나 졌습니다. 정말 정신이 멍한 상태에 빠져버렸습니다. 울 정신도 없었습니다. 멍했습니다.

그래도 도리는 다해야겠다는 차원에서 새벽 2시에 "미안합니다. 미안합니다. 미안합니다. 감사하고 미안합니다"라고 페이스북과 트위터에 글을 올렸습니다. 그런데 이게 어찌된 일입니까? 댓글과 멘션을 통해 국민들은 오히려 저를 위로하고 있었습니다.

"열심히 했는데 빨리 기운차려라. 이렇게 망연자실해 있으면 어떻게 하냐? 문 후보님을 많이 위로해드려라. 얼짱이 시무룩하게 있으면 우리는 더 힘 빠진다. 정신 차리고 일어나라……."

저는 이런 여러분에게 위로를 받기 보다는 오히려 위로를 해드려야 하는데……. 정말 이때부터 한 시간 넘게 정신 못 차리고 눈물 콧물 범벅이 되어 캄캄한 방에서 혼자 울었습니다. 참 힘들었습니다.

그 후 며칠 동안 정말 밥맛도 잃었고 무척 힘들었습니다. 그러나 이대로 주저앉을 수는 없는 일이지요. 오늘 의총에서 국민이 초미의 관심을 갖고 있는 재검표 문제에 대해서 발언했습니다.

"15만 명이 넘는 국민들이 민주당에 재검표 청원을 하고 있습니다. 어떤 형태로든 이를 받아 안아야 합니다. 당내에 팀을 꾸려야 합니다. 이분들과 소통해야 합니다"라고 발언을 했고 중앙선관위가 배속되어 있는 행안위 청원심사소위에서 이 문제를 다루기로 결정했습니다.

문 후보님의 지위에 관한 토론에서 마지막에 제가 나가서 최종안을 만들었습니다.

"문재인 후보를 찍은 1,469만 명의 국민은 민주당이 좋아서 찍은 것이 아닙니다. 문 후보님을 보고 찍은 것입니다. 우리 당의 정말 소중한 자산입니다. 이분에게 누가 되는 일을 당이 하면 안 됩니다. 그것은 곧 문 후보님을 지지한 국민들에게 더 큰 상처가 됩니다. 문 후보님에 대한 권한은 긍정어로 정리했으면 합니다.

최종안으로 '문 후보께서 비대위원장을 지명하지 않겠다고 했으니 비대위원장 선출 시까지 법적 통상적 범위 안에서 대표의 권한을 갖는다' 이렇게 하면 어떻겠습니까?"

그래서 결국 문 후보님에 대한 권한은 '정청래 최종안'을 놓고 물은 결과 만장일치로 통과되었습니다. 이 밖에 비대위원장은 뽑힐 원내대표가 겸직하고 당장 시급한 노동, 언론, 평가위의 문제는 뽑힐 원내대표에게 위임하기로 결론을 내렸습니다.

오늘 오전 10시부터 점심까지 거르며 오후 3시까지 진행된 마라톤 회의는 비교적 분열 없이 잘 끝난 것 같습니다. 지금 우리끼리 지지고 볶고 싸움질하는 모습은 정말 최악입니다. 그래서 저는 오늘 다행스럽게 생각합니다.

오늘 정봉주 전 의원이 홍성교도소에서 만기 출소합니다. 그를 맞으러 홍성에 갑니다. 두 시간 먼저 도착해서 그를 기다릴 생각입니다. 대선에서 지고 나서 그를 맞이하는 것도 여간 큰 고통이 아닙니다.

그러나 어쩌겠습니까? 이 모든 설움과 분노, 고통까지 우리가 서로 나누어 짊어져야 할 짐 아니겠습니까? 그 짐 중에서 더 무거운 짐을 지라 하시면 제가 그 짐을 짊어지겠습니다.

원래대로 제자리로 돌아오겠습니다. 그래서 다시 페이스북 프로필 사진을 원위치합니다. 웃는 게 웃는 게 아니지만 억지로라도 웃으며 힘을 내겠습니다. 여러분 함께 해주시고 많이 도와주십시오.

눈물 뚝! (2012년 12월 24일)

너무 아쉬웠다.

이길 것이라 생각했다. 우리 지역 분위기가 워낙 좋아서 진다는 건 상상도 못 했다. 그래서 17대 대통령선거 당일 투표를 하고 나 홀

로 국회의원회관에 갔다. 내 방에서 승리를 만끽하려고, 혼자 실컷 기뻐하려고 말이다. 그런데 졌다.

투표하고 왔습니다.
마포구 성산2동 동사무소에 마련된 제1투표소에서 첫번째로 투표하려고 눈곱만 떼고 나갔는데…… 도착 시각, 06시 02분. 벌써 줄이 50여 분이나 서 있네요. 기다리다가 투표하고 왔습니다. 부지런하신 분들 많아요.
다들 투표 하실 거죠? (2012년 12월 19일)

반드시 정권을 교체해야 한다는 각오로 몸이 부서져라 뛰어다녔는데 막상 지고 나니까 참으로 허망하고 허탈해서 견딜 수가 없었다.

누구하고도 만나기 싫었고, 말도 하기 싫었다. 내가 타고나길 명랑 쾌활인데 삶의 의욕이 다 달아났다. 그렇게 한동안 마음의 병을 크게 앓았다.

그런데 어쩌랴, 나는 국회의원이다. 우리를 지지해준 유권자들은 얼마나 더 허탈할까. 내가 힘들어하는 것도 사치다. 일어나자, 힘을 내자, 한 달여 만에 기운을 차렸다. 얼마 지나지 않아 우리 당으로 사람들이 몰려들어 집회를 하기 시작했다. 대선 무효 소송을 하자고. 국정원이 불법으로 선거개입을 했다는 것은 이미 소문도 팩트도 무성했다. SNS상에서도 불이 붙었다. 이 때문에 집회를 하는데도, 당에서는 그 앞으로 나가는 사람이 하나도 없었다. 내가 나갔다.

"당에서는 할 수가 없습니다. 후보께서 소송을 해야 되는데 소송할 생각이 없으신 것 같습니다. 미안합니다. 제가 뭘 하자고 나온 건 아닙니다. 욕먹으려고 나왔습니다. 욕하고 싶으면 저한테 욕을 하세요. 저한테 분풀이를 하십시오."

그런데 집회 사회를 보던 여성이 다짜고짜 나에게 큰절을 하는 것이다. 맨땅바닥에서.

"의원님은 할 만큼 했습니다. 제발 소송 갑시다."

정작 욕은 안 하고 나를 위로하기만 했다. 그 자리에서 펑펑 울었다. 욕먹으러 갔다가 울다가 왔다. 동의 여부를 떠나 대선 무효 소송을 하자는 그분들의 심정을 이해는 한다. 그건 분노였다. 다른 식으로 분노를 표출할 수 없으니까 그렇게 가슴속에 뭉친 분노를 토해냈던 것이다. 이분들의 마음을 헤아린다면 다시 패배할 수는 없다. 더구나 지난 대선 같은 패배는 반복해선 안 된다.

누군가는 짊어져야 할 짐이라면……

한 사람이 천하이고 우주라고 했습니다. 옳고 그름의 문제를 떠나 25만 명이나 되는 천하와 우주 같은 국민들이 재검표(수개표)를 주장하고 있습니다. 국회는 무엇이고 국회의원은 무엇입니까? 이분들의 외침과 절규에 나 몰라라 하고 있어야 되겠습니까?

헌법 26조나 국회법 123조에는 국민 1인 어느 누구라도 국회에 청원을 할 수 있고 국회의원 1인의 소개의원이 있어야 국회 청원이 가능하다고 명시되어 있습니다. 그래서 제가 이분들의 부탁을 받고 청원 소개의원으로 나선 것입니다.

저는 이분들의 주장에 찬반을 말하지 않겠습니다. 25만 명이나 되는 국민의 요구가 있습니다. 그런데 이분들의 요청을 받아줄 국회의원이 300명 중 단 한 명도 없다는 것은 더 큰 슬픔이지 않겠습니까? 그래서 제가 그 한 명의 국회의원이 되고자 합니다.

저는 국회법 절차에 필요한 소개의원일 뿐입니다. 저는 누군가는 짊어져야 할 짐이라면 제가 그 짐이 무겁든 가볍든 짊어져야겠다고 생각했습니다. 제가 칭찬을 받을 일도, 비난을 받을 일도 아니라고 생각합니다. 새누리당의 과도한 공격은 부당하다고 생각합니다.

오늘 국회법 절차에 따라 국회 행정안전위원회 청원심사소위에 이 청원을 전달하겠습니다. 국회 행안위에서 이분들의 의견과 주장을 잘 살펴봐주시기 바랍니다.

이분들이 주장합니다. 대선의 결과를 뒤바꾸는 것이 목적이 아니라고 분명히 말하고 있습니다. 의혹과 불신을 해소하고 선거 정의 개표 정의를 실현하고자 함이라고, 이분들이 주장합니다. 이분들의 목소리에도 귀 기울이는 국회가 되었으면 좋겠습니다. 감사합니다.

기자회견장에서 이렇게 말했습니다. (2013년 1월 15일)

우리는 왜 졌나

제17대 대선이 끝나고 얼마 지나지 않았다. 문재인 후보가 점심이나 먹자고 나를 불렀다. 문재인 후보는 대선 과정과 결과에 대해 무슨 이야기든 듣고 싶어했다. 하긴 얼마나 속이 까맣게 탔겠는가. 고통스러운 치유의 과정이 필요했을 것이다. 두어 시간 이야기를 했다.

"이번 대선에서 왜 졌을까요? 네 가지 이유가 있습니다. 첫 번째는 문재인 후보가 부족해서 졌습니다. 두 번째는 외람되지만, 우리 민주당 국회의원들이 다 내 선거처럼 열심히 했으면 지지 않았을 겁니다. 세 번째는 사실상 선거대책위원회가 없어서 졌습니다. 네 번째는 그때는 몰랐지만 국정원의 대선개입과 같은 것들이 우리의 승리를 막았습니다."

단도직입으로 네 가지 이유를 말한 다음 조목조목 설명을 이어나갔다. 선거운동 과정에서 문재인 후보가 부족했다는 것의 결정판이 하나 있다.

"당신을 떨어뜨리려고 나왔습니다."

TV토론 중에 통합진보당 이정희 후보가 박근혜 후보를 향해 맹공을 퍼부었을 때다. 그 순간 문재인 후보가 이정희 후보에게 '그런 식으로 말하지 마라, 예의를 갖추어라'라고 지적하면서 조정자, 중재자의 모습을 보였다면 어땠을까. 아마 당선이 되지 않았을까. 그렇지만 그런 행동은 없었고, 그저 바라만 봤다. 치명적인 판단 착오였다.

그 장면 하나로 문재인 후보가 부족하다는 점이 상징적으로 드러났다. 문재인을 지지했던 48퍼센트의 유권자도, 후보를 위해 열심히 뛰었던 선거운동원들도 결국은 제3자일 뿐이다. 대통령 후보로 나온 문재인 본인의 선거였다. 본인이 더 잘했어야 했다. 그렇기에 나는 문재인 후보에게 스스로 부족했던 점을 인정하고, 그렇게 생각하는 게 다음을 위해서라도 좋을 것이라고 말했다.

우리 민주당 국회의원들이 다 내 선거처럼 혼신의 힘을 다해 뛰었다면 선거에서 이겼을 것이라고 한 말은 과장도 아니고, 헛소리도 아니었다. 진심으로 했던 말이다.

대선 기간 동안 나는 중앙선거대책위원회에서 딱히 할 일이 없었다. 그토록 부르짖었던 SNS 특별위원회가 꾸려지지 않았기 때문이었다. 내가 가장 잘 할 수 있는 것을 못 하게 되니 지역구에서 살 수밖에 없었다. 선거운동 기간 내내 마포을, 나의 지역구를 구석구석 샅샅이 걷고 또 걷고, 돌고 또 돌면서 외치고 또 외쳤다.

하루를 온전히 마포을에서 소진했다. 날마다 일정은 비슷해서 아침 7시 30분부터 지하철역에서 한 시간 동안 유세를 하고, 단골 콩나물국밥집에서 아침을 먹은 다음 1시간여 미친 듯이 SNS 선거운동을 했다. 오전 11시에 거리에 나가서 2시간 이상 유세를 하고 나서는 짜장면으로 점심을 때우고 다시 SNS 선거운동, 오후 3시부터 저녁 늦게까지 또 유세, 저녁 식사 마치고 나서 또 유세. 걷기도 하고, 차량을 타기도 하면서 유세와 SNS 선거운동을 줄기차게 반복했던 것이다.

유세의 구호도 한결같았다.

"주민 여러분, 안녕하십니까. 국회의원 정청래입니다. 대통령은 문재인, 문재인을 부탁합니다. 야권 단일후보 기호 2번 문재인 참 좋은 사람, 선한 눈빛, 문재인, 문재인을 부탁합니다."

그때 우리 비서들이 계산을 해보니까 내가 하루에 '문재인'을 8,000번 정도 외쳤다는 것이다. 한 달 선거운동을 했으니 내 입에서 '문재인'만 20만 번이 나갔던 것이다. 기온이 영하 14도로 떨어져 사방이 얼어붙은 날에도, 폭설과 진눈깨비로 길이 엉망진창이 된 날에도 나갔다. 다른 사람들은 다 중단해도 나는 멈추지 않았고 거리를 누볐다. 그런 날일수록 더 나가야 했다. 불쌍해 보이니까, 짠해 보이니까, 저렇게 열심히 하는데 찍어주자, 이런 마음이라도 들게 말이다. 특히 막판 부동층에게서 한 표라도 더 얻으려면 그렇게 해야 했다.

그러면서도 '당신은 방에 처박혀 SNS만 하냐?'는 오해를 받을 정도로 SNS도 광폭 행진이었다. 당시 한 통계기관이 발표한 트위터 영향력을 보면 1위가 박근혜, 2위가 정청래, 3위가 문재인이었다. 그때 내 트위터 내용 중 최다로 리트윗된 것이 3,500개, 트위터 리트윗 전파력을 감안해 얼추 추산하면 300만 명 이상이 그 내용을 본 것이다. 종합일간지 1면 기사급 영향력이라 할 수 있다.

그리하여 우리 지역구인 마포을에서 무려 21,282표차로 이길 수 있었다. 서울에는 총 48개 지역구가 있다. 그해 선거에서 문재인 후보는 박근혜 후보를 서울에서 20여만 표 차로 이겼다. 그중 10퍼센트가 마포을 한 곳에서 나온 것이다.

그해 대선에서는 수도권에서 격차를 벌여야 했다. 그러나 서울에서 더 얻지 못한 데다, 경기도에서는 박빙이었다. 결과적으로 수도권 공략의 실패가 패배로 이어진 것이다. 나는 내 총선 때보다 천 배는 더 열심히 뛰었다. 발가락이 얼어붙고 찢어졌다. 나 혼자라면 결코 못 할 일이었다. 나를 따라주고 힘이 되어준 선거운동원들이 있었기에 가능했다.

다른 지역은 어땠을까? 모르긴 몰라도 나만큼 선거운동에 전력을 다한 우리 당 의원은 몇 되지 않았을 것이다.

그해 나는 재선 국회의원 중에 후원금 모금액이 꼴찌에서 두 번째였다. 3,000만 원을 조금 넘겼다. 그런데 몇 억씩 모금한 의원들이 수두룩했다. 선거운동 기간 동안 후원금을 모으고 있었던 것이다. 나는 대선 끝나고는 패배했으니 염치없어서 아예 포기했는데 그들은 그러거나 말거나 돈을 모았던 것이다.

부끄럽습니다.

윤호중 의원에게 전화가 왔습니다.

정청래: 안녕하세요? 재선 중 후원금 꼴찌의원님.

윤호중: 안녕하시우? 재선 중 후원금 꼴찌에서 두 번째 의원님.

방금 국회의원별 후원금 내역 기사가 떴는데 그걸 보고 윤호중 의원이 전화를 했습니다. 꼴찌와 그 다음 꼴찌의 대화. 물먹고…… 부끄럽고 슬퍼요.

(2013년 3월 14일)

엄청 실망했다. 대선을 대하는 자세가 그랬으니 어찌 이길 수 있었겠나. 그래서 정청래만큼 뛰었다면 선거에서 이겼을 것이라고 말했던 것이다. 사실 이런 분위기는 진작 감지되었는지도 모르겠다. 나는 선거 훨씬 전부터 SNS활동뿐만 아니라 빅데이터 전문가들과 다양한 연구와 분석을 하고 있었다. 그해 봄에는 오바마 재선 당시의 SNS 선거전략을 당 내에서 프레젠테이션 할 정도였다. 당시 이해찬 당 대표에게 오바마를 벤치마킹해야 한다고 강력히 제안했다. 오바마 캠프는 수년에 걸쳐 SNS 자원봉사 240여만 명을 모아 아주 효과적으로 활용했다. 홍보조, 공격조, 방어조로 나누어 사안별로, 유권자별로 정조준해서 세밀하게 타겟팅하여 들어갔다. 그것이 통했다. 미 대선기간 동안 나도 주기적으로 SNS 데이터를 분석하면서, 일찌감치 오바마의 승리를 확신할 수 있었다. 오바마가 경제정책에 실패한 약점이 있었지만 크게 영향을 미치지 않으며 크게 흠집이 되지 않는다는 게 데이터로 나타났다.

그렇기에 우리 당도 SNS 특별위원회를 만들어 20만 명 규모의 SNS 자원봉사단을 꾸리자고 제안했던 것이다. SNS 버즈량이라고 있는데, 한 사안에 대한 버즈(buzz)의 양, 즉 재잘거림의 양이 3만 회 이상이면 반드시 매체에 기사화된다는 게 데이터 분석 결과였다. 이런 식으로 SNS에서 프레임 전쟁을 벌여 승리한 게 오바마였다. 오바마 캠프는 선거운동 내내 SNS를 통해 (상대 후보인) '롬니는 부자 편, 오바마는 서민 편'이란 구호를 떠들어댔다.

내가 하겠다고 했다. SNS 선거운동은 철저히 수공업이니까 내가 사람들을 모아 가동하겠다고 나섰던 것이다. 내가 누구보다 그 일을 잘한다는 자신감이 있었다. 당에서는 매우 우호적이었다. 그런데 실현되지는 않았다. 참으로 하찮은 이유 때문이었다. 정청래에게 너무 큰 권한이 생긴다는 당내 일부의 견해가 발목을 잡았던 것이다. SNS 특별위원회는 자연스럽게 여론조사 정보를 가장 많이 알게 되고, 막판 선거전략도 그곳에서 나오게 된다. 또 SNS 자원봉사단을 이끌 부대는 적어도 150명 이상은 돼야 하니 나름 파워풀하게 보일 것이다. 그것을 정청래가 진두지휘한다는 것을 결국 당이 받아들이지 못했던 것이다.

정청래가 아니었어도 SNS 특별위원회는 당연히 존재했어야 했다. 존재는커녕 선거대책위원회에는 'SNS' 관련 글자도 안 보였다. 그러니 국정원이 불법적으로 SNS 선거운동을 한 것에 대해 뒷북만 칠밖에. 이는 대선 패배의 세 번째 이유인 사실상 선거대책위원회가 없었다는 것과 필연적으로 연결된다.

그해 선거대책위원장은 공동으로 10명이었다. 세상에 선거대책위원장이 10명이라니! 전쟁을 지휘하는 야전사령관은 1명이다. 사령관이 10명이면 도대체 누구 말을 따라야 하는가. 게다가 수석선거대책위원장도 없었다. 그러니 선거대책위원장 10명이란 것은 선거대책위원장이 없는 것이나 다름없었던 것이고, 결과적으로 선거대책위원회도 없었던 것이나 마찬가지란 뜻이다. 이런 상황에서 어떻게 전략이니, 전술이니, 아이디어니, 효율이니 가능했을 것이며, 더더군다나 승리라니. 애초에 지고 들어간 게임이었던 것이다.

SNS 스마트정당

진보 10년 대 보수 10년의 전쟁

대한민국의 보수세력은 김대중, 노무현 두 대통령의 시대를 '잃어버린 10년'이라 폄하하고 있다. 이는 민주세력은 집권을 해서는 안 되는 집단이라는 식으로 매도를 하는 짓이다. 그렇다면 보수세력이 배출한 이명박, 박근혜 두 대통령의 10년은?

무능 10년, 제자리걸음 10년이란 말로는 부족하다. 나는 '후퇴한 10년'이라 규정하고 싶다. 아마도 많은 국민들이 후퇴한 10년에 동의할 것이다. 두 눈으로 똑똑히 봐왔으니까. 이명박 정권 5년은 광우병으로 시작해 민간인 사찰과 4대강 사업, 그리고 남북관계 파탄, 민주주의 후퇴, 민생경제 붕괴로 막을 내렸다.

박근혜 정권은 국정원 댓글사건 등 불법 대선개입에 따른 정통성 시비로 시작해 NLL 대화록 유출, 세월호 참사, 메르스 사태, 그리고 정윤회 문건 파동과 잇따른 국무총리 후보자 낙마, 여기에 민주주의도, 국가시스템도, 사회안전망도, 남북관계도, 외교도, 불통과 퇴행으로 뭐 하나 해놓은 게 없다. 창조경제가 아니라 창조적 무능이라고나 할까.

아마도 박근혜 정권은 업적이 전무한 대통령으로 남을 가능성이 높다. 우리가 한 번도 경험하지 못한 정권이 될 것이다. 이쯤 되면 보수세력이 떠들어대는 '잃어버린 10년'과 내가 말하는 '후퇴한 10년'은 비교 대상조차도 안 된다. 그렇다면 임박한 2016년 국회의원총선과 2017년 대통령선거에 민주세력이 승리하는 것인가?

다가올 총선과 대선은 보수정권 10년에 대한 평가가 되어야 한다. 객관적으로 본다면 민주세력이 유리한 게 사실이다. 그렇지만 선거공학으로 따지면 결코 유리할 게 없다. 보수세력은 권력을 갖고 있는데다 자본력과 조직력, 여기에 이른바 조중동과 종편 등 매우 우호적인 언론 환경과 파워엘리트를 중심으로 한 맨파워 등 선거를 꾸려나가는 동력이 월등하게 앞서 있다.

도올 김용옥 선생은 총선과 대선 두 선거에서 또 보수세력이 승리한다면 일본 자민당처럼 영구집권체제로 갈 것이라고 말한다. 특히 2017년 대선이야말로 대한민국의 미래와 역사를 가를 가장 중요한 선거라고 단언한다. 전적으로 동의한다.

그렇기에 2016년 총선과 2017년 대선은 각각 10년 동안 집권했던 민주와 보수, 두 세력이 총 결집해서 대대적인 전면전을 펼치게 될 것이다. 그야말로 전쟁이 벌어지는 것이다. 선거 결과에 따라 향후 20년, 더 나아가 200년, 2,000년의 역사가 달라질 수도 있기 때문이다. 어떻든 객관적 정세는 민주세력이 유리하다. 그렇다면 우리는 무엇을 해야 할 것인가. 집권을 하려면 어떻게 해야 할 것인가.

잠시 쉽니다.
"페북 잘 보고 있습니다."
"페북 의원님이 진짜 하는 거 맞아요?"
"페북 너무 재밌어요. 더 재밌는 거 올려주세요."
"의원님, 이제 얼짱 사진 좀 그만 올려요. 얼짱인 거 다 알아요."

2010년 11월 30일 지인의 강권에 시작한 저의 페이스북 인생. 그 후 30개월 동안 3,500건의 사진과 글을 올렸으니 2년 6개월 동안 하루도 빠짐없이 매일 4~5편의 글을 올린 셈입니다.
수많은 '좋아요'와 댓글, 공유를 통해 페친들로부터 과분한 사랑을 받고 있고 저 또한 그에 보답코자 혼신의 힘으로 머리를 쥐어짜며 여러분과 희로애락을 함께해왔습니다.
정말 과분한 사랑을 받았습니다. 그러나 우리 진영보다 어쩌면 보수층이 제 페이스북의 영향력을 분석하고 교육용 자료로 활용되는 등 원치 않는 쓰임새가 되기도 했습니다.
그 덕분인지 지난 대선 기간 동안 새누리당 지지자들로부터 집중 견제를 받았고 지금은 일베의 타깃 1호 대상이 되어 어쩌면 일베에서 적개심으로 불타는 더 지독한 유명인사(?)가 되었는지 모르겠습니다.
매일 페이스북을 하면서 많은 생각을 합니다만 상대 진영에서 공격을 하든 뭘 하든 그것은 괘념치 않습니다. 그냥 호응해주시는 여러분과 함께할 수 있어 행복합니다.

그런데요. 제가 아무리 얼굴이 크고 머리가 커서 뇌 용량이 크더라도 매일 몇 번씩 올리는 페이스북에 더 좋은 글을 올리는 작업은 제 나름대로 힘든 작업이기도 합니다. 이제 잠시 재충전의 시간을 갖고 더 좋은 모습으로 찾아뵙도록 하겠습니다.

그때가지 모두 건강하시길……. I will be back! (2013년 5월 22일)

지성인

본회장에서.

인재근 의원 : 아니, 정 의원은 오후만 되면 왜 그렇게 개기름이 흘러…….

정청래 의원 : 의원님, 개기름이 아니예요. 제가 열심히 땀 흘리는 정치인에다가 지성인이라 지성 피부라 그래요.

우상호 의원 : 정 의원에게 말 걸지 마세요.

인재근 의원 : @###@!#^$#$^!^$!

우하하하! 저는 땀 흘리는 지성인입니다.

앞으로 땀 흘리는 지성인답게 열심히 하겠습니다. 꾸벅!

(2013년 6월 18일)

야당답게

정당이란 정권 장악을 목표로 조직된 결사체다. 정권을 잡으려면 정당이 잘 돼야 한다. 그런데 대한민국 정당의 현실은 슬프다. 밖으로는 심하게 폄훼당하고, 안으로는 왜 존재해야 하는지 망각하는 분위기다. 정당이 제 역할을 제대로 해야 정권도 잘 되는 법이다. 우리당이 제대로 된 의회정치를 통해 국민의 지지를 받아야 정권을 교체할 수 있다는 것이다.

영어로 정당은 '파티(party)'다. 여당은 '지배하는 당(ruling party)', 야당은 '반대하는 당(opposition party)'으로 표현한다. 한국 사람들에게 여당과 야당의 개념은 이와 좀 다르다. 여당에게는 야당에게 양보도 하면서 동의를 구하라 하고, 야당에게는 반대만 하지 말고 여당에게 협조하라고 한다. 아주 틀린 말은 아니지만 여당과 야당의 개념을 흐릿하게 한다.

여당은 집권 기간 동안 사전 뜻 그대로 자기 식으로 지배를 해서(ruling) 평가가 좋으면 재집권에 성공할 것이고, 나쁘면 정권을 잃을 것이다. 선거란 게 평가와 심판의 개념이다. 여당이든 야당이든 자기 정치를 하는 게 최우선이다. 그런데 한국에서는 여당과 야당의 개념이 좀 두루뭉술하다.

나는 지금 야당 소속이다. 야당은 반대하는 당이다. 무작정 반대가 아니라 제대로 반대를 해야 한다. 잘못된 정책을 정확하게 지적하고 바로잡아주는 게 1차 목표다. 협력한답시고 여당의 2중대처럼 굴거나 잘못된 정책에 대해 눈 감는 건 야당이 아니다. 야당이 어떻게 반대하고 어떻게 견제해서 바로잡았는가를 유권자가 평가하고 심판하는 것이다. 신뢰의 힘을 기반으로 정권교체에 성공하는 것이다.

야당은 야당다워야 한다. 정당을 뜻하는 'party'는 전체가 아니라 부분을 대변하는 개념이다. 야당다운 역할을 바라는 국민의 한 부분

(part)을 충실하게 대변해야 하는 게 먼저다. 이후에 중도전략이든 중원전략이든 써야 하는 것이다. 좋아하는 단어는 아니지만 '집토끼'부터 챙겨야 한다는 것이다. 그렇지 않으면 집토끼도 산토끼가 되게 마련이다.

통상적으로 유권자 가운데 고정적인 야당 지지층은 25퍼센트 정도로 본다. 여당 지지층은 35퍼센트, 나머지 40퍼센트가 중원이라 할 수 있다. 야당은 이 25퍼센트 지지층의 신뢰와 지지부터 받아야 한다. 그런 다음에야 중원이든 어디든 싸우러 나가야 하는 것이다. 그렇지 않으면 그저 목소리만 큰, 속 빈 강정일 뿐이다.

그럼에도 우리 새정치민주연합은 25퍼센트가 기대하는 정체성과 야당성은 무시하고 좌클릭이니 우클릭이니 공허한 좌우 이념 논쟁만 반복하고 있다. 당 내에서 우클릭을 주장하는 분들은 보수언론의 프레임에 걸려든 것이나 다름없다. 보수언론은 25퍼센트의 정체성과 야당성을 무너뜨리려고 수시로 종북이니 '친노'니 프레임을 들이댄다. 실제 친노, 비노 논쟁도 보수언론이 만들어낸 것이다. 이런 식이다. 보수언론이 그때그때 종북이든 친노든 프레임을 걸면 당으로 스며들어와 우리끼리 싸운다. 이를 보수언론은 기다렸다는 듯이 확대 재생산하고 그게 다시 당으로 유입되어 우리끼리 싸움이 증폭된다.

이른바 조중동과 종편 등 보수언론의 영향력이 워낙 크다 보니 알게 모르게 그들의 장난에 놀아나면서 다람쥐 쳇바퀴 돌듯 무기력한 싸움만 벌이다가, 우클릭을 주장하게 되는 것이다. 그러다 보면 정체성도 야당성도 사라지고 25퍼센트의 지지도 사라지고 만다. 집권은 영영 불가능해진다.

이래서는 안 된다. 야당다운 야당을 바라는 25퍼센트를 견고하게 묶어 이를 바탕으로 중원 공략에 나서려면 이래서는 안 된다. 완전히 달라져야 한다.

손석희 시선집중 : 하클릭하자

정청래 저는 제일 먼저 중요한 것이요, 문재인 후보를 찍었던 48퍼센트 국민에 대한 위로, 그분들에 대해서 같이 아파하는 것이 먼저이지 문재인 후보를 찍지 않았던 분들이 더 중요하다는 듯한 이런 행보는 대단히 잘못돼 있다, 그러면 그 48퍼센트마저 실질적으로 다 떠날 것이다, 저는 이렇게 보고 있어요. 그래서 1차적으로 할 것과 2차적으로 할 것이 거꾸로 돼 있다, 이렇게 보고 있습니다.

손석희 물론 48퍼센트가 문재인 후보를 찍었습니다만 그것이 그대로 민주당 지지로 이어지지 않는다, 라는 주장도 많다는 것을 알고 계실 텐데요.

정청래 제가 분명히 말씀을 드렸는데 문재인 후보가 패배를 했지만 그것은 문재인 후보의 패배라기보다는 민주당의 패배였다, 저는 이렇게 평가를 내린 적이 있습니다. 왜 그러냐 하면 문재인 후보를 보고 실제로 진보세력, 시민세력, 노동세력이 합류를 한 거 거든요. 그런데 민주당을 보고 합류한 게 없어요. 다시 말해서 민주당에 대한 확장성, 이런 것이 없었거든요. 그렇기 때문에 문재인 후보를 지지한 분들이 민주당이 좋아서 찍었던 것이 아니라 문재인 후보에 대한 지지였거든요. 그렇기 때문에 그분들의 바람, 기대에 1차적으로 눈높이를 맞춰야 되는데, 조중동에 예를 들면 종편에 출연하자, 이것은 그분들이 생각하는 것과는 정반대입니다.

손석희 그런데 당의 지지도는 아시는 것처럼 후보 개인의 지지도보다 훨씬 떨어져 있었습니다.

정청래 네, 그렇습니다.

손석희 그 간극을 메워 나아가는 것이 이른바 중도화, 혹은 우클릭, 이런 얘기들인데 지난번에 김동철 비대위원이 저희 프로그램에 나와서 그런 얘기를 한 바가 있습니다. 극단적인 그런 주장은 이제는 아니다, 민주당은 운동권이 아니지 않느냐, 지나친 좌클릭으로 중도를 놓쳤다, 이런 평가를 한 바가 있습니다. 반대하시겠네요. 그런 의견에는.

정청래 저는 우향우의 우를 범하지 말자, 이런 생각입니다. 지금 그래서 우클릭이다, 좌클릭이다, 이런 얘기를 할 때가 아니라 실제로는 하클릭을 해야 한다, 다시 말해서 하방으로 내려가고 더 국민 속으로 내려가는 이런 정책을 해야 합니다. 좌니 우니 지금이 해방정국도 아니고 좌우이념 논쟁을 하는 듯한 이런 언행은 바람직하지 않다, 이렇게 보고 있고요. 그리고 민주당은 야당입니다. 야당이면 운동성이 있어야 돼요. 그런데 민주당이 운동권이 아니다, 라는 말은 맞지만 실제로 그 말은 그럼 도대체 뭐하자는 것이냐, 이런 생각이 지금 들거든요.

—2013년 1월 16일 MBC 〈손석희의 시선집중〉 중에서

SNS 혁명을 위하여

어떻게 달라져야 하나? 우리 당이 SNS 스마트정당이 돼야 한다. 우리 당 최고위원회를 하면 항상 신문 복사한 것만 보인다. 그리고 그것만이 마치 전체 여론인 양 해석하고 판단한다. 이거 대단히 잘못됐다. 신문의 기사는 분명 의도가 있다. 신문은 면 배치라든지 제목이라든지 편집을 통해 자사의 정치적 의도를 투영한다. 대한민국에 정치적 의도가 없는 지고지순한 언론은 단언컨대 없다. 편집은 고도의 정치적 판단이다.

미국 신문은 사설을 통해 정치적 입장을 밝힌다. 어느 정당을 지지하고, 어느 후보를 지지하겠다고 명쾌하게 드러낸다. 대신 기사는 공정하게 다룬다. 반면 한국은 정치적 입장을 밝히지 않고 공정한 척한다. 대신 편집으로 정치적 의도를 보인다. 그러니 신문이 전체 여론을 반영하는 것도, 공정하게 보도하는 것도 아니다. 설혹 그게 다수의 의견이라 하더라도 소수의 의견은 배제된 상태 아닌가.

SNS는 개개인의 선한 의도가 모여 집단적 의도와 집단적 영향력을 행사하는 공간이다. 다양한 소수의 의견과 의도가 활발하게 분출되는 공간이다. 거대 언론과는 바탕이 다른 훨씬 더 건강한 국민들의 목소리를 들을 수 있는 곳이다. 당연히 여당보다는 야당이 이 목소리

에 귀를 기울여야 한다.

통계적으로 검증된 것은 아니지만 일반적으로 SNS 공간에서 활동 중인 유권자를 500만 명 정도로 잡는다. 소수이지만 전파력과 영향력은 다수를 능가할 수도 있다. 이들을 야당의 지지층으로 끌어들여야 한다. 그러나 야당 내에서 이들을 불편해하거나 외면하려고 하는 경향이 있는 것도 사실이다. 이들의 특징이 비판적이고 쓴소리를 서슴지 않기 때문이다.

그럼에도 SNS는 명백한 현실이다. 무엇보다 SNS의 장점은 소통이다. 미국 오바마 대통령은 SNS 전략으로 성공한 대표적인 케이스다. 오바마의 페이스북 친구가 4,440만 명(2015년 8월 25일 기준)이다. 그는 중요 정책을 페이스북에 먼저 발표한다. 그리고 그에 따른 수천, 수만의 반응을 일일이 챙겨 정책 보완에 활용한다. 자신의 일상도 페이스북에 올려서 친근감과 관심도를 높인다. 전 세계가 오바마의 페이스북에 주목하는 까닭이다. 오바마는 지구촌에서 가장 파워풀한 SNS 활동가인 것이다.

새정치민주연합 130명 국회의원이 오바마처럼 SNS활동을 한다면? 당장의 지지 여부를 떠나 다양한 관계가 형성되면서 우리 당에 대한 관심이 높아지고 외연도 확장될 것이다. 그러다 보면 130개의 공든 탑이 쌓아질 테고, 점차 지지층도 늘어날 것이며 총선과 대선에서 대단히 유리하게 영향력을 행사하는 게 가능해질 것이다. 이게 SNS가 갖는 소통의 힘이다.

SNS 스마트정당이 되어야 하는 두 번째 이유는 집단지성의 힘이다. SNS 공간의 개개인들은 실시간으로 의견을 교환하며 창의적인 아이디어를 쏟아낸다. 당장이라도 당으로 끌어들여 정책으로 발전시킬 게 수두룩하다. 물론 SNS 공간은 누구나 자유롭게 거침없이 발언하는 곳이라 정제되지 않고 중구난방과도 같은 느낌이 들 만도 하다.

만약 사람들에게 마포대교 길이가 얼마나 되냐고 묻는다면 500미터라고 하는 사람도 있을 테고, 5킬로미터라고 하는 사람도 있을 것이다. 몇십 명에게 물어봐도 모두 다를지도 모른다. 그러나 7,000명에게 물어본다면? 평균을 내면 거의 정답(1.4킬로미터)이 나올 것이다. 이런 게 집단지성의 힘이다. SNS는 집단지성이 발현하면서 현안에 대한 정답 또는 모범답안을 모으는 공간인 것이다.

SNS는 또한 홍보수단으로도 가능하고, 피드백 효과도 가져올 수 있다. 이를테면 우리 당에서 어떤 현안에 대해 이러이러한 안으로, 이러이러하게 협상할 것이고, 이러이러하게 진행하겠다고 SNS에 올리면 순식간에 수많은 의견과 아이디어가 댓글이나 기사 형태로 달릴 것이다. 그중에는 우리 당이 미처 모르거나 간과했던 것, 또는 정치적 대안이 있을 수 있다. 그것을 적극적으로 활용하는 것이다. 나는 의정활동이나 정책 발표, 홍보 또는 인터뷰나 TV토론에 나갈 때마다 SNS를 통해 의견을 묻는데, 현장에서 아주 잘 활용한다. 효과도 만점이다. SNS가 없던 시절에는 인터넷 게시판을 이용했다.

2012년 총선에서 재선을 하고 외교통일위원회(외통위)로 상임위를 배정받았다. 해외 주재 대사관과 영사관에 대한 국정감사를 떠나면서 그날그날 SNS에 나의 일정을 올렸다. 캐나다 밴쿠버와 몬트리올, 미국 워싱턴과 뉴욕, LA와 하와이를 도는 일정이었다. 사실 해외

주재 대사관과 영사관 국감은 정보도 부족하고 현지 사정도 제대로 알지 못해서 애를 먹기 일쑤다. 그저 보좌관이 준비해준 아주 기본적인 자료만 갖고 감사를 해야 하는 것이다.

그런데 내가 현지에 도착할 때마다 전 세계의 페이스북 친구들이 직간접적으로 연락을 해왔다. 그래서 다른 의원들이 숙소로 갈 때 나는 그들부터 만났다.

해외 국감 기간 동안 20~30여 명을 만났는데 다들 다양한 직종에서 다양하게 사는 사람들이었다. 그들에게서 현지의 따끈따끈하고 생생한 소식과 정보를 얻을 수 있었다. 그것을 밤새 정리하고 분석해 국감에서 활용했더니 난리가 났다. 대사도 총영사도 모르고, 직원들도 모르는 고급 정보였던 것이다. 평소 형식적으로 치러지던 해외 국감이 전혀 다른 모습이 된 것이다. 나의 생생한 국감 활동에 미주판 『중앙일보』와 『한국일보』는 연일 내 이름을 대서특필했을 정도다. 나중에는 다른 국회의원들 보기 민망해서 그들 앞에서는 신문을 보지 않았다. 하와이에서는 총영사관과 교민 간의 갈등 같은 미묘한 정보를 입수해 국감에서 구체적으로 지적해 총영사의 두 손 두 발을 다 들게 했다.

“도대체 비행기에서 내리면 어디를 그렇게 갑니까?”

그때 함께했던 동료 국회의원들에게 가장 많이 듣던 이야기다. 당시 나에게 많은 정보를 준 친구 중 하나가 지금 나의 보좌관으로 있다. 김성회 보좌관. LA에서 석사과정을 밟으면서 교민운동에도 적극적이었던 친구다. SNS는 이렇게 지구촌을 하나로 묶으며 촘촘한 휴먼네트워크를 이루게 한다.

누군가 나에게 의견을 줬고, 그것을 내가 TV토론이나 인터뷰에서 잘 활용하는 것을 봤다면 얼마나 기분이 좋고 보람이 있을까. 한 국회의원이 대중의 바다에서 함께 움직여주고 반응해준다는 건 어떤 형태로든 연대감이 생기는 것이다. 즉, SNS활동은 대중과 함께하며 연대감을 고취시킬 수 있는 매우 유력한 수단이며 방법인 것이다.

SNS는 총선보다 대선에서 아주 강력한 무기가 될 수 있다. 전국이 단일한 선거구이기 때문이다. 그렇기에 지금부터 SNS 스마트 정당으로 뿌리내리는 작업에 들어가야 한다.

1997년 대통령 선거에서 김대중 후보는 TV토론으로 승기를 잡았다. 2002년 선거에서 노무현 후보는 가히 인터넷 혁명을 일으켰다. 2007년 선거에서는 한나라당이 인터넷에서 우리를 압도했다. 엄청난 투자의 효과를 본 것이다. SNS시대가 열리자 초반에는 야당과 진보진영의 확실한 무기였다. 그러나 지금은 새누리당이 거의 다 따라잡았고 여차하다가는 앞서갈지도 모른다. 새누리당 홍보위원장이 "21세기 정당 모델에서 SNS를 무시하면 결국은 사멸할 것이다"라고 말할 정도다.

그렇다면 2017년 대선에서 SNS는 누구한테 유리할까. 새누리당 수뇌부가 우리 당보다 SNS의 소중함과 귀중함을 더 잘 알고 있는 것 같다. 그러니 지금부터 준비하고 연습해야 하는 것이다. 2016년 총선 승리와 2017년 대선 승리로 정권을 바꾸고 집권을 하려면 여러 가지 퍼즐을 맞춰야 한다. SNS는 그 퍼즐 중 하나다. 그것도 매우 중요하고 특별한 퍼즐 조각이다.

무엇보다 먼저 SNS에 대한 생각부터 바뀌어야 한다. 그곳에서 활동하는 사람들을 거칠고 선동적이고 자꾸 무엇을 요구하기만 하는 불편한 존재로만 보지 말고, 집권으로 가는 길에서 반드시 필요한 쓴소리 집단이고 아이디어 집단이라 생각해야 한다. SNS는 내가 가장 잘 알고, 잘하는 분야다. 누구보다 그 퍼즐을 잘 맞출 수 있다. 나는 우리 당이 SNS 스마트정당으로 변신하는 데 앞장설 것이다.

변화와 혁신

물갈이 공천을 하려면

SNS 스마트정당이 된다고 해서 다가 아니다. 말했듯이 퍼즐의 하나를 맞춘 것뿐이다. 소통을 강화하고 집단지성의 힘을 활용하더라도 당이 변화하고 혁신하는 모습을 보여주지 못한다면 말짱 도루묵이다. 정당은 선거를 위해 존재한다고 해도 과언이 아니다. 선거 결과는 때로는 한 정당을 존폐의 위기로 몰아넣기도 한다. 선거철이 되면 국민은 여당에게든 야당에게든 변화와 혁신을 요구한다. 이 요구에 부응하는 정당이 좋은 결과를 얻기 마련이다. 변화와 혁신의 핵심은 공천이다. 국민은 각 정당의 공천을 보면서 변화와 혁신을 가늠한다.

정치인이라면 누구나 공천을 받으려고 하지만 아무에게나 공천을 줄 수는 없는 노릇이다. 이길 수 있는 후보에게 공천을 주어야 한다. 경쟁력 있는 후보 말이다. 경쟁력의 기준은 무엇인가. 여러 가지가 있을 것이다. 참신성, 청렴성, 대중성, 능력, 비전 등등. 그렇지만 이를 모두 만족시키는 후보는 드물 것이고, 저마다 약점을 보이는 부분이 있을 것이다. 그럴 때는 어떻게 경쟁력을 판단해야 할까.

이 지점에서 먼저 따져봐야 할 게 있다. 국민에게 가장 중요한 건 깃발이지 디테일이 아니라는 것이다. 국민은 물갈이를 원한다. 만약 정말로 유능하고 경쟁력 있는 후보를 100명 공천했는데, 하나도 물갈이되지 않았다면? 국민은 신뢰하지 않는다. 경쟁력 유무 이전에 물갈이의 규모로 그 정당이 변화할 의지가 있는지, 혁신할 각오가 되어 있는지 판단한다는 것이다. 물갈이의 규모가 우선되어야 한다.

그렇다고 기계적인 물갈이가 되면 곤란하다. 이를테면 호남 물갈이 같은 것이다. 호남은 꼭 물갈이를 해야 하는가. 정말로 훌륭한 후보인데도 호남이라서 공천에서 탈락시키란 말인가. 기계적 물갈이를 한다면 현역 기득권을 인정해달라 할 것이다. 결국 서로 관점과 해석의 차이만 보이다 분란만 일어날 게 뻔하다. 지금까지 그래왔다.

일단 물갈이는 적어도 30퍼센트 이상은 되어야 한다. 정답은 아니지만 이 정도 물갈이는 되어야 분란도 최소화되고 국민에게 신뢰도 얻을 수 있다. 30퍼센트 이상 물갈이가 정해지면 그 다음에는 경쟁력 있는 후보를 찾는 것이다. 어떻게?

우리나라는 지역 갈등도 심하고, 세대 간 갈등의 골도 깊고 여기에 양극화에 따른 갈등도 증폭되고 있다. 그렇지만 대학 입시에서 기부금 입학과 친소관계에 의한 입학이 안 된다는 것에는 별 갈등이 없다. 대학은 오로지 성적에 따라 좌우한다. 이에 대해서는 영남이든 호남이든, 노인층이든 젊은 층이든, 빈자든 부자든 모두 인정하고 결과에 승복한다. 우리 아이가 배탈이 나는 바람에 시험을 망쳤다고 해서, 우리 아이가 답안지를 밀려 썼다고 해서 결과에 불복하지는 않는다.

이에 착안하면 공천을 위한 경쟁력을 가리는 해법이 나온다. 누구나 승복할 수 있는 현역 의원 의정활동을 평가하는 것이다. 평가방법은 미국 장관후보자 청문회를 벤치마킹하면 된다. 미국의 경우 장관후보자로 내정이 되면 FBI, 국세청, 금융거래위원회 등등 여러 기관이 작성한 체크리스트를 받는다. 문항은 천 개로 '세금을 체납한 적이 있습니까?', '교통 법규를 위반한 적이 있습니까?' 등등 매우 세밀하다. 이 체크리스트를 작성해서 백악관으로 보내면, 백악관은 각 기관별로 체크리스트를 보내 점검하게 한다. 문항에 정직하게 답했다면 청문회에 올리고, 해명이 필요하다면 따로 불러서 자리를 갖는다. 그 자리에서도 해명이 석연치 않으면 후보를 교체한다.

우리도 그런 체크리스트를 만들자는 것이다. 1,000개의 문항까지는 아니더라도 200~300개는 가능하다. 새정치민주연합 부설기관인 민주정책연구원에서 문항을 개발하면 된다. 이를 정량 분석이라 하는데 이것만으로는 부족하다. 정성 분석이 필요하다. 민주정책연구원 연구원들이 의정활동에 성적을 매기는 것이다.

이를 통해 종합 성적이 좋은 현역 국회의원 상위 30퍼센트는 단수공천을 준다. 경쟁력이 우수하니까 당내 경선이 필요 없다는 뜻이다. 성적이 나쁜 하위 30퍼센트는 낙천이다. 경선을 통해 새로운 인물을 발굴하는 것이다. 중간 40퍼센트도 경선을 하는 것이다. 현역 지역위원장도 이런 식으로 평가해서 경선 참여 여부를 결정하도록 한다. 정량과 정성 평가를 통해 공천을 한다면 전체적으로 40퍼센트 정도가 물갈이될 것이다. 중간 40퍼센트 경선에서 현역 의원이 3분의 2가량 이길 것으로 판단한 것이다. 이 정도면 국민에게 물갈이 좀 했다는 느낌을 충분히 줄 수 있다.

이 공천 방식이면 고질적인 계파 논쟁도 사라질 것이다. 국회의원들이 왜 계파에 목을 매는가? 당장 본회의장에 들어가 투표를 해야 하는데도, 계파 보스가 다른 곳에서 세미나를 주최하고 있다면 그곳에 가서 얼굴을 비쳐야 하는 게 계파다. 꼬리가 몸통을 흔드는 격이다. 왜? 다 공천 때문이다. 공천을 받으려면 계파에 들어가야 하고, 계파에 들어가면 보스의 눈치를 봐야 한다. 매우 잘못된 관행이다. 그런데 정량과 정성 분석을 통한 성적으로 공천을 한다면 누구도 계파에 몸담으려 하지 않을 것이다. 공천을 따려고 열심히 의정활동을 할 것이고, 상임위원회에 꼬박꼬박 출석해 자기 몫을 다하려 할 것이고, 법안 하나라도 더 제출하려 할 것이고, 하루가 멀다 하고 정책토론에 매진할 것이다. 지역구에도 최선을 다할 것이다. 자연스레 계파는 사라지고, 국회는 진정 국회의원다운 국회의원으로 넘쳐날 것이다. 경선에서 당원과 국민의 비율은 4대 6이 좋다. 대선일 경우는 국민적 지지가 필요하니까 국민의 비율을 좀 더 높여야 한다고 생각한다.

이 정도면 합리적이고 개혁적인 공천이 아닐까. 누구나 승복하지는 않더라도, 이게 정답은 아닐지라도 적어도 수긍은 하리라 본다. 공천에 실패하면, 국민의 기대치에 못 미치면, 선거에 직접적인 타격을 준다. 그래서 공천이 중요한 것이다. 개혁공천이!

무능한 야당, 유능한 야당

새정치민주연합은 도무지 이기는 것을 보기 힘들다. 여당한테 허구한 날 진다. 물론 백전백패는 아니다. 우리 당이 관철시킨 법이나 정책도 분명 있지만 지지자들이 만족할 리가 없다. 더구나 선거에서는 완패를 하고 있지 않은가. 아무리 좋은 정책을 내놓고, 여당과 줄다리기를 하더라도 선거에서 지면 다 소용없다. 왜 매번 지는가? 왜 매번 이기지 못할까? 무능해서다. 우리 당이 무능하기 때문이다.

SNS 스마트정당으로 근사하게 변신하고 개혁 공천에 성공해도 그 당이 무능하면 빛이 바래기 마련이다. 유능한 정당이 되어야 변신과 개혁도 탄력을 받는다.

나는 현재 국회 안전행정위원회 야당 간사다. 박근혜 대통령은 대선 후보 당시 누리과정, 즉 영유아 보육 관련 예산은 국가가 완전히 책임지겠다고 공약으로 내세웠다. 그런데 막상 대통령에 당선되고 나서는 대통령 시행령으로 지방자치단체도 예산을 투입할 수 있도록 비틀었다. 시행령이 모법을 위반한 것이다. 세월호 특별법도 이처럼 시행령이 모법을 위반했다.

이 바람에 누리과정은 나라에 돈이 없으니 지자체가 지방채를 발행해서 메꾸는 식으로 돼버렸다. 누리과정 지방채를 발행하려면 지방재정법을 개정해야 했다. 2014년 12월, 여야 원내대표단은 지방재정법 개정을 조건으로 새해 예산을 통과시켰다.

지방재정법 개정은 국회 안전행정위원회 소관이다. 여야 원내대표가 합의를 했으니 개정을 해야 했다. 그러나 나는 합의에 반대하면서 4개월을 끌었다. 지자체가 빚을 내서 누리과정 예산을 쓰는 것은 본질적으로 잘못됐고, 대통령이 공약을 파기한 것임을 부각시키려는 의도였다. 덕분에 몽니다, 보육 예산 대란이다, 5월이면 보육 예산이 끊긴다 등 난리가 났다. 나는 막판까지 버텼다. 잘못된 것을 분명히 알려야 했기 때문이다.

야당 국회의원은 두려움이 없어야 한다. 옳다면 그리고 명분이 있다면 끝끝내 버티면서 여당을 견제해야 한다. 그것이 야당이 갖추어야 할 근성, 야당성이라고 생각한다.

담뱃값 인상도 마찬가지다. 여당은 줄곧 2,000원 인상을 주장했지만 내부적으로는 1,500원에 합의하자는 이야기도 있었다고 한다. 충분히 협상이 가능했는데 국회의장이 빼앗아버렸다. 결국 2,000원 인상이 관철됐다. 여당 지지자들은 당연히 잘했다고 박수를 쳤겠지만 야당 지지자들은 어땠을까. 왜 매번 끌려만 다니느냐, 그거 하나 해결 못 하느냐 비난을 퍼부었을 것이다.

야당 지지자들도 여당처럼 행동하는 야당을 좋아할 리가 없다. 그런데도 우리 당에는 집권 10년의 과거에서 벗어나지 못한 분들이 적잖이 있다. 야당성은 둘째치고 여당 걱정을 하고 있는 꼴이라니. 유능한 정당과 무능한 정당은 여기서 갈린다. 야당이 야당답게 싸워야 유능한 것이다. 그래야 지지층도 야당을 인정한다.

하지만 우리는 야당답지 못하다. 특히 협상력은 너무 떨어진다. 우리 당은 지나치게 협상술에만 의존한다. 논리적으로 잘 설명하는 것에 매달린다. 이것은 잘못된 태도이다. 여당을 대할 때는 말솜씨가 아니라 힘으로 맞서야 한다. 야당을 바라보는 국민들의 지지를 뒷심

삼아 거침없이 부딪쳐야 하는 것이다. 현실적으로 여당은 야당의 협조 없이는 아무것도 못하게 되어 있다. 박근혜 대통령도 적극 찬성한 국회선진화법 때문이다.

여당은 야당을 부담스러워 해야 하고, 공포를 느껴야 한다. 그런데 현실은 정반대, 도리어 야당이 여당에 겁을 먹고 있다. 이번에 협조 해주지 않으면 우리 당 어떻게 되는 거 아닌가, 이런 공포심 말이다. 그래서 지금 야당이 무능하다는 것이다. 우리 당은 빨리 야당성과 투쟁성을 회복해야 한다. 이게 유능한 정당, 유능한 야당이 되는 기본이다.

유능한 정당이 되려면

유능한 정당이 되려면 홍보 전략이 뛰어나야 한다. 그런데 우리 당은 이게 많이 부족하다.

새누리당은 하나를 통과시키면 열을 홍보하는데, 우리 당은 열을 통과시켜놓고는 하나도 제대로 홍보하지 못한다. 물론 보수언론이 여당에 편파적이어서 야당에게 심히 불리한 구도인 것은 사실이다. 그래서 기울어진 운동장 이야기도 하지만 이는 어쩔 수 없다. 극복해야 할 사항이다. 반대로 보수언론과 종편에 거부감을 갖고 있는 국민도 많다. 이분들에게라도 홍보를 잘해야 한다. 당장 할 수 있는 것을 잘 해내는 게 유능한 정당이다.

우리 당의 매스미디어 전략도 대폭 손질해야 한다. 당 내에 여러 대변인이 있지만 무슨 말을 하는지 잘 모르겠다. 귀에 쏙쏙 안 들어온다. 대변인답게 말하는 기술을 길러야 하는데 제대로 이루어지지 않고 있는 것이다. 정치는 입으로 하는 것이다. 논리적이고 설득력 있고 감동적인 발언으로 국민에게 정책을, 메시지를 전달하는 것인데 이 점이 취약하다.

지상파 방송이든 종편이든 방송을 대하는 단일한 창구도 필요하다. 숱하게 많은 TV토론과 수시로 들어오는 인터뷰, 여기에는 이에 걸맞은 의원이나 당직자가 나가야 한다. 그때그때 주제와 이슈를 잘 설명하고 효과적으로 전달할 수 있는 의원을 내보내야지, 검증되지 않는 이들을 내보내면 그야말로 안 하느니만 못하다. 당에서 컨트롤해야 한다. 열린우리당 시절에 있었던 미디어본부 같은 컨트롤타워가 필요하다. 자칫 민주적이지 않다, 통제적이다, 폐쇄적이다, 반론이 있을 수 있겠지만, 매스미디어는 철저히 전략과 전술의 관점에서 따져야 한다고 생각한다.

다소 엉뚱하게 들릴 수도 있겠지만 피드백도 잘해야 한다. 나도 지역구 의원으로서 수많은 민원을 받는다. 나한테까지 오는 민원이란 게 대체로 해결되기 어려운 것들이다. 막판까지 갔다가 지푸라기라도 잡는 심정으로 찾아오는 것이다. 일단은 접수를 받고 열심히 노력은 해보지만 해결되지 않는 경우가 많다. 해결이 잘 되든 안 되든 반드시 피드백은 해줘야 한다. 그 민원이 어떤 이유로 해결되기 어려운지, 왜 들어줄 수 없는지를 차근차근 설명해주는 게 필요하다. 지역구 의원은 지역구 의원대로, 중앙당은 중앙당대로, 피드백 시스템을 갖추는 게 필요하다고 생각한다. 매사 마무리가 중요한 거 아닌

가. 그게 곧 신뢰로 이어진다.

유능한 정당은 질 때, 잘 질 줄도 알아야 한다. 필승전략만큼이나 필패전략도 요구된다.

우리는 야당인 데다 수적으로 적으니까 이기는 게 쉽지 않다. 지는 경우가 더 많을 수밖에 없다. 그런데도 무조건 필승전략만 세운다. 반드시 이기겠다고 말은 호기 있게 해놓고 매번 지기만 하니, 국민들 눈에는 얼마나 무능하게 보일 것인가. 그러니까 필승이 아니 필패를 미리 이야기하는 것이다.

"국민 여러분, 이번엔 우리가 질 수밖에 없습니다. 우리는 이렇게 생각하고 이렇게 싸울 생각인데 통과시키기가(저지하기가) 어렵습니다. 숫자가 적기 때문입니다. 그렇지만 아주 열심히 싸우겠습니다. 최선을 다할 테니 지켜봐주십시오."

우리의 형편과 우리의 사정을 솔직하게 말하면서 멋있게 패배하는 것이다. 싸움의 과정 또한 솔직하고 정확하게 다 이야기해주면서 말이다. 다분히 새로운 개념인 패배전략은 유능한 정당의 무기임에 틀림없다.

우리 당은 매뉴얼이 없다. 당의 역사를 기록하는 기록관도 없고, 당이 이룬 성과와 업적을 치밀하게 정리하는 사람과 구조도 없다. 계승할 것과 폐기할 것을 구분하지도 않는다. 당 대표가 바뀔 때마다 새로 매뉴얼이 생긴다. 기존의 매뉴얼은 인수인계가 안 된다. 한마디로 만사 교통정리가 안 되고 소모적으로만 흐른다는 말이다. 그러니 주인 없는 정당이라는 소리를 듣는 것이다. 무능한 정당의 다른 말이다.

각 지역구별로 정기적으로 당원대회를 하는 것도 필요하다. 이는 나도 실천하지 못하고 있는 사안인데, 봄에는 체육대회, 가을에는 당원대회와 같은 식으로 당원들과 함께하는 자리를 만드는 것이다. 당 차원에서 의무적으로 말이다. 중앙당도 1년에 한 번 당원 전체 모임을 성대하게 치르면 좋겠다. 연말에 1박 2일로 날을 잡고 결산대회를 벌이는 것이다. 방송연예대상에서처럼 최우수당원, 최우수지역위원장, 최우수국회의원 등등 포상도 하면서 말이다. 이런 자리를 통해 당원, 국회의원, 당직자 들이 더욱 가까워지고 공감대가 커진다면 당은 한층 더 업그레이드될 것이다. 한국 정당사상 이 같은 이벤트가 정례화된 적은 없다. 그러니까 해보자는 거다.

또 하나 말하고 싶은 건, 어쩌면 나의 잘못된 상상에 불과할지도 모르겠지만, 나는 우리 당에 시기와 질투의 카르텔이 있다고 느낀다. 새누리당은 의원 개개인을 띄워주고 키워주는 것을 잘한다. 스타 마케팅을 할 줄 안다. 반면 우리 당은 그렇지 않은 것 같다. 어떤 의원이 잘하면 박수를 쳐야 하는데 박수를 쳐주지 않는다. 우리 당 국회의원 130명이 저마다 능력도 있고 각 분야의 전문가이며 주특기 하나씩은 갖고 있다. 당은 그 점을 살려주어야 한다.

'정청래는 팟캐스트를 잘하니까 당의 홍보 효과를 위해서라도 키워줄 만해.'

'홍익표 의원은 통일전문가니까 이번 기회에 특별강의를 할 수 있게 자리를 만들어주자.'

이런 식으로 개개인의 의원을 키워주면서 권위를 부여하는 것이다. 그러다 보면 대중적인 스타의원도 나올 수 있고, 미래의 기대주도 나올 수 있다. 모두 당의 자산이 되는 것 아닌가. 130명 의원이 그렇게 커나간다면 국민 누구라도 수권정당으로서의 자격을 의심하지 않을 것이고 신뢰를 듬뿍 줄 것이다. 아울러 (내 잘못된 상상이길 바라지만) 시기와 질투의 카르텔도 깨지지 않을까.

정권을 교체하려면, 집권을 하려면 유능한 정당이 되어야 한다. 차기 정권교체의 수레바퀴는 두 개다. 하나는 국민적 지지고, 하나는 야당이다. 그 야당은 당연히 제1야당인 새정치민주연합이다. 능력을 발휘할 때다.

국회 강화, 지방자치 권한 확대

국회와 제왕적 대통령

선거에서 이겨 집권을 하려면 민주세력의 확장과 강화가 필수다. 그런데 종종 확장과 강화를 거스르는 일이 벌어지기도 한다. 그것도 민주세력의 중심인물이 사고를 친다. 이는 단지 확장과 강화를 지체시키는 차원이 아니라 민주세력에 큰 타격을 줄 수도 있다. 전략·전술적이지 못한 것이다.

일례로 지난 제17대 대선 당시 국회의원을 200명으로 줄이자는 이야기가 나왔다. 우리 쪽 핵심 인물이었다. 그런데 국회의원 수를 반 토막 내면 그게 옳은 일인가, 누구한테 더 유리한가, 이런 건 따지지도 묻지도 않았다. 정확하고 치밀한 근거도 없었다. 국민들이야 정치인을 썩 좋게 보지 않으니까 줄인다는 말에 호응을 했다. 전형적인 포퓰리즘이다.

OECD 국가 중 선진국의 경우, 국회의원은 보통 인구 10만 명당 한 명꼴이다. 우리나라 국회의원의 수가 다른 나라에 비해 많은 게 아니다. 입법부는 행정부를 견제하고 감시한다. 그리고 예산을 심사한다. 우리나라는 정치·경제·사회·문화적으로 규모가 큰 나라다. 국회의원 300명과 보좌관으로도 결코 충분치 않다.

"정치는 국민의 눈높이에 맞춰야 한다. 그렇지만 더 중요한 눈높이가 있다. 그것은 역사의 눈높이다."

노무현 대통령의 말씀이다.

대통령이 관료와 공무원사회를 장악하느냐 못 하느냐가 국정의 성패로 나타나는 게 현실이다. 관료와 공무원들이야 누가 정권을 잡든 자리 보존이 최고다. 충성심이 떨어진다는 것이다. 오히려 관료들은 대통령의 부족함을 이용해 자신들의 의도대로 행정이든 정책이든 풀어가려고 한다. 그렇게 되면 대통령은 관료와 공무원들이 준 자료만 읽게 되는 것이다. 관료사회에 끼어 옴짝달싹 못 하는 대통령은 실패할 수밖에 없다. 그렇기에 노무현 대통령은 관료를 달래려고 하기 이전에 역사와 대화하라고 말씀하신 거다. 그 속에서 답을 찾으라는 뜻이다.

대신 관료와 공무원으로 대변되는 행정부를 국회가 감시하고 견제하면 되는 것이다. 그런데 국회의원의 수를 줄여버려 입법부의 힘을 약화시키면 누구한테 좋은 일인가. 상대적으로 행정부의 힘만 더욱 커질 뿐이다. 국회의원의 수를 줄인다는 것은 민주주의의 원칙과 논리에도 맞지 않는다. 게다가 우리나라는 삼권분립을 채택하고 있지만 대통령에게 과도한 권한이 부여되고 있는 것도 사실이다. 대통령은 국가의 원수이자 행정부의 수반이다. 제왕적 대통령이라는 말이 달리 나오겠는가. 그렇다면 입법부의 힘을 강화시키지 못할지언정 줄이다니!

사실 나는 입법부는 여당이든 야당이든 행정부를 대할 때는 야당성을 가져야 한다고 생각한다. 대통령의 권한을 견제하려면 말이다. 당청 갈등이란 말이 있다. 요즘도 빈번하게 들리는 이 말. 아마 우리나라에만 있지 않을까 싶다. 결국 입법부와 행정부의 갈등인데 그중 여당 입법부와 여당 행정부의 갈등이다.

여당은 집권당이라 하더라도 청와대와 행정부를 견제해야 한다. 그게 권리이자 의무이고 도리어 건강한 긴장관계를 유지할 수 있다. 그런데 항상 대통령은 건강한 긴장관계를 불편해하고 못 견뎌 한다. 자기 뜻대로만 하고 싶어 한다. 역대 대통령 시절에도 그랬고, 현 박근혜 대통령은 더하다.

인류의 역사에 민주주의가 정착하기까지 무수한 사람들의 희생이 있어 왔다. 그 값진 대가로 시민이 권력을 선출하게 되었다. 투표권을 쟁취한 것이다. 그러니까 권력은 시민의 것이다. 단지 권력을 위임할 뿐인 것이다. 우리나라는 대통령도 투표로 뽑고, 국회의원도 투표로 뽑는다. 시민은 대통령에게 커다란 권한을 주지만 대신 견제와 감시를 위해 국회의원을 선출한다. 상황이 이러한데 국회의원 수를 반 토막으로 줄인다는 건 민주주의와 삼권분립에 매우 반하는 일이 아닐 수 없다.

여기서 늘 나오는 소리가 있다.

"국민이 국회의원의 수를 줄이기 원한다. 국민이 원하는 대로 하는 게 민주주의 아닌가?"

흔한 레퍼토리에는 쉬운 예를 드는 게 딱이다. 식구 열 명이 한집에 산다. 그런데 돈벌이가 시원치 않아서 8명만 먹고살 정도다. 이럴 때는 어떻게 해야 할 것인가. 두 명을 내쫓아야 하나. 내쫓는다면 누구를? 나이순으로? 이 집 식구가 아닌 누구한테 묻더라도 내쫓는 것에는 반대할 것이다. 조금씩 덜 먹어서 다 먹는 방향으로 하자고 할 것이고, 소득을 늘리는 방향을 고민해보자고 할 것이다. 그게 상식이니까.

국회의원이 국민에게 인기가 없는 건 사실이다. 비용도 적잖이 들어간다. 그렇더라도 저비용 고효율로 국회의 생산성을 높이는 방안을 찾는 게 상식이지, 무턱대고 줄이는 것은 답이 아니다. 만약 200명으로 줄인 다음에 다시 반 토막을 내자 하면 그렇게 할 것인가. 아니, 아예 국회의원을 다 없애자 하면? 순간순간 일희일비하면서 듣기 좋은 소리만 하는 게 포퓰리즘이다. 국회의원 수를 줄이자는 건 역사를 퇴행시키는 일이다.

지방자치와 정권교체

국회의원 수를 줄이는 것만큼이나 민주세력의 확장과 강화에 반대되는 게 기초의원 무공천이다. 이 또한 지난 대선에서 민주세력의 중심인물이 주장했다. 기초의원 무공천, 즉 기초의원을 정당이 공천하지 말자는 것이다. 왜? 돈 먹는 하마라는 것이다.

기초단체장이든, 기초의회의 의원이든 정당이 공천권을 가진 탓에 말도 많고 탈도 많은 게 사실이다. 돈 먹는 하마라는 말이 그냥 나온 게 아니다. 그렇다고 무턱대고 없애는 게 최선인가. 세상에 완벽한 정치제도는 없다. 기초의원 무공천 주장이 나왔을 때 가장 반대한 곳이 어디였던가. 당시 민주노동당(해산)과 진보신당(현 노동당) 등 진보정당들이었다. 심지어 그들은 지구당도 부활시키자고 목소리를 높였다. 폐해가 많아서 국민도 폐지에 찬성했던 지구당 제도를 말이다. 누구보다 앞장서서 돈 드는 정치의 개선과 혁신을 말하던 진보정당들이 왜 그랬을까.

박정희 대통령이 종신집권을 노리고 만든 유신헌법에는 '지방자치를 실시한다'라고 되어 있고 '단, 조국통일 이후에 한다'고 덧붙였다. 한마디로 안 하겠다는 말이다. 김대중 대통령은 지방자치 실현을 위해 13일 동안 목숨 건 단식투쟁을 벌였다. 왜?

지방자치가 실현되지 않으면 집권은 불가능하다고 판단했기 때문이다. 지금과 같은 지방자치제가 실시되기 전에는 서울시장도 각 도지사도 몽땅 내무부장관(현 행정안전부)이 임명했다. 마포구청장도 내무부가 인사권자다. 한마디로 지방이 행정부 손바닥 안에 있었던 것이다. 꼭두각시나 다름없었다. 중앙과 지방을 꽉 잡은 여당, 게다가 선거 때마다 관권 개입 시비가 좀 많았나. 야당이 선거에서 이기는 건 애초부터 불가능했고, 정권교체는커녕 한 번 야당은 영원한 야당일 수밖에 없도록 법적 구조로 단단하게 결박했던 시절이다. 그래서 김대중 대통령이 목숨을 건 단식에 나섰던 것이다.

한국 사회는 관권, 자본, 조직 등등 사회적 기반이 보수진영에 매우 유리하다. 기초의회 무공천을 하게 되면 후보들이 보수진영으로 몰릴 수밖에 없다. 정당이 주는 변별력과 차별성이 사라지기 때문이다. 또한 정당의 근거지가 줄어드는 것이니 각 정당의 힘도 약화된다. 이 경우 기득권이 있는 보수세력보다 민주세력이 훨씬 타격이 클 수밖에 없다. 민주세력이 그나마 가지고 있던 작은 진지조차 송두리째 날려버리는 결과가 될 것이다.

기초의회 무공천이 되면 선거는 하나마나다. 보수세력은 압승이고, 민주세력은 백전백패다. 지방행정이 야금야금 보수세력으로 넘어가게 되는 것이다. 궁극적으로 정권교체도 요원하게 되고 만다. 이런 상황을 누가 가장 원하고 좋아하겠는가. 당연히 보수세력과 새누리당이다.

그런데 민주세력에서 기초의회 무공천 이야기를 하다니. 아예 기초단체장 무공천까지 끼워넣는다. 김대중 대통령이 왜 목숨을 걸고 단식투쟁을 했는지에 대한 몰각과 몰이해가 아닐 수 없다. 상대의 팔을 비틀어도 모자랄 판에 자기 살을 깎고 있는 꼴이다. 그렇다고 국민이 지지하나? 절대 그렇지 않다. 민주세력이나 우리 당은 전혀 다른 주장을 해야 한다.

"국회의 기능을 강화하자."

"지방자치의 권한을 확대하자."

지방자치 3법은 왜 필요한가

특히 지방자치의 권한을 확대하는 건 시급하다.

서울시 광역의원은 106명이다. 선출직 96명에 비례직 10명. 국회의원은 각 지역구에 2명씩이다. 그러니까 광역의원은 국회의원 지역구 유권자의 절반을 상대하는 것이다. 결코 만만치 않은 무게감이다. 국회의원은 300명으로 각각 9명의 보좌진을 둘 수 있고, 이들과 함께 1년에 375조 원(2015년 예산)의 정부예산을 심사한다. 서울시 광역의원은 1년에 30조원의 시 예산을 심사한다. 그런데 광역의원은 단 1명의 보좌관도 둘 수 없다.

광역의원이 혼자 힘으로 모든 것을 다 해내야 하니 날마다 1인 5역, 1인 9역이다. 그들은 슈퍼맨이 아니다. 전국의 광역의원에게는 적어도 1인당 1명의 보좌관(6급)이 있어야 한다. 일의 책임성, 전문성, 효율성을 위해서다. 그들이 일을 잘하려면 보좌진이 있어야 한다. 이런 주장을 하면 당장 반발이 쏟아진다. 보수세력도, 언론도, 시민단체도 심지어 야당도 이구동성으로 반발한다. 원래 무보수 명예직인 지자체 의원에게 거액을 들여 보수도 지급하는데, 돈을 또 쓰자는 것이냐? 예산 낭비 아니냐?

전국의 광역의원에게 6급 보좌관 1명씩을 배정한다면 1년에 약 300억 원의 예산이 들어간다. 그런데 보좌관을 둔다면 전국의 지방예산 중 3조 원을 줄일 수 있다는 연구 결과도 있다. 300억 원을 들여서 3조원의 예산 낭비를 막는 것이야말로 저비용 고효율 아닌가. 동시에 광역의원의 권한도 강화된다. 나는 2012년 10월에 광역의원에게 보좌진을 두자는 법안을 제출했다.

행정자치부는 공무원 조직을 통제하고, 기획재정부는 예산을 통제한다. 이 통제의 고리는 지방행정에 큰 영향을 미친다. 만약 마포구청 내에 시대나 사회 환경의 변화로 더 이상 필요하지 않은 국이나 과가 있다고 치자. 기존의 국이나 과를 없애고 신설하려면 어떻게 해야 하나. 마포구청장이 직접? 지방의회의 결정으로? 둘 다 아니다. 정부의 승인이 필요하다. 행정자치부의 허락을 받아야 한다. 더구나 최종 승인자는 행정부의 수반인 대통령이다. 한마디로 대통령과 행정부가 똘똘 뭉쳐 지방행정을 통제하는 것이다. 그렇기에 지방의회가 지자체의 국·실·과를 폐지 또는 신설하는 결정권을 가져야 한다고 생각하는 것이다.

또 하나는 지방의회에 파견하는 공무원이다. 지방의회 사무국에 파견되는 공무원은 지방자치단체장이 결정한다. 이 공무원이 누구의 눈치를 볼까. 당연히 단체장이다. 지방의회의 업무를 지원하러 오는 역할이지만 어쩌면 감시자의 역할을 할지도 모른다. 그래서 지방의회 사무국에서 근무하는 공무원도 지방의회가 인사권을 가져야 한다고 생각한다.

그래서 나는 광역의원에게 보좌관을 두게 하자는 법안에 이어, 지방의회에 지자체 국·실·과 폐지 및 신설 결정권과 지방의회 사무국 인사권을 주자는 법안도 제출했다. 내가 바라는 지방자치 3법이다.

지방의회의 권한이 확대되면 지방자치단체장은 의회와 협조할 수밖에 없다. 자연스레 지방자치는 튼실해질 것이다. 여전히 행정부의 지방자치 통제는 강고하지만 하나둘씩 고리를 끊어가다 보면 지방자치도 어느 날 진정한 독립성을 갖게 될 것이다.

국민과 가장 밀접하고 친밀한 게 지방자치다. 생활정치가 지방자치 아닌가. 지방의회와 지방자치의 권한 확대는 민주주의의 발전으로 이어진다. 민주세력의 집권에도 유리할 수밖에 없다. 민주주의의 역사는 독점에서 분점으로, 중앙에서 지방으로, 소수에서 다수로 흘러왔다. 물이 위에서 아래로 흐르듯이 말이다.

나는 국회의원으로서 지방자치의 권한 확대를 위해 노력하고 있다. 이게 국회의 기능을 강화하는 일이기도 하다. 국회의원이 상임위원회 활동을 정말 잘해야 하는 이유이기도 하다.

전,

강성에서 감성까지

동해 (East Sea)

초선, 신문법 전쟁

국회의원 초선 당선

마침내 열린우리당 소속으로 국회의원이 됐다. 10년 목표가 이루어졌다. 기자들 앞에서 국회의원 당선자 신분으로 얼떨결에 첫 번째 언론 인터뷰를 했다.

"어떤 국회의원이 되고 싶습니까?"

"먼저 옳고 그름 사이에서 좌고우면하거나 줄타기하지 않겠습니다. 항상 옳은 길을 갈 것이고, 옳은 일만 하겠습니다. 두번째로 국회의원 같은 국회의원, 국회의원 같지 않은 국회의원이 되겠습니다. 세 번째로 국회의원과 친한 국회의원이 아닌 국민과 친한 국회의원이 되겠습니다."

"첫 번째 말씀하신 건 알겠는데, 국회의원 같은 국회의원, 국회의원 같지 않은 국회의원이 되겠다는 건 무슨 뜻인가요?"

"정말 의정활동을 열심히 하는 사람, 입법활동을 열심히 하는 사람, 그리고 지역주민과 밀착할 수 있는 커뮤니케이션을 하는 사람, 이게 국회의원 같은 국회의원입니다. 국회의원 같지 않은 국회의원은 권위주의를 타파한 국회의원입니다. 그러니까 국민들이 느끼는 국회의원 이미지들이 있지 않습니까. 느끼한 말투에 기름이 좔좔 흐르는 얼굴, 느릿느릿한 걸음걸이에 목에 힘주는 모습, 이런 국회의원이 되지 않겠다는 겁니다. 또 선거철이 돌아와야만 지역주민들한테 표를 달라고 굽실거리는 국회의원들이 있습니다. 3년 11개월 동안은 군림만 하다가 말입니다. 한 달짜리 국회의원이 되지 않겠다는 뜻입니다. 4년 내내 국회의원 후보로 갓 출마한 자세로 지내겠습니다."

"국회의원과 친한 국회의원이 아니라 국민과 친한 국회의원이 되겠다는 건 또 어떤 의미인가요?"

"계파정치를 하지 않겠다는 뜻입니다. 1인 보스의 계파에 줄 서지 않을 겁니다. 계파에 줄 서다 보면 그쪽 논리에 치중하게 되고, 그러다 보면 국민과 멀어지게 되는 우를 범할 수 있기 때문입니다. 나는 계파가 아니라 지역 주민에 줄 서는 국회의원, 국민과 친한 대중정치인이 될 것입니다."

지난 10년, 그날 내가 다짐했던 초심대로 정치를 해온 것일까?

국회의원으로서 첫 발언, 첫 활동

나는 초선 시절부터 좀 튀게 보였다. 타고나길 튀는 성격이 아닌데도 어쩌다 보니 그렇게 됐고, 그 이미지가 줄곧 이어지고 있다. 긍정적인 방향으로든 부정적인 방향으로든.

초선 국회의원이 되고 나서 첫 의원총회에 참석했다. 초선들한테 의원총회는 당연히 낯설다. 언제 무엇을 어떻게 해야 하는지 감을 잡기가 참 어렵다. 발언을 하고 싶어도 언제 손을 들어야 하는 건지, 내가 이 발언을 해도 되는 건지, 종잡을 수가 없어서 몸 둘 바를 모를 정도다. 나도 마찬가지였는데 어느 순간 불쑥 손을 들어서 발언을 하게 됐다. 공교롭게도 그게 그날 의원총회 첫 발언이었다.

"저도 여러분도 국회의원이 돼서 얼마나 기쁘십니까. 저도 국회의원이 되니까 참 좋습니다. 그런데 선거운동을 거치면서 생각해보니 제가 잘나서 국회의원이 된 것 같지는 않습니다. 우리 국회의원이란 사람은 누군가가 찍어줘야 되고 누군가가 도와줘야 되지, 잘나고 똑똑하다고 국회의원이 되는 게 아닌 것 같습니다. 그런 면에서 저는 우리 유권자와 국민에게 참 감사한 마음을 갖고 있습니다. 누가 뭐래도 대통령 탄핵 후폭풍 때문에 많이 당선됐다고 생각합니다. 그래서 우리는 국회의원이 됐지만 탄핵 촛불을 들었던 국민의 고마움을 절대로 잊어서는 안 될 것 같습니다. 탄핵 촛불을 드는 과정에서 분신자살을 기도한 분이 있습니다. 의정부에서 구두 수선을 하시는 분입니다. 그분이 지금 4도 화상을 입고 병원에 입원해 있습니다. 그런데 치료비 8,000만 원을 마련하지 못해서 퇴원을 못 하고 있답니다. 우리가 이런 분들 덕분에 국회의원이 되지 않았습니까. 그렇다면 우리가 얼마라도 걷어서 치료비에 보태는 게 좋겠다고 생각합니다."

그랬더니 여기저기서 호응을 해왔다. 국회의원들이 주머니를 털었다. 이틀 동안 십시일반 모은 돈이 1,200만 원. 그 돈을 들고 병원으로 달려갔다. 마침 그분은 온몸에 온통 붕대를 감고 있어서 면회는 못 했고 대신 가족에게 전달하고 돌아왔다. 그게 나의 첫 의정활동이었다.

그 후 공교롭게도 첫 의정활동이 언론에 떴다. 『국민일보』 2면에 미담기사로 실린 것이다.

[여의나루] 우리 당, 분신 노사모 회원 돕기 '모금'

열린우리당 의원들이 노무현 대통령 탄핵에 반대하며 분신했던 노사모 회원 백은종(51) 씨를 위해 2일부터 성금 모금에 착수했다.

백 씨는 노 대통령 탄핵소추안이 국회를 통과하기 전날인 지난 3월 11일 여의도 국회의사당 인근에서 야당을 규탄하며 분신, 전신 4도 화상을 입고 여의도 한강성심병원 중환자실에 입원했다. 백 씨는 현재 중태는 벗어났지만 이렇다 할 수입이 없는 상황에서 지금까지 치료비가 8,000여만 원이 나왔으며, 화상 치료에는 앞으로 2년이 더 걸린다고 한다.

탄핵 반대 여론에 힘입어 총선에서 대승한 우리당 의원들이지만 백씨의 일은 까맣게 잊고 있다가 초선인 정청래 의원이 팔을 걷어붙이고 나서 도움을 호소하자 성금 모금에 속속 동참하게 됐다. 대표적 친노(親盧) 단체인 '국민의 힘' 초대 대표였던 정 의원은 지난달 31일 우리당 첫 의원총회 때 발언을 자청, "구두수선공으로 어렵게 살던 백 씨에게 치료비가 현재 8,000만원이 나왔는데, 해결할 방법이 없다"며 "어떻게 생각하면 지금 가슴에 달고 있는 금배지는 그런 분들이 있어 달게 된 게 아닌가 생각한다"고 말했다.

이어 "의총에서 이런 말씀을 드려야 할지 고민했지만 백 씨에게 성의를 표현해줬으면 한다"고 간곡하게 요청하자 의원들은 뜨거운 박수를 보내며 정 의원을 격려했다. 박영선 의원은 "참 잘했다. 나도 보내야겠다"며 즉석에서 계좌번호를 알려달라고 했다.

많은 의원이 "모금에 동참할 수 있는 방법을 회람시키는 게 좋겠다"고 조언하자 정 의원은 안내문을 만들어 각 의원실에 전달했다. '탄핵무효, 민주수호를 외치며 자신의 몸에 불을 붙였던 한 시민이 외로운 투병생활을 하고 있습니다. 막대한 병원비에 힘들어하는 백은종 님에게 십시일반으로 함께해주십시오'라고 적힌 안내문을 보고 상당수 의원이 곧바로 성금을 약정했다고 한다. 의원들은 오는 10일 1차로 모금을 마감한 뒤 다음 날 전액을 백 씨에게 전달할 계획이다.

—『국민일보』, 2004년 6월 2일

국회의원이 되자마자 내 기사가 실려 고마운 마음을 전달하고자 담당 기자에게 전화를 걸었다.

"김 기자님, 너무 고맙습니다. 제가 칭찬받으려고 한 것도 아닌데, 칭찬을 해주셔서 정말 감사합니다."

"아이고, 말도 마세요. 괜히 이 기사 썼어요. 제가 지금 굉장히 곤란을 겪고 있습니다."

"아니, 그게 무슨 말씀이세요?"

"정청래와 무슨 관계냐는 거죠. 무슨 관계이기에 이런 기사를 쓰냐고 그러네요. 제가 입지가 어려워졌습니다."

"누구든 착한 일하고 좋은 일하면 기사로 쓸 수 있는 것 아닙니까? 그게 왜 문제가 되는 겁니까?"

"여의도에서는 그런 거 없습니다."

나는 꽤 충격을 받았다.

'국회의원은 좋은 일을 해도 기사 거리가 안 되는구나. 나쁜 짓, 못된 짓을 해야 기사가 되는 건가, 이게 언론의 속성인가?'

나는 나

첫 발언이 있던 날로부터 얼마 지나지 않아 나는 모 의원과 격론을 벌였다. 설악산 오색약수에서 치러진 워크숍 자리였다. 정동영 의장 시절이었고 열린우리당 소속 국회의원 150명이 참석했다. 그 자리에서 이른바 개혁과 실용 논쟁이 벌어졌다. 모 의원이 먼저 '당이 실용주의로 가야 한다'고 발언을 했고, 나는 '무슨 실용이냐, 개혁만이 살길이다'라고 응수했다. 그러자 그 의원이 내 의견에 비판을 가했고, 나도 물러서지 않고 맞받아쳤다. 나는 조금씩 문제 의원이 되고 있었다.

이렇게 나의 여의도 시대는 출발부터 달랐다고 할 수 있는데 정점은 원내대표 선거 때였다. 17대 국회 초대 원대대표를 뽑아야 했다. 이해찬 의원과 천정배 의원의 대결이었다. 친한 사이도 아니었고 부탁받은 적도 없지만, 나는 천정배 의원을 지지했다. 노무현 대통령이 대선후보로 나섰을 때 첫 번째로 지지한 사람이 천정배 의원이었고,

진보적인 성향에 개혁적인 인물이었다. 지지하지 않을 이유가 하나도 없었다. 그런데 연락이 왔다. 전대협(전국대학생대표자협의회) 출신 국회의원이었다.

"우리 전대협 출신은 다 이해찬 의원을 찍기로 했습니다. 정 의원도 그렇게 하세요. 오더입니다."

"무슨 말입니까? 저는 그렇게 못 합니다. 천정배 의원을 찍을 겁니다."

"……."

"내가 왜 당신들 오더를 받아야 합니까. 왜 내 소중한 한 표를 내 의지와 무관하게 행사해야 합니까. 싫습니다. 내 뜻대로 하겠습니다."

그 통화가 386세대 국회의원들과 멀어지는 계기가 됐다.

당시 국회의원들 간에는 개혁에 대한 서로의 입장이 나뉘어져 있었다. 이해찬 의원을 지지하는 유시민 의원과도 국회 귀빈식당에서 한바탕 붙었다. 그날 다른 국회의원 22명이 함께 있었다. 천정배와 이해찬, 대리전이 된 셈이었다. 긴 논쟁 끝에 내 말발이 좀 먹혔다. 이해찬 의원 지지자였던 22명 의원 가운데 절반가량이 돌아섰다. 결과적으로 이 한판은 선거에 큰 영향을 끼쳤다. 천정배 의원이 6표 차이로 이겼으니까.

후보에 대한 호불호와 개혁에 대한 입장 차이도 있었지만, 집단적으로 몰아가는 분위기가 정말 마음에 안 들었다. 그렇기에 더더욱 천정배 의원을 지지하게 됐다.

선거가 끝나고 나는 원내부대표로 임명됐다. 나중에 알고 보니 천정배 의원은 내가 자신을 지지했는지 모르는 상태에서 나를 지명했다고 한다. 초선으로 원내대표단에 들어갔던 것은 분명 나한테 행운이었다. 국회에 대해, 국회의원에 대해, 기본부터 차근차근 배우고 나서 알게 된 사실이다. 이래저래 나의 국회의원으로서의 시작은 꽤 인상적이었던 게 사실이다.

야전 배치

나의 첫 상임위는 문광위(문화관광위원회)였다. 이 또한 배치되는 데 곡절이 약간 있었다. 애초에는 국방위(국방위원회)로 명을 받았다. 나는 건국대학교 학창 시절 학생운동을 좀 세게 해서 징역을 살았다. 그래서 군 면제가 되었다. 군대도 다녀오지 않은 놈이 무슨 국방위란 말인가. 나는 언론개혁 같은 것을 하려고 국회의원이 됐다. 내 총선 출마 제1호 공약이 언론개혁이었다. 그렇기에 처음부터 문광위를 원했는데 하필 이 문광위가 예나 지금이나 인기가 좋았다. 상임위 중 1순위로 다툼을 할 정도다. 초선이 밀릴 수밖에 없었던 상황이다.

황망하고 난감해하던 중 급작스레 나의 상임위가 바뀌었다. 원하던 문광위로 말이다. 노무현 대통령의 언질이 있었던 것이다. 나는 국회에 들어오기 이전부터 인터넷 여기저기에 글을 써왔는데 노무현 대통령이 줄곧 봐왔다고 한다. 내가 딱 문광위 '깜'이라고 판단했던 모양이다.

천정배 원내대표가 나를 불렀다.

"신문법은 정청래 의원이 알아서 다 하세요."

17대 국회가 개원하자마자 그해를 달군 이슈가 4대 개혁(국가보안법, 과거사법, 신문법, 사학법)입법이었다.

초선에다 무경험인 나에게 어쩌면 정권의 명운이 걸렸다 할 수도 있는 4대 개혁입법 중 하나에 전권을 주다니! 믿기지도 않았고 이해도 안 갔다. 지금도 이해를 못 하고 있다. 짐작컨대 초선 의원은 아직 거대 언론사와 별다른 관계가 형성되어 있지 않았을 테니 맞짱 뜨기가 수월할 것으로 판단했던 것 같다. 중진 의원들은 아무래도 거대 언론사와 오랜 시간 교류했으니 '까는' 게 부담됐을 것이다. 이에 비해 초선들은 물불 안 가리고, 시퍼렇게 날이 서 있지 않은가.

피 터지게, 박 터지게

전쟁이었다. 신문법을 개정하고 제정했던 6개월간은 전쟁이라는 말 말고는 달리 표현할 말이 없다.

극과 극의 대결. 한쪽은 언론노조와 언론단체, 그들은 작금의 판을 완전히 갈아엎을 태세였다. 또 다른 한쪽은 거대 언론사, 그중에 조·중·동을 중심으로 보수언론이 대대적인 반격에 나섰다. 그사이에서 협공당하는 나, 하루하루가 벅찼다. 그래도 전권을 맡았으니 책임을 다하는 수밖에. 어떻게든 그해 12월 31일 안으로 법을 개정하고 제정해 통과시켜야 했다.

일단 내가 먼저 잘 알아야 했다. 꾸준히 공부도 하고, 세미나도 열고, 토론회도 벌였다. 관련해서 수많은 사람들과 만나 의견을 청취했다. 조금씩 길이 보였다. 나는 핵심을 두 가지로 꼽았다. 하나는 각 신문사 경영자료 공개, 다른 하나는 신문·방송 겸영 금지.

그런데 전쟁은 엉뚱한 곳에서 벌어지고 있었다. 소유 구조였다. 이를 손 댈 것이냐, 말 것이냐가 초미의 관심사로 활활 타올랐다. 언론노조나 단체들은 아주 급진적인 안을 가지고 왔다. 이를테면 『조선일보』 방상훈 사장의 지분이 100퍼센트인데, 이를 30퍼센트로 떨어뜨리라는 것이다. 그런데 이것은 위헌적 발상이었다. 개인재산권을 박탈하자는 것이니 자본주의에서는 완전 불가능한 요구였다.

그렇다고 무턱대고 안 된다고 할 수도 없는 노릇이었다. 언론노조나 단체는 언론개혁의 동반자이고 동력 아니던가. 소유 구조 얘기가 나도니까 언론들도 매우 민감했다. 보수언론들은 신문법 개정이든 제정이든 발악적으로 난도질을 하고, 나를 엄청 비난했다. 그러거나 말거나 나는 소유 구조에 대해선 NCND(Neither Confirm Nor Deny)로 버텼다. 한마디로 유야무야 작전. 언론사든 언론노조든 언론단체든 서로 사활을 걸고 싸우거나 말거나 나는 내가 해야 할 것들을 파고들었다.

먼저 각 신문사 경영자료 공개. 예를 들어 『조선일보』가 몇 부를 찍고 몇 부를 판매하는지도 모르는 상태에서 광고료가 책정됐던 게 당시 실정이다. 세간에 『조선일보』는 200만 부를 인쇄한다고 소문이 났다. (믿거나 말거나지만) 그런데 독자한테 배달되는 건 48퍼센트 수준이라고 한 언론보고서가 밝혔다. 나머지는 폐지가 되거나 무가지로 뿌려졌던 것이다. 그런데도 1면 광고료는 200만 부가 다 팔리는 걸로 계산되어 책정됐다. 두 배나 부풀린 것이다. 예를 들면 2,500만

원만 받아야 할 광고료를 5,000만 원을 받는 것이다. 차라리 남는 신문을 폐지 처리해도 그런 식으로 광고료를 받는 게 남는 장사였기 때문이다.

그렇기에 정확한 발행부수와 판매부수, 구독과 광고 수입을 밝히라고 했다. 보통 기업은 모두 공개한다. 조·중·동을 포함해 모든 언론은 기업들에게 투명하게 경영하라고 다그친다. 분식회계 같은 것을 하면 엄청 박살내면서 말이다. 하지만 정작 언론사들은 언론사 자신들이 세무사도 없이 주먹구구식으로 셀프 책정을 했던 것이다. 그야말로 엿장수 마음대로였다. 사각지대였던 것이다. 그래서 나는 신문법 개정과 제정에서 가장 중요한 것을 경영자료 공개라고 판단했던 것이다.

두 번째 핵심은 신문·방송 겸영 금지였다. 신문 시장의 70~80퍼센트를 독점하고 있는 거대 언론사에게 방송 소유권마저 줄 수는 없다. 이유는 요즘 종편(종합편성채널)의 만행을 보면 불문가지. 결국 관철을 시켰다. 그러나 이명박 정권은 나중에 기어코 거대 신문사에게 종편경영권을 주고야 말았다. 내가 낙선해서 여의도를 비운 틈을 이용해서 말이다.

이렇게 두 가지 핵심에 덧붙여 세 가지를 더 밀어붙였다. 신문 신고포상금제와 공동배달제 그리고 편집위원회였다. 큰 언론사가 비데나 자전거 심지어 현금까지 주면서 구독을 권유하던 시절이었다. 공짜로 마구 뿌려대기도 했다. 신문 신고포상금제는 시장질서를 어지럽히는 행위이기에 이를 신고하면 적절한 대가를 주도록 하는 것이다. 일종의 파파라치였다. 선거에 출마한 후보자가 공짜로 밥을 사는 것을 신고하면 50배의 포상금이 지급된다. 마찬가지로 신문 구독을 권유하면서 10만 원짜리 자전거를 줬다고 신고하면 포상금 500만 원을 받는 것이다. 공정거래위원회 예산으로 포상금 30억 원도 책정했다.

공동배달제는 여러 신문을 공동으로 관리해 배달하는 것이다. 『조선일보』의 경우 네트워크가 좋아서 신문의 유통과 배달이 월등히 앞섰다. 멀티플렉스 극장을 소유한 영화 배급사처럼 말이다. 상대적으로 네트워크가 밀리는 신문사들은 저마다 유통망을 갖고 있는 바람에 효율은 떨어지면서 비용만 과도하게 들어가고 있었다. 불공정하고 마구잡이식 물류를 해소하려면 공동배달이 안성맞춤이었다. 신문 유통원을 관리 주체로 두어 2005년부터 실시했다. 그러나 이 역시 뒷날 이명박 정권이 없애버렸고 다시 과거로 돌아갔다.

편집위원회는 편집자율권을 보장하려고 만들었다. 신문사 내에 사주 측, 기자 측 5 대 5로 편집위원회를 구성해서 편집 방향 등을 논의하게 한 것이다.

그리고 하나 더 추진하려다가 접은 게 있다. 언론피해구제법이다. 징벌적 손해배상을 법제화시키는 거였다. 미국의 경우 언론사가 악의적으로 허위사실을 유포하거나 고의적으로 왜곡하여 국민이나 정부에 엄청난 피해를 입히면 어마어마한 거액을 보상해야 한다. 언론사 폐쇄까지 가능하다. 이게 징벌적 손해배상이다. 그렇지만 워낙 국내 여론의 반대가 심하여 더 이상 추진할 수 없었다. 특히 진보매체의 반대가 거셌다. 조·중·동 등 거대 언론사야 돈이 많으니 징벌적 손해배상을 하더라도 버틸 수 있지만 『한겨레』나 『경향신문』 등 상대적으로 작은 신문사들은 한 방에 날아간다는 논리였다.

그리하여 징벌적 손해배상을 제외한 경영자료 공개, 신문·방송 겸영 금지, 신문 신고포상금제, 공동배달제, 편집위원회 설치 등을 골자로 신문법을 만들었다.

변호사를 만나 문구 하나하나 일일이 검토하면서 법안을 만들어 가는 가운데 청와대와 조율해야 했고, 문광부(문화관광부), 언론노조, 언론학회와도 의견 차이를 좁히고 맞춰야 했다. 여기에 거대 언론사들의 엄청난 저항에도 부딪혀야 했다. 한나라당이 거대 언론사를 대변했다. 당시 한나라당 문광위는 대단했다. 이재오, 박형준, 심재철, 정병국 등등 강타자들이 포진됐다. 우리당은 정청래, 우상호, 민병두, 김재윤, 안민석, 강혜숙, 윤원호 등 모두 초선이었다. 우리는 하룻강아지들이었지만 훌륭한 콤비네이션 플레이로 협상을 이끌었다.

경영자료 공개, 신문·방송 겸영 금지, 신문 신고포상금제 등을 반드시 관철시키기 위해 협상용으로 양보하거나 버릴 조항을 몇 개 끼워넣었다. 예를 들면 '신문 각 지면에 광고가 50퍼센트 이상이면 신문이라 할 수 없다. 이를 몇 회 어기면 처벌받는다' 같은 것이다. 결국 협상에서 우리 카드가 먹혔다. 당시 한나라당은 박근혜 대표도 반대한 상황이라 합의는 안 하고, 퇴장하는 것으로 마무리했다.

마침내 12월 31일 신문법이 본회의에 올라갔고 내가 제안 설명을 했다. 그리고 신문법이 통과됐다. 한나라당이 모두 반대하는 가운데 과반수를 약간 넘긴 것이다. 그해 야심차게 시작한 4대 개혁입법 가운데 신문법만 유일하게 별 소란 없이 통과됐다.

만신창이가 되다

6개월간의 치열한 전쟁을 끝내고 나는 좀 긴장했다. 찬반양론이 거셌던 법이 통과됐으니 찬성이든 반대든 신고 포상금이 얼마인지 등등 인터뷰나 전화가 쇄도할 줄 알았다. 그러나 웬걸. 내 사무실은 적막강산이었다. 어떤 신문사도, 어떤 독자도 연락이 없었다. 진보매체도 신문법 통과에 따른 후속 보도에 관심을 보이지 않았다. 알고 보니 모든 신문사가 다 똑같은 짓을 하고 있었다. 신문사 어디도 신문법이 달갑지 않았던 것이다. 관련 보도도 거의 없었다. 사실상 독자들은 신문법이 무엇인지 알 수가 없었다.

얼마쯤 지나서 『조선일보』와 『동아일보』가 반격을 시작했다. 신문법을 헌법재판소로 가져갔다. 위헌소송을 한 것이다. 결국 몇 개 조항이 위헌판결을 받았다. 신문법의 90퍼센트는 문제가 없는데 10퍼센트 정도에서 위헌판결을 받은 것이다. 이를 기회 삼아 조·중·동은 신문법이 통째로 위헌인 것처럼 요란하게 언론플레이를 해댔고, 이를 주도한 정청래를 질경질경 씹어댔다. 결국 신문법은 만신창이가 되고 말았다.

사실 4대 개혁입법을 한꺼번에 다 밀어붙인 건 패착이었다. 전략을 잘못 짠 것이다. 하나씩 링 위에 올려도 총력전이 불가피했을 터였다. 그걸 4개로 분산시켜버렸으니 정교하고 체계적인 싸움을 할 수 없었다.

초선, 게임의 세계로

스타크래프트

스타크래프트 여제라 불리는 서지수 씨와 한 판을 벌였다. 서울 전역에 황사가 내려앉은 날이었다. 2005년 4월 14일. 국회도서관에서 프로게이머 서지수 앞에 국회의원 정청래가 감히 도전장을 내밀었다. 그렇다면 나의 게임 실력은? 나는 잡기에는 완전 젬병이다. 골프도, 당구도, 포커도 못 친다. 유일하게 할 줄 아는 게 고스톱이다. 하물며 게임이라니. 그럼에도 나는 여제와 맞짱을 뜨려고 맹렬히 연습했다. 사실 그때 처음으로 스타크래프트를 배웠다. 하룻강아지조차도 못 되는 놈이 그냥 범도 아닌 어마어마한 왕범에게 달려들었던 것이다.

"저, 한 손으로 해주실래요. 저는 두 손으로 하고요."

여제가 봐줄 만큼 봐줬는데도 5분도 채 못 되어 박살나고 말았다.

이 대결은 'e스포츠& 게임산업 발전을 위한 국회의원 모임'이 공식적으로 출범한 것을 기념하기 위한 이벤트였다. 나는 이 모임을 주도했고 회장이기도 해서 여제와 대결하는 영광을 누렸던 것이다. 이날은 관련 심포지엄도 했고, 서지수 외에도 임요환, 이윤열, 차재욱 등 당대 최강의 프로게이머들이 참석했다.

모임을 주도한 정청래 의원(열린우리당)은 출범 선언에서 "e스포츠와 게임은 더 이상 젊은이들의 단순한 오락이 아니라 세계 최대의 산업으로 발전하고 있으며 캐릭터, 컴퓨터, IT산업 등 주변 산업과의 융합으로 산업적 규모가 날로 커지고 있다"며 "IT 강국이자 e스포츠 종주국인 한국의 미래는 e스포츠 · 게임 산업에 달려 있다"고 역설했다.

이 모임은 우선 e스포츠 · 게임 산업 발전을 위한 특별법 제정을 추진키로 했다. 또 e스포츠와 한국산 게임이 연계된 한국게임 전시회를 중국 현지에서 개최할 예정이다.

2부 행사로 진행된 'e스포츠 스페셜 대전'에선 임요환 선수와 이윤열 선수가 자존심을 건 한판 승부를 벌이기도 했다. 또 특별 대전으로 얼짱 여성게이머 서지수가 정청래 의원과 스타크래프트 일전을 펼쳐 눈길을 끌었다.

게임의 '게'자도 모르던 내가 e스포츠에 관심을 갖고, e스포츠 국회의원 모임도 주도하게 된 것은 모두 피터 드러커 때문이다. 정확히는 피터 드러커의 한 마디,

"21세기 국가경쟁력의 최후의 승부처는 문화콘텐츠 산업에 있다."

이 한 마디가 나의 머리를 때렸다.

국회의원 선거 당시 언론개혁을 공약 1호로 내세웠고, 언론관계법을 뜯어고치려고 문광위에 들어갔고, 엄청 공격도 받고 고생도 했지만 기어코 신문법을 통과시켰다. 여러 사람의 도움을 받으면서 치러낸 전쟁, 내가 해내다니! 뿌듯했고 보람찼다. (나중에 만신창이가 된 건 너무 속상했지만)

이제 어떤 활동을 할까, 궁리하던 차에 눈이 확 뜨이는 보고서를 보게 됐다. 한류가 거침없이 퍼져나가던 시절이었다. 드라마, 영화, 음반 등이 해외에서 불티나게 팔려나갔다. 그런데 놀랍게도 이 종목들이 벌어들인 돈보다 4배 이상 수입을 올린 종목이 있었다. 온라인 게임이었다(2002년 통계).

보통 충격이 아니었다. 게임이라면 그저 나쁜 것으로만 생각하고 부정적으로만 봤다.

'이건 뭐지? 완전 황금 어장이잖아. 미래 효자산업이 따로 있었네.'

곧바로 이 현상에 대해 공부에 들어갔다. 미국의 경제학자인 피터 드러커와 미국의 정치학자인 새뮤얼 헌팅턴 등 여러 학자의 책을 두루두루 섭렵했다. 그러다 피터 드러커의 문장을 보게 된 것이다.

최후의 승부처가 문화콘텐츠 산업이라면 한국은 무엇으로? 온라인 게임 말고는 없었다. 나는 그렇게 판단했다. 당시 전세계 문화콘텐츠 산업은 미국이 독점하고 있었다. 점유율 48퍼센트, 2위가 일본이었다. 그러나 점유율은 7.8퍼센트. 만화산업이 일본을 2위로 이끌었다. 그때 지구촌 만화산업은 650억 달러 시장이었고, 그중 65퍼센트가 일본 만화였다. 만화 하나만은 일본이 세계 최강이었던 것이다.

한국은 전 세계 문화콘텐츠 산업의 1.5퍼센트를 점유해 10위에 올랐다. 점유율을 높이자, 높여서 3위로 점프하자. 그러려면 무엇보다 킬러 콘텐츠가 절실했다. 그게 온라인 게임 아니던가. 한국은 이미 온라인 게임 최강국이었다. 스타크래프트는 마치 한국을 위해 만들어진 것처럼 한국인을 사로잡았고, 한국인의 승부욕을 자극했다.

스타크래프트는 오랜 기간 온갖 시행착오를 거치면서 개발됐다. 그 과정에서 수많은 한국인의 조언이 있었다. 결과적으로 한국 네티즌들이 게임을 완성시켰다는 게 그쪽 업계 평가였다. 당시 오프라인 게임도 여럿 있었지만 대세는 온라인 게임이었다. 모든 게임이 온라인화 되는 것이었다. 게다가 김대중 대통령 시절에 시작한 초고속 인터넷망이 전국적으로 좍좍 깔리던 중이었다. 감이 왔다.

'이게 대한민국 미래 성장 동력이다.'

한류는 온라인 게임을 타고

당시 한국이 1위를 하던 산업은 선박업이다. 시장 규모는 500억 달러였다. 국적 크루즈 사업을 할 수 없어서 시장을 더 파고들지 못하는 한계 때문에 점유율이 낮은 1위였다. 한국이 선두권에 있던 반도체 시장은 800억 달러 규모. 이에 비해 영상산업은 시장 규모가 무려 2,600억 달러이고, 캐릭터산업은 800억 달러였다. 디즈니가 캐릭터 로열티로 1년에 벌어들이는 게 4조 원! 〈아기공룡 둘리〉도 만화보다 캐릭터가 훨씬 많은 돈을 벌었다.

게임은 700억 달러 시장이었다. 반도체와 별 차이가 없었다. 그래서 법을 하나 만들어야겠다고 마음먹었다. 게임산업진흥법 제정. 사실 국회의원이 제정법 하나 만든다는 건 참 어려운 일이다. 4년 임기에 20명 정도만 성공한다. 나는 신문법에 이어 두번째로 법 제정 도전에 나섰다. 공부를 시작했고, 게임산업협회를 찾아갔고, 게임업체인 한빛소프트와 엔씨소프트도 방문했다. 그리고 'e스포츠& 게임산업 발전을 위한 국회의원 모임'을 만들게 됐다.

이후 나는 온라인 게임을 자주 보러 갔다. 결승전은 거의 챙겼다. 온라인 게임 경기장 열기는 축구나 야구 경기 저리 가라였다. 엄청난 응원과 관중석에서 일제히 환호와 탄식이 교차하는 광경은 게임이 왜 스포츠인지를 분명히 보여줬다. 신천지였고 별천지였다. 그 현장에 국회의원이 나타나니 다들 신기하게 바라봤다. 나의 조카도 신기했던 모양이다. 그날은 내가 시상을 하게 됐는데, 그 중계방송을 마침 조카도 보았나 보다.

"삼촌, 저 삼촌 봤어요. 시상식 할 때요. 완전 인기 짱이었어요."

한동안은 스타크래프트에도 빠졌다. 이왕 해본 거, 제대로 하고 싶었다. 그래봤자 다른 게이머와 맞붙는 공간인 배틀넷은 어림도 없었고, 컴퓨터와 대결하는 싱글 게임 수준에 머물렀다. 그 수준에서는 100전 100승이었다.

나의 몸은 가벼웠고 발걸음은 빨랐지만 게임에 대한 여론이 우호적으로 변한 건 아니었다. 특히 학부형들의 반발이 컸다. 대화도 설득도 사실상 무용지물이었다. 넘어야 할 벽이었다. 게임중독 한마디면 모두 정리됐으니까. 게임이 효자산업이라는 사회적 합의에 도달하기까지는 시간이 더 필요했다. 마침 노무현 대통령의 5개 국정지표 중 하나가 문화강국이었다. 나는 더 공부했고, 더 뛰어다녔다.

2006년 10월에 노무현 대통령과 후진타오 중국 주석이 정상회담을 가졌다. 이 자리에서 한중문화교류를 하자는 데 합의했고, 종목은 온라인 게임이었다. 내가 준비할 일이었고 곧바로 착수했다. 일사천리.

> 한국과 중국의 e스포츠 최강자를 가리는 한중게임대회 '월드e스포츠 페스티벌'(이하 WEF)의 조직위가 출범됐다.
> WEF의 주관사인 게임엔터테인먼트앤마케팅(이하 GEM)과 주간방송사인 MBC게임(대표 장근복)은 20일 서울 여의도 MBC 경영센터 대회의실에서 'WEF 2006' 조직위원회 출범식을 개최했다.
> 이번 출범식에는 문화관광위원회 소속으로 'e스포츠 & 게임산업 발전을 위한 국회의원 모임' 회장을 역임하고 있는 정청래 국회의원이 WEF 조직위원회 한국 조직위원장에 위촉됐으며, 중국 청도시 위총 부시장이 WEF 조직위원회 중국 조직위원장으로 위촉됐다.
>
> —〈게임동아〉, 2006년 3월 21일

"의자는 몇 개 준비하셨습니까?"

"500개 준비했습니다."

"너무 적어요. 임요환 선수가 중국에서도 아주 유명하거든요. 중국 대학생들이 많이 올 겁니다. 5,000개 정도는 있어야 해요."

"5,000개라니요. 말도 안 됩니다. 우리가 봐도 500개는 심하니까 넉넉잡고 2,000개 준비하겠습니다."

대회 장소는 중국 칭다오의 후이취안(회천) 광장이었다. 칭다오 관리들은 아직 임요환의 진가를 모르고 있었다. 게임은 아이들이나 하는 것이라며 별 기대도 안 하는 눈치였다. 대회 내내 나를 보좌하던 칭다오 무역촉진장(무역협회장)만 게임의 중요성을 알 뿐이었다.

당시 최고 인기를 누리던 아이돌 이효리의 팬클럽 회원수가 37만 명이었다. 임요환은? 무려 73만 명! 중국에서 임요환이 게임을 하면 동시 접속자가 100만 명이 넘었다. 중국에서만 팬클럽 회원이 족히 5,000만 명은 될 것이라는 이야기도 들렸다.

"이 의자들 기껏 준비했는데 텅 빌 까봐 걱정이 태산입니다."

"걱정할 거 하나도 없습니다. 마음 푹 놓으십시오."

아니나 다를까. 의자 5,000석은 금세 동이 났다. 사람들이 구름처럼 몰려들어 후위취안 광장을 가득 메우고도 남았다. 칭다오 관리들은 입을 다물지 못했다. 시 차원에서 홍보도 안 했던 대회였다. 대성공이었다.

"니하오, 펑요우."

'안녕, 친구들'이란 뜻이다. 나는 공동조직위원장 자격으로 인사말을 했다. 중국어라고는 마이크 잡기 직전에 물어봐서 알게 된 '니하오, 펑요우'가 다였지만, 한국어로 흥분한 마음을 다 쏟아냈다. 관중도 기꺼이 열렬하게 호응해주었다. 첫 대회의 뜨거웠던 분위기는 식지 않고 이듬해에도 이어져서 두 번째 대회 역시 성황리에 마쳤다.

날아가버린 꿈

아쉬운 건 내가 2008년 제18대 총선에서 낙선하는 바람에 이 대회가 더 이상 이어지지 않았다는 것이다. 두 번째 대회가 마지막이 되고 말았다. 참 안타까운 일이다. 반면 나를 보좌했던 무역촉진장은 공로를 인정받아 칭다오 부시장으로 승진했다. 나는 이 대회를 인연으로 칭다오 시장, 부시장, 시의회의장 등 관료들과 이른바 '꽌시'를 맺을 수 있었다. 관계를 뜻하는 중국어인 '꽌시'는 친구 이상의 가족과 같은 관계를 맺는 걸 말한다. 꽌시 하면 부패를 떠올리는 경우도 많을 만큼 부정적인 측면도 있지만, 어떻든 중국에서 사회생활을 하려면 꽌시를 벗어나서는 사실상 불가능하다.

칭다오 관리들과의 꽌시 덕분에 그곳에서 사업하는 한국 사람들의 민원을 단칼에 해결해줄 수 있었다. 꽌시를 맺으려고 그들과 대면하는 자리에서 72도짜리 고량주를 스무 잔 넘게 마시고도 버텼던 건 영원히 잊지 못할 기억이다.

당시 내 꿈은 e스포츠를 대한체육회의 정식 종목으로 채택하고, IOC(국제올림픽위원회) 같은 국제기구를 만드는 것이었다. 내가 생각했던 것은 IEC(국제e스포츠커뮤니티, International E-Sports Community)였다. 그래서 대한민국이 IEC의 종주국이 되는 것이었다.

이미 e스포츠를 정식 종목으로 채택한 나라도 적지 않다. 중국도 그 흐름에 합류했다. 나는 대한체육회에 e스포츠를 정식 종목으로 채택해달라는 운동을 벌였다. 그랬던 까닭은 월드스타 임요환 때문이었다. 임요환은 군대를 가야 했다. e스포츠 특성상 2년여 공백은 사실상 선수 생명이 끝나는 것이었다. e스포츠가 대한체육회의 정식 종목이 되면 상무에 e스포츠 부대를 만들 수 있고, 임요환 같은 선수가 상무에 입대하면 실력을 유지하는 게 가능했다.

집요한 설득 끝에 대한체육회는 긍정적 기류로 넘어갔다. 그러나 게임을 스포츠로 인정하는 않는 체육계 인사들의 반대가 완고해서 결국 이루어지지 않았다. 내가 국방부를 설득해 임요환을 공군 전산특기병으로 입대시켰고, 그곳에서 게임을 계속하면서 기량을 갈고닦았다.

'월드사이버게임즈(World Cyber Games)'라고 있다. 삼성과 마이크로소프트가 후원하는 세계적인 게임대회다. 60개국 이상이 참가하는 게임올림픽이라 할 수 있다.

나는 이 대회를 대한민국이 가져와야 한다고 생각했다. 아울러 붐업을 위해 e스포츠 대통령배를 추진했다. 두 대회가 국내에 제대로 정착만 된다면 대한민국은 명실상부한 e스포츠 종주국으로 거듭나는 것이었다.

이 기획안을 노무현 대통령에게도 올렸다. 노무현 대통령은 이 분야에 관심도 많았고, 이해도 깊었다. 실제 2000년 국회의원 선거에서 낙선하고 나서 e스포츠 회장을 하려고도 했다. 그런 점에서 노무현 대통령과 나는 통하는 게 있었다.

2005년에 나는 열린우리당 전자담당위원장이었다. 그해 열린우리당은 두 번의 재보선선거에서 왕창 깨졌다. 분위기 쇄신을 위해 열린우리당 홈페이지에 '인터넷짱 인터뷰' 코너를 만들었다. 당시 인터넷 상에서 가장 인기몰이를 한 사람들을 찾아가 인터뷰를 해 동영상으로 올렸다.

첫 인터뷰는 몸짱 아줌마 정다연 씨였다. 내가 직접 인터뷰를 했고 작가들이 영상 구성을 했다. 반응이 좋았다. 두 번째 인터뷰는 임요환이었다. 박영선 의원이 하도 하고 싶다고 해서 넘겼다. 박영선 의원은 기자 시절에 임요환을 만난 적이 있다고 했다. 이어 김선미 의원이 개그맨 장동민을, 한명숙 전 총리가 방송인 김제동을, 이미경 의원이 배우 장동건을 인터뷰했다. '인터넷짱 인터뷰'는 빅 히트를 쳤다. 열린우리당 홈페이지가 다운이 될 정도였다.

> 인터넷 강자를 자부해온 열린우리당의 '넷심(心)잡기' 노력이 점입가경이다.
>
> 우리당 전자정당위원회가 14일부터 인터넷상에서 화제가 되고 있는 인물들을 우리당 의원들이 직접 만나 인터뷰를 한 뒤 이를 동영상에 담아 당 홈페이지에 공개하는 프로그램을 선보인 것.
>
> 정청래 전자정당위원장은 "인터넷 트렌드를 알리고, 당 정책에도 이를 적극 반영하자는 취지"라며 "정치가 무겁고 짜증나는 게 아니라 즐거울 수도 있다는 것을 보여줄 것"이라고 말했다.
>
> —『연합뉴스』, 2005년 12월 14일

노무현 대통령은 나의 디지털 감수성을 잘 알고 있었다. 그렇기에 e스포츠와 관련한 나의 계획을 전폭적으로 지지해주었고, 대통령 스스로도 몹시 하고 싶어 했다. e스포츠 대통령배 대회가 추진되지 못한 건 두고두고 아쉽다. 내가 올린 기획서가 대통령에게 전달이 안

됐던 것이다. 6개월 넘게 중간에서 누군가 쥐고만 있었다.

e스포츠 대통령배를 하면 주관 방송사를 MBC로 하려고 했다. MBC에는 이미 '게임히어로'(2012년 해체)라는 프로게임단이 있었고, 자체 게임채널도 있었다. 대회는 16개 광역단체별로 예선을 거치고, 각 권역별 결승전은 MBC가 중계를 하는 것이다. 광고료 수입이 장난이 아닐 테니 그 일부는 대회 운영자금으로 협찬을 하는 것으로 했다. 본선 진출자들 중 최고를 가리는 결승전은 광복절인 8월 15일에 개최, 장소는 광화문 광장. 약 10만여 인파가 운집할 것이고 대통령이 축사를 하는 것으로 짰다. 이 지지와 성원을 IEC 창설로 이어가려고 했던 것이 나의 계획이었다. 구체적인 일정도 세웠다. 나는 꿈에 부풀었다.

그러나 낙선하면서 모든 게 다 날아갔다. 우연치 않게도 게임 산업도 침체기에 들어갔다. 지금이라도 다시 이 일을 시작해서, 게임 중흥에 나서고 싶다.

초선 4년 동안 5시간 이상 자본 적이 없다. 고3 수험생처럼 치열하게, 피 터지게 살았다. 4년 동안 내 자동차의 운행 거리가 21만 킬로미터였으니, 거의 개인택시 수준이었다. 그렇기에 초선이면서도 신문법과 게임산업진흥법, 두 법을 제정했고 통과시킬 수 있었다. 지역사업에도 소홀히 하지 않아 MBC 본사의 상암동 DMC 이전이라든지, 경의선 철길 지하화 및 공원화 사업 등에서 주도적 역할을 했다. 4년 동안 내 자동차는 20만 킬로미터를 달렸다. 질풍노도의 4년이었다.

낙선, 중국 유학

이변, 낙선

"막 자정이 됐습니다. 지금부터 저는 전직 국회의원이 됐습니다. 국회의원은 두 종류가 있습니다. 현직 국회의원과 전직 국회의원인데 저는 지금 동시에 둘 다 경험합니다. 바로 이 순간입니다. 저는 현직 국회의원이든 전직 국회의원이든 지역 주민을 섬기고, 역사 앞에 제가 할 소임을 잊지 않고 다하겠습니다."

제17대 국회의원 마지막 날인 2008년 5월 30일, 밤 11시에 나를 지지하시는 30~40분들과 자리를 가졌다. 내 말이 끝나자 박수가 나오고, 몇몇 분은 눈물을 흘리셨다. 그리고 나는 현직을 마감하고 전직 의원이 됐다.

충격이었다. 내가 선거에 질 것이라고는 눈곱만큼도 상상하지 않았다. 한동안 완전 멍한 상태였다. 사실 제18대 총선을 앞두고 당시 열린우리당은 전멸하는 분위기였다. 노무현 대통령이나 열린우리당이나 인기가 바닥이었다. 그렇지만 나만은 걱정하지 않았다. 다 떨어져도 정청래는 재선에 성공할 것이라고 자타가 인정했다.

당시 내 인기는 창공을 날았다. 최시종, 유인촌 등 MB정권의 핵심들을 상대로 한 청문회에서 나는 송곳이었고, 내 발언은 9시 톱뉴스에 수시로 나왔다. 음식점에라도 가면 아주머니들의 사인 요청이 말 그대로 쇄도했다. 당시 열린우리당에서 선거를 앞두고 FGI(Focus Group Interview, 심층여론조사)를 했다. 서울 48개 지역구 출마 예상 후보를 대상으로 당선 가능성, 적극 지지층, 주민 평가 등을 알아보는 것이다. 내가 1등을 했다.

이럴 때 쓰라고 떼어놓은 당상이란 말이 생겼을 것이다. 도대체 누가 당선을 의심하겠는가. 그런데 졌다. 제18대 총선에서 나는 한나라당 후보에게 패배했다. 『문화일보』와 『조선일보』의 악의적인 보도가 결정타였다. 열린우리당의 FGI 결과가 유출이 되어 『한겨레21』이 대서특필했다. '정청래 무조건 당선'이라는 기사가 뜨자 그때부터 『문화일보』 기자들이 졸졸 따라다녔다. 그러다가 이른바 '서교초등학교 폭언사건'이 터졌다. 내가 교감 선생님에게 폭언을 했다는 것이다. 물론 사실무근이고 악의적인 왜곡 보도였다.

『문화일보』는 선거운동 기간 내내 집요하게 물고 늘어졌고, 『조선일보』도 가세했다. 『문화일보』는 5일 동안 11차례나, 『조선일보』는 7차례나 나를 비난했다. 사설마저 동원했다. 나는 신문법을 제정하는 바람에 진즉에 거대 언론사의 눈 밖에 났다. 게다가 『문화일보』 연재만화인 「강안 남자」에 대해 사실상 포르노라고 강력히 비판하여 사회적 파장을 일으키기도 했다. 이 때문에 청와대도 『문화일보』 구독을 중단했다. 『문화일보』가 나를 벼르고 있을 줄은 알았다. 그러나 이렇게 형편없는 소설을 써댈 줄이야.

그들은 보란 듯이 나의 발목을 잡았다. 거대 언론사가 작정하고 한 사람을 물어뜯기 시작하면, 시간이 흐를수록 사실 여부는 중요하지 않게 된다. 아니 땐 굴뚝에 연기 나겠어? 유권자는 흔들릴 수밖에 없다. 제18대 총선에서 나는 30,050표를 얻었다. 37.88퍼센트의 지지율이었다. 제17대 총선에서는 45,405표에 지지율은 44.76퍼센트였다. 18대 총선 투표율이 50퍼센트가 채 안 됐고, 제17대 총선에서는 50퍼센트를 웃돌았다. 결국 제17대 총선에서 나를 지지했던 분들이 제18대 총선에서는 아예 투표장에 가지 않았다는 것이다.

선거 결과가 나온 다음 누군가 그랬다.

"그나마 정 의원님이니까 그만큼이라도 얻은 겁니다."

나중에 『문화일보』와 『조선일보』를 상대로 소송을 제기해서 이겼다. 비록 금배지가 되돌아오는 건 아니었더라도 사필귀정이었다.

국회의원 떨어진 후 변화된 것

1. 제일 가고 싶지 않은 곳 – 여의도, 국회

2. 제일 가고 싶지 않은 행사 – 다른 국회의원 출판 기념회

3. 제일 만나고 싶지 않은 사람 – 한나라당 국회의원

4. 제일 먹고 싶지 않은 음식 – 미역국

5. 제일 듣기 싫은 말 – "더 큰일 하라고 떨어진 거야."

6. 제일 보고 싶지 않은 물건 – 금배지

7. 제일 읽기 싫은 팸플릿 – 다른 국회의원 의정보고서

8. 제일 받기 싫은 문자 메시지 – 100분 토론 출연, 많은 시청바랍니다.

9. 제일 읽고 싶지 않은 댓글 – "너 떨어질 줄 알았어."

10. 제일 힘이 나는 말 – "다음엔 꼭 될 거야."

신체의 변화 – 새치 하나 없었는데 흰 머리카락이 생기고, 매운 것을 먹거나 등산할 때, 조금만 더우면 땀이 비 오듯 쏟아지는 증세.

알고 보면 다 착한 사람이고……

알고 보면 다 불쌍합니다……

얼굴 많이 삭았죠? 그렇죠? (2008년 6월 8일)

온라인 투쟁

국회의원 선거가 끝나고 낙선이 확정됐지만, 17대 의원의 임기는 5월 30일까지였다. 남은 임기를 채워야 했다. 심지어 나보고 대정부 질문을 하라는 것이다. 국회에 가는 것도 죽을 맛인데 대정부 질문이라니. 그래도 조목조목 따질 것은 따지면서 대정부 질문을 했다.

그때 나는 광우병 촛불시위에 나가고 있었다. 청계광장에 촛불이 켜지기 전부터 청와대 앞 시위에 참가했다. 청계광장에서 촛불시위가 열리자 몇몇 국회의원 당선자들이 나타났다. 민주노동당 강기갑 당선자는 환호를 받고 연설을 했다. 열린우리당에서는 아무도 나타나지 않았다. 이전부터 하도 욕을 먹어서 겁이 났던 모양이다. 나는 그러거나 말거나 꾸준히 참석했다. 촛불시위 자리에서는 누구든 발

언을 할 수 있어서 나도 하려고 했지만 당선자도 안 오는 판에 낙선자가 나서는 건 보기가 좀 그렇다는 말에 꾹 참았다.

바깥으로 그렇게 돌아다녔고, 집에서는 온라인에 글을 쓰기 시작했다. 포털사이트 다음 아고라 게시판에 글을 올렸다.

안녕하세요. 국회의원 정청래입니다. 아고라에 첫 글을 올리게 되었습니다. 이제 저는 국회의원이 아닌 시민으로 돌아가게 됩니다. 낙선을 한 것이지요. 왜 이제야 이 일이 있고 나서야 글을 올리느냐? 그런 핀잔은 달게 받겠습니다.

그러나 이번 『문화일보』, 『조선일보』의 정치보복은 정청래 개인의 문제를 넘어서는 것이라 여러분과 함께 다시는 이 같은 언론의 횡포를 막아야 한다는 취지에서 이 글을 올립니다.

여러분께서 글 올리는 것을 허락한다면 가끔 들러서 글을 올리겠습니다. 감사합니다.

6월 들어서 더욱 홀가분하게 글을 썼다. 6월 2일에는 '안티조선운동'이 서곡을 울렸다.

정청래입니다. 『조선일보』를 끊읍시다.

지금 대한민국의 지도부는 청와대도 국회도 아닙니다. 정권과 국민이 거리에서 직접 충돌하고 있습니다. 명지대 신율 교수가 작금의 정국을 범퍼 없는 충돌이라 했던가요. 정권을 담당한 수구세력들은 지난 10년, 강산이 수십 번도 더 많이 변한 줄을 모르고 있습니다. 촛불시위 현장에서 국민이 부르는 대한민국 헌법 제1조도 모르고 있는 것입니다.

헌법 제1조 1항, 대한민국은 민주공화국이다. 2항, 대한민국의 모든 주권은 국민에게 있고 모든 권력은 국민으로부터 나온다. 시청에서 청계광장에서 광화문에서 종로에서 전국 방방곡곡에서 초등학생들도 알고 따라 부르는 이 노래의 가사를 이명박 정권은 모르는 것입니다. 호루라기를 불면 국민이 아무 소리 못 하고 따라오고, 신문과 방송에서 '땡박뉴스'를 틀어대는 시대로 착각하고 있는 것입니다.

제가 전에 이명박 대통령은 가장 큰 표 차이로 승리한 것이 가장 큰 비극을 불러올 것이라 예언한 적이 있습니다. '나보다 더 큰 표 차이로 이긴 사람 있으면 나와보라고 해!' 이런 이명박 대통령의 지나친 자신감이 곧바로 오만과 독선으로 이어지고 주인으로 모실 국민을 장기판 졸처럼 취급하게 된 것입니다. 명령하고 통제하면 된다는 사고방식이 지금 이명박 정권을 힘들게 하고 있는 것입니다. 촛불시위의 배후 세력은 이명박 대통령입니다.

이명박 정권이 집권 이후 가장 먼저 시도한 것이 무엇인지 아십니까? 그것은 다름 아닌 언론장악과 언론통제에 대한 시도일 것입니다. 따라서 언론장악과 언론통제를 가장 확실하게 밀어붙일 적임자로 '형님 측근' 최시중 방통위원장을 임명하게 됩니다. 최시중 씨가 임명되자마자 제일 먼저 시도한 것이 바로 공영방송 KBS를 장악하는 것이었지요. KBS 정연주 사장을 몰아내려는 것은 당연한 수순이었던 것입니다. 그다음 MBC를 접수하러 가겠지요. 이것이 방송 뉴스를 장악하기 위한 필요충분조건입니다.

왜 이런가? 신문은 신문시장에서 조·중·동이 70~80퍼센트 똬리를 틀고 앉아 안심인데, 방송은 KBS와 MBC가 눈엣가시였습니다. 조·중·동은 청와대와 한나라당과 주거니 받거니 하면서 이명박 정권의 지엽적인 인사정책 등을 때로는 비판하는 척하면서 눈속임을 합니다. 그리고 아닌 척하다가 결정적인 순간 이명박 정권의 수구적 아젠다를 집중 홍보합니다.

조·중·동은 그 대가로 현행 신문법 폐지의 선물을 받으려 했습니다. 이들은 신문법 핵심 조항인 경영자료(전체 발행부수, 유가부수, 광고료 수입, 구독료 수입) 공개 조항을 무력화시켜야 계속 탈법을 저지를 수 있습니다. 광고료(참고로 전체 수입의 90퍼센트는 광고료이고 나머지 10퍼센트 정도가 구독료 수입 추정)를 제멋대로 책정해 받을 수 있습니다. 편안하게 사업을 할 수 있게 됩니다.

그다음 이들 조·중·동이 학수고대하던 현행 신문법 신문방송 겸영금지조항을 폐지하고 조·중·동이 직접 방송사에 참여하게 되는 가장 큰 선물을 얻게 됩니다. 상상만 해도 끔찍합니다. 『조선일보』 사설이 9시 뉴스 해설로 매일 밤 안방을 파고드는 상황을 상상해보십시오.

단언합니다. 저는 이번 광우병 쇠고기 촛불시위는 국민이 대통령을 이겼다고 생각합니다. 80~90퍼센트 정도는 이긴 거나 마찬가지입니다. 『조선일보』가 꼬리를 내리려는 조짐을 보이고 있지 않습니까? 그러나 이것이 최후의 승리가 될 것인가? 그것은 의문입니다. 대중은 항시적으로 조직되어 있지 않습니다. 그러나 정권은 항시적으로 조직되어 있을 뿐만 아니라 선전용 대형 스피커까지 소유하고 있습니다. 장기전에서는 조직화된 곳이 유리합니다.

조·중·동과 『문화일보』 이들이 정권의 대형 스피커들입니다. 이번 촛불시위에서 이들은 연일 배후설을 흘렸습니다. 만약 정당이나 시민단체 등이 배후로 밝혀졌다거나 화염병 쇠파이프가 출현했다면 이들은 아마 하이에나처럼 촛불을 뜯어먹었을 것입니다. 저는 이 부분에서 정말 국민의 위대함과 현명함을 봅니다. 국민은 다음 아고라 광장에서 모였다 흩어지면서 최첨단 핸드폰을 무기로 일사분란하게 즉각 상황에 맞는 논리와 대응에 주력했습니다.

쇠고기 촛불시위가 끝나면 우리는 또다시 대운하 반대 촛불시위, 의료보험 민영화 반대 촛불시위를 해야 할지 모릅니다. 그때마다 청계광장에 모여서 이렇게 피 터지게 다치고 경찰에 모욕당하는 것을 5년 동안 해야 하겠습니까? 효율성을 생각해야 합니다. 방법은 이명박 정권의 대형 스피커들의 볼륨을 줄이는 일이 무엇보다 중요합니다. 그런 면에서 공영방송 KBS를 지켜내느냐, 아니면 그렇지 않느냐가 무엇보다 중요합니다.

기세라는 것이 있습니다. 한 번 기세가 오르면 파죽지세로 무엇을 장악하게 됩니다. 여러분, 기뻐하십시오. 여러분이 자발적으로 조·중·동을 끊고 『경향신문』과 『한겨레』로 구독 신청을 했더군요. 『경향신문』의 경우 조·중·동처럼 지저분하게 자전거 돌리고 상품권을 주지 않았는데도 요 며칠 사이 6,000부가 늘었답니다. 아마 평소 1년치보다 많은 숫자일 겁니다.

조·중·동에서 『경향신문』과 『한겨레』로 독자층이 옮겨간다는 것은 엄청난 혁명입니다. 조·중·동은 타격을 입고 『한겨레』와 『경향신문』은 자신감을 얻고 재정적 압박에서 벗어날 수 있습니다. 이런 현상이 지속된다면 정국 지형에도 엄청난 판도 변화가 올 것입니다.

조·중·동 몰락, 『한겨레』와 『경향신문』 대세. 조·중·동은 절독이 늘고 구독도 줄어 광고주를 찾는 데 어려움을 겪어 미쳐버리는 상황이 오는 것이지요.

촛불을 확실히 승리의 횃불로 만드는 구체적인 방법.
바로 조·중·동을 끊고 『경향신문』과 『한겨레』를 보는 일입니다. 이것이 무도한 정권의 고시 철회와 협상 무효를 이끌어내는 우회적이지만 치명적이고 결정적인 끝내기 안타입니다. 이것이 향후 대운하를 막아내는 열쇠가 됩니다. 이렇게 되어야 정권의 언론장악(특히 방송장악과 통제)를 막아냅니다. 이것이 KBS를 지키고 MBC를 살리는 길입니다.
이것이 헌법 1조 1항과 2항을 지켜내는 일입니다.
이순신 장군은 일찍이 말씀하셨습니다.
"한 명의 군사가 길목을 제대로 지키면 적군 천 명을 물리칠 수 있다."
이명박 독재정권의 국민 무시 현상을 바로잡는 제대로 된 길목은 바로 정권의 대형 스피커의 볼륨을 줄이는 일입니다.
조·중·동 잡는 건, 조폭을 잡는 것입니다. 그중에서 먼저 할 일은 가장 센 놈, 형님 한 놈부터 확실하게 보여주는 일입니다. 그러면 동생들은 알아서 깁니다. 그러면 형님은 어쩔 수 없이 항복하게 됩니다.

17대국회의원 정청래 올림
폭력경찰 물러나고 연행자를 석방하라

거리투쟁

이 글이 엄청난 파급력을 보이면서 '안티조선운동'이 대중적으로 촉발하는 계기가 됐다. 안티조선운동이 시작되자마자 사람들은 조선일보사 앞에 가서 쓰레기를 던지고, 스티커를 붙이고 대단한 싸움을 벌였다. 난 그저 먼발치에서 지켜만 봤다. 펑펑 울면서.

시위에도 본격적으로 몸담았다. 6월 12일부터는 KBS 앞으로 출근했다. 당시 이명박 정부는 KBS 정연주 사장을 내쫓으려고 온갖 짓을 다하고 있었다. 나는 열심히 발언도 했다. 그러다 8월 8일 경찰에게 KBS가 점령당하던 날, 나도 경찰에 끌려갔다. 노회찬과 송영길 두 의원도 있었는데, 나만 잡혀갔다. 전직 국회의원임을 확실히 실감할 수 있었다. 와이셔츠가 다 찢어졌다.

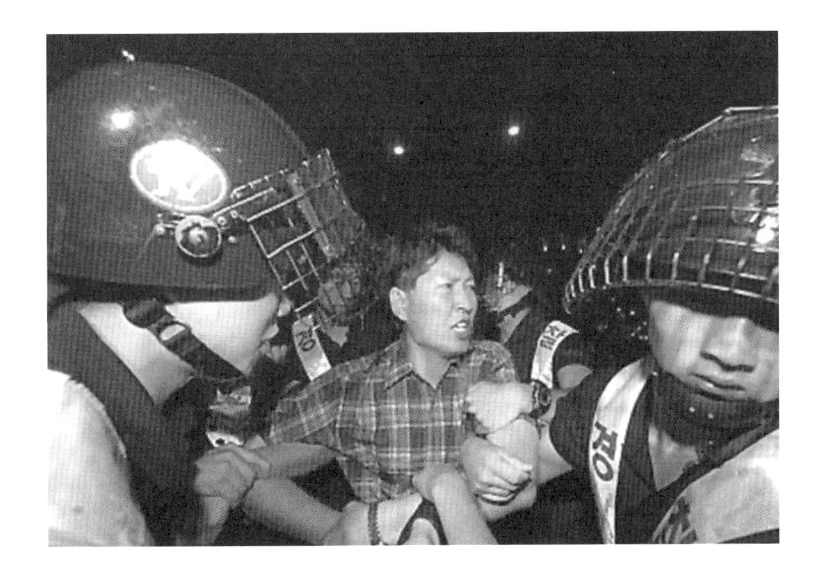

버스 안에 잡혀 있을 때 영등포경찰서 정보과에서 왔다.

"의원님, 내리십시오." (그래도 의원님이라 불렀다.)

"왜 나만 내립니까. 여기 있는 사람들 다 풀어주세요." (막 소리를 질렀다.)

결국 나는 동작경찰서로 연행됐다. 셀프 연행이라고나 할까. 돌아가신 성유보 선생님, 최상재 당시 언론노조위원장 등도 옆에 있었다. 나는 가자마자 묵비권을 행사했다. 그러자 동작경찰서 지능과 형사가 물었다.

"정청래 의원은 이름이 어떻게 되세요?"

그래도 묵비권, 아예 경찰서장 집무실 앞에서 1인 연좌시위에 들어갔다. 새벽 3시에는 책상을 두드리면서 조는 경찰들을 깨웠다. 호통도 쳤다.

"당신들 자꾸 졸면 나 탈출할 거요, 도망갈 거라고."

다음 날도 계속 1인 시위.

"나를 잡아온 법적 근거가 없지 않냐. 사과하라! 어청수 경찰청장은 내 앞에 와서 사과하라!"

지역구 의원인 같은 당 전병헌 의원도 오고, 추미애 의원도 왔다.

"그냥 귀가하시죠."

경찰서로서는 이래저래 골치 아프니까 나한테 귀가 조치를 내렸다.

"못 나갑니다. 사과받아야 합니다."

나는 석방 거부 투쟁에 들어갔다. 경찰 창설 이래 최초로 경찰서장 집무실 앞 1인 시위에 최초의 석방 거부 투쟁까지. 결국 어청수 경찰청장을 대신해 동작경찰서장이 사과했다.

"잘못 잡아와서 죄송합니다."
"사과 받아들이겠습니다. 그럼 제 석방을 제가 허하겠습니다."

동작경찰서에 연행되다

안녕하세요. 정청래입니다
저는 지금 경찰에 불법 연행되어 동작경찰서 3층에 있습니다. 공영방송 KBS에 대한 쿠데타가 착착 진행되고 있습니다. 방송이 무너지면 대한민국의 민주주의도, 미래도 무너져내릴 것입니다. 방송을 못 지키면 우리가 이룩한 촛불의 성과도 동시에 와르르 무너져 내릴 것입니다. 방송을 지켜야 민주주의가 삽니다.(방지민!)
우리는 민주주의를 지키는 최후의 결정을 맞이했습니다. 국민을 이기는 대통령은 불행한 말로를 맞이하게 되어 있습니다. 방송을 장악한다고 국민의 눈과 귀를 틀어막을 수 있다는 아날로그식 낡은 사고를 버려야 합니다. 대한민국은 이미 세계 최강의 쌍방향 소통과 성숙한 국민의 창조적 생산성을 이룩해가고 있습니다.
KBS를 불법적으로 일시적으로 무단 점거할 수 있을지는 몰라도 결코 최후의 승리자는 되지 못할 것입니다. 때릴수록 더욱 단단해지는 국민이 이길 것입니다. 공영방송 KBS는 정연주 사장 개인의 소유물도, 정권의 도구도 결코 아닙니다. KBS는 국민이 내는 세금으로 운영되는 국민의 것입니다. 공영방송 KBS를 지키는 것, 그것이 바로 대한민국 헌법 제1조를 지키는 일입니다.

저는 어제 KBS 앞에서 아무런 죄를 저지르지 않았습니다. 축구경기 관람도 용인할 수 없는 나약한 대통령이라면 무슨 일인들 자신감 있게 추진할 수 있을까요? 저는 저의 연행이 불법이므로 모든 것을 인정할 수 없어 경찰의 진술을 전면적으로 거부했습니다. 제 이름조차 알려주지 않자 그냥 "체크무늬 남방에 검정색 바지를 입은 사람"으로 기록했답니다. 저는 잠도 밥도 집에 가서 먹어야 하기에 경찰에서 제공하는 식사를 거부하고 있습니다. 수면도 거부하고 날밤을 샜습니다. 유치장 입방도 거부하고 3층 복도에서 연좌 단식 항의 1인 시위를 하고 있습니다. 저는 석방이 되면 불법 연행과 폭행을 가한 영등포경찰서장을 고소하고 민사상 손해배상청구 투쟁을 할 것입니다. 여러분! KBS를 지키는 데 모두 일어서야 합니다.

중국으로 가다 : 말 못하는 심정

낙선한 4개월여, 광우병 촛불시위와 KBS 투쟁으로 거의 질풍노도처럼 보냈다.

그리고 9월 초 중국으로 유학을 떠났다. 애초에 계획했던 일이었다. 유학을 결심하는 데에는 어떤 계기가 있었다. 제17대 국회의원 임기를 다 마치고 일주일쯤 지났을 때, 친하게 지내는 후배가 찾아왔다. 나와 2년 차이다. 우리는 소주와 쭈꾸미로 모처럼 회포를 풀었다.

"청래 형, 형한테 꼭 하고 싶은 말이 있어서 왔어."

"그래? 무슨 말이 하고 싶은데."

“형이 이번 선거에서 진 건, 대한민국 국가적으로 보면 큰 손실이지만 인간 정청래로 보면 이득일 수 있거든.”

“너 지금 떨어진 사람 앞에서 염장 지르니?”

“내가 대학교 1학년 때부터 형을 봐왔잖아. 그런데 그때부터 지금까지 형이 좌절하는 모습을 한 번도 본 적이 없는 거야. 국회의원 4년도 그랬고. 그러니까 내 머릿속의 청래 형은 항상 잘나가는 모습뿐인 거지. 이제 형한테는 자기 자신을 되돌아보는 기회가 생긴 거야. 나는 형이 4년을 결코 헛되이 보내지 않을 거라고 생각해. 그냥 하는 말이 아니고, 이보 전진을 위한 일보 후퇴의 시간이 될 거라고 나는 믿어. 형이 4년을 잘 보냈으면 좋겠어.”

“정말 그렇게 생각해?”

“형, 대한민국 국민의 85퍼센트가 실패와 좌절을 경험하거든. 많은 사람이 그런 경험 속에서 말할 수 없는 슬픔을 겪고 있다고. 형도 이제 어렴풋하게라도 그 아픔을 알 테니까, 그 85퍼센트 속으로 들어가봐. 들어가서 그들의 고통과 슬픔을 온몸으로 느껴보라고. 4년 동안 말이야.”

나를 일깨운 말이었다. 그래서 그 후배의 말을 4년 내내 마음에 간직했고, 그 마음으로 4년을 준비하게 됐다.

오래전부터 중국어를 배우고 싶었다. 초선 의원 시절에 e스포츠와 관련해서 중국을 여러 차례 들락거렸는데 그때마다 통역을 붙였다. 그러다 보니 대화의 시간도 길어지고 꽤 답답했다. 이번 기회에 직접 대화가 되는 수준의 중국어를 배우자고 작심했다. 국회의원 시절에 중국 인민대학교 대학원에서 학생들을 상대로 강의를 한 적이 있었다. 문화산업 특강 중 하나였고, 내가 맡은 주제는 '한류는 어떻게 발현되었는가'였다. 마침 그 자리에 인민대 당서기도 있었는데 내 강의를 좋게 들었던 것 같다.

"아무 때라도 와서 우리 학생들에게 이렇게 좋은 강의를 또 해주십시오."

그리고 나한테 인민대 초빙교수 자격증을 주었다. 현재까지도 유효하다. 그 덕에 인민대 유학은 수월했다. 겸임교수 겸 유학생, 신분이 좀 이상했지만 어쨌든 나는 베이징 가는 비행기를 탔다. 겸임교수에는 관심이 없었다. 오로지 중국어를 배우겠다는 일념뿐이었다. 보통 국회의원들이 낙선을 하면 객원 연구원이나 교수 신분으로 외국에 나가는데, 나는 굳이 그 반대로 했다.

이민태 박사는 인민대 철학과 교수다. 국회의원 시절 인민대와 교류를 맺는 데 가교 역할을 해주신 분이다. 그분의 도움으로 아파트를 임대했다. 국회의원 시절에 이미 '꽌시'를 맺었던 인민대 당서기는 등록이나 수속 일체를 모두 알아서 해주었다. 나는 당서기를 '따거', 큰 형님이라고 불렀다. 그만큼 돈독한 사이였다.

아파트는 학교와 너무 가깝지 않은 곳으로 구했다. 학교와는 2킬로미터 정도 떨어져 있어 자전거를 타고 다녔다. 나의 중국어 실력은 완전 꽝이었다. 중국 인구가 15억 명 정도라면 나의 중국어 실력은 15억 등이라 할 수 있었다. 할 줄 아는 중국어는 '니하오' 정도? 인민대 어학당 중 가장 낮은 단계인 초급반에 등록했다. 그 반에는 다양한 나라에서 온 사람들로 꽉 차 있었다. 족히 20개 나라 정도는 되었는데, 일본, 핀란드, 스위스, 우크라이나, 콩고, 베트남 등 각 대륙에서 모였다. 대부분 스무 살 전후의 청년들이고, 40대였던 내가 가장 나이가 많은 학생이었다. 어학당 강의는 영어로 진행됐다. 중국어 교수가 더듬더듬 영어로 말하면, 우리도 더듬더듬 알아듣고, 더듬더듬 중국어를 배워나갔다.

하루 일정은 일찌감치 시작했다. 아침 6시쯤 일어나서 씻고, 우유 한 잔으로 아침을 대신하고 7시 30분에 집에서 나왔다. 자전거를 타고 주변을 구경하면서 가면 20분 정도 걸렸고, 수업은 8시부터였다. 수업은 총 2교시로 90분씩 진행되며, 쉬는 시간은 30분이었다. 11시 30분에 수업이 끝나면 중국인 여학생 한 명이 나를 기다렸다.

나는 속성으로 중국어를 배워야 했기 때문에 과외가 필요했다. 인민대에서 한국어도 가르치는 이민태 박사가 학생 한 명을 소개시켜 주었다. 가장 성실한 학생으로 소개했다고 한다. 이렇게 외국인에게 중국어 과외 선생을 하는 학생을 '푸다오'라고 부른다. 과외비로 원화 20만 원을 줬다. 중국에서는 큰돈이다. 중국에는 가난한 학생들이 많다. 그들은 근면성실하고 열심히 공부한다. 1960~1970년대 한국의 학생들을 보는 것 같았다. 나는 말을 배우고, 학생은 돈을 버니 서로 윈윈이다.

그 학생도 한국어를 거의 못 해서 첫날은 서로 손짓 발짓으로만 의사소통을 할 수 있었다. 인민대는 학생식당, 직원식당, 교수식당이 따로따로 있다. 점심 때 직원식당에서 밥을 먹고 싶었지만 말을 못 하니 할 수 없이 학생 뒤를 따라갔다. 발 디딜 틈도 없이 복잡한 학생식당에서 식권을 끊어 겨우 밥을 떴는데, 도저히 먹을 수가 없었다. 밥알은 날아다니고, 몇 가지 안 되는 반찬은 목으로 넘어가질 않고……. 결국 굶었다. 그렇게 일주일 동안 점심을 못 먹었다. '다른 식당으로 가자'는 말을 못 해서 말이다.

푸다오와 낮 1시 30분까지 그날 배운 걸 복습했다. 또 『301구』라는 아주 유명한 중국어 교재도 읽어나갔다. 물론 한동안은 연신 손짓 발짓이었다. 학교 측 배려로 강의실을 하나 얻어서 편하게 공부할 수 있었다.

공부가 끝나면 자전거를 타고 아파트로 돌아가 인터넷도 하고, 아고라에 꾸준히 글도 썼다. 듣기 연습한다고 TV도 켜놓았다. 그 시간이면 중국인 아줌마도 왔다. 밥이며 청소며 빨래 등을 해주는 분이다. 역시 말이 안 통해 손짓 발짓으로 이야기했다. 내가 어쩌다 삼겹살을 먹었더니 열심히 삼겹살만 구워주고, 라면을 끓여 먹었더니 또 열심히 라면을 끓여서 내왔다. 그래서 별로 좋아하지도 않는 삼겹살과 라면을 참 많이도 먹었다. 아줌마가 워낙 성실해서 40만 원 정도를 드렸다.

다른 푸다오도 있었다. 그 친구는 이틀에 한 번 오후 4시에 아파트로 왔다. 대학원생인데 한국어를 좀 할 줄 알아서 말 배우기가 수월했다. 나와 아줌마 사이에서 통역 노릇도 하니까 그 친구가 오는 날은 다 같이 먹고 싶은 걸 먹었다.

저녁 7시부터 혼자서 숙제를 했고, 자정 무렵 잤다. 석 달을 그렇게 지냈다. 정말 열심히 공부를 한 결과, 중간고사에서 23명 중 1등을 했다. 어느 정도 귀도 뚫리고 입도 풀렸다. 묻고 대답하기가 됐다. 나는 꽤 용감한 성격이어서 뭔가를 할 때 머뭇거리지 않는다. 길을 가다가도 아무나 붙잡고 중국어로 물었다.

"나는 한국 사람이다. 지금 배가 고프다. 음식점이 어디 있냐?"

"인민대가 어디 있냐? 가는 방법을 알려달라."

멀리 음식점이 보이고, 인민대 가는 길을 모르는 것도 아니었지만 일부러 물어보며 다녔다. 주말에는 수업도 없고 해서 혼자서 밖을 쏘다니고 음식점도 갔다. 가서 더듬더듬 메뉴판도 읽고, 주문도 하고, 계산도 하면서 중국어를 배워나갔다. 자전거를 타고 더 멀리까지 가보기도 했다. 그렇게 또 석 달이 후다닥 지나갔다. 누가 봐도 전형적인 유학생 생활이었다. 전직 국회의원이라는 티는 어디에서도 안 냈고, 내 머릿속에서도 지웠다. 그러던 어느 날 한국인 유학생 하나가 날 알아보고 찾아왔다. 곧 한국인 유학생 총회가 있는데 강의를 해달라는 것이다. 굳이 찾아와서 부탁하는데 거부하기가 어려웠다.

중국은 100명 이상이 모이는 모임은 무조건 허가제다. 참가자 학생증이나 신분증을 미리 제출하여 일일이 검사를 받아야 한다. 공산당 1당 체제가 집회와 시위를 통제하기 때문이다. 아파트도 조직위원회가 있어서 당의 감시를 받을 정도다. 50여 개 소수민족의 이탈을 막으려는 의도이기도 하다. 하물며 수도 베이징이야 통제가 장난이겠는가.

한국인 유학생 총회도 절차를 밟고 나서야 열렸다. 나도 가서 강의를 했다. 평화와 통일이 왜 중요한지, 문화산업이 얼마나 중요한지가 주 내용이었다. 다행히도 반응이 좋았다. 문제는 이후 나를 알아보는 유학생이 늘어났다는 것이다. 그들이 자꾸 다가와서 말을 거니 중국어보다 한국어를 더 많이 쓰게 됐다. 어떻게 배우고 있는 중국어인데 에서 망칠 수는 없는 노릇. 유학생을 피해 다녔다.

중국 유학생들에게 고함

안녕하세요. 정청래입니다. 베이징은 하루 종일 심한 바람이 불었습니다. 자전거를 타고 학교에 가는데 페달을 밟아도 자전거가 앞으로 나아가지 않습니다. 조금 과장되게 말하면 베이징의 바람은 우리나라 태풍처럼 강하게 얼굴을 때립니다.

오늘은 좀 특별한 날이었습니다. 인민대에 입학한 신입생들을 환영하는 MT가 있는 모양입니다. 그래서 저도 인민대에 있는 한국 유학생들을 대상으로 조촐한 강연을 했습니다. 중국 인민대학교에는 한국 유학생들이 1,000명쯤 있다고 합니다. 저도 깜짝 놀랐습니다. 이렇게 많은 한국 학생들이 공부하고 있을 줄은. 늘 학생들과의 만남은 인터넷이 맺어준 인연 때문이었습니다. 제가 학교에 왔다 갔다 하는 것을 어떤 한국 학생이 보았나 봅니다. 이 학생이 유학생회 카페 게시판에 글을 쓰고 초청 강연을 요청하자는 제안을 했고, 유학생회장이 저를 찾아와 성사된 강연이었습니다.

학생회에서 준비한 차를 타고 1시간가량 가는데 조선족 운전기사는 목적지를 모르는지 길을 가다가 차를 세우고 자꾸 물어봅니다. 우리나라 같으면 내비게이션 찍고 갈 텐데 여기는 아직 그러지 못합니다. 사실 저도 갔던 장소를 다시 찾아가라면 못 찾아갈 것 같습니다. 돌아오는 길에 보니까 토요일 오후의 베이징도 서울 못지않게 엄청난 교통 체증에 시달리고 있었습니다.

오랜만에 400명 앞에서 마이크를 잡고 강연을 했습니다. 1시간 30분 동안 주절주절 떠들었습니다. 400명 중에 200명은 갓 입학한 신입생들이고 나머지 절반은 재학생들이었습니다. 세대와 정서, 출신 지역과 환경, 공유하고 있는 정보와 지향도 다른 학생들에게 대한민국 국민이라는 공통점 하나로 강연을 하다는 것이 그리 쉬운 일이 아니었습니다. 학생회에서 딱히 요청한 주제도 없고 해서, 생각나는 대로 발길 가는 대로 한번 가보자는 심정으로 마이크를 잡았습니다. 대략 이런 말들을 한 것 같습니다.

여러분! 정치에 관심이 없지요? 정치인들 많이 싫지요? 그러나 관심이 없어도, 정치인이 싫어도 정치에 관심을 가져야 합니다. 대한민국에는 3대 권력이 있습니다. 입법권력, 행정권력, 사법권력(언론권력은 시간 관계상 생략)이 그것입니다. 그런데 이중 최초의 권력은 바로 입법권력입니다. 우리의 생활 카테고리를 규정하는 법을 만드는 기관이 바로 국회입니다.

국회는 정보가 집중되는 곳입니다. 어떤 법이 언제 만들어져 우리의 생활을 어떻게 규제하고 변화시키는지 항상 주목해야 합니다. 제가 속해 있던 문화관광위원회는 대한민국의 문화예술·관광·체육·신문 방송 등 언론문화 정책을 총괄하고 18대 국회는 여기에 통신 분야까지 추가했습니다.

제가 말한 이 분야에 비전을 갖고 있는 학생들은 여기에 관심을 갖고 준비하십시오. 막힌 길을 열심히 가다가 돌아오는 우를 범하지 마십시오.

여러분이 알고 왔든, 부모님이 권유해서 왔든 중국 인민대에 와서 공부하는 것은 앞으로 큰 행운으로 작용할 것입니다. 아무 생각 없이 와서 공부를 하는 학생들은 아마 먼 훗날 뒷걸음치다가 황소 꼬리를 잡은 줄 알게 될 겁니다.

저는 앞으로 미국 중심의 세계 질서가 중국 중심으로 이동해올 것이라 확신합니다. 그때를 대비하기 위해 저도 중국에 왔습니다. 우리 대한민국의 국가 비전인 대륙에 대한 비전은 중국의 강을 건너야 합니다. 중국의 협력을 이끌어내고 중국과 함께 손잡고 가야 합니다.

분단국가인 대한민국은 반도 국가라기보다 섬나라입니다. 대륙으로 뻗어나갈 수가 없습니다. 우리는 대륙으로, 대륙으로 가야 합니다. 1936년 베를린 올림픽에 출전한 손기정 선수는 비행기를 타고 독일에 가지 않았습니다. 서울역에서 기차를 타고 중국을 거쳐 독일에 도착했습니다. 부산에서 출발한 기차가 서울역을 거쳐 평양을 거쳐 베이징을 거쳐 시베리아를 거쳐 파리와 런던까지 가는 것, 그것이 대한민국의 비전입니다.

사실 저는 2006년도에 이번 2008년 베이징올림픽 열차응원단을 고민하고 준비했던 사람입니다. 부산과 목포에서 대학생을 태우고 서울을 거쳐 평양에 들러 북한 대학생을 태운 뒤 베이징에 도착해 남북 공동 응원을 하는 계획을 한 적이 있습니다. 우리가 대선에서 승리했다면 가능했던 시나리오였습니다. 그래서 작금의 현실과 비교해볼 때 정권은 이처럼 더없이 중요합니다.

대한민국의 기차가 시베리아와 유럽의 철로를 달린다는 것, 그것은 곧 남과 북의 평화 정착을 상징합니다. 북한은 지금도 김일성 주석의 유훈을 받들어 통치를 합니다. 김일성 주석은 1994년 죽기 전에 남북철도를 연결해야 한다고 이미 유언을 한 바 있습니다. 북한도 남북철도를 연결하는 것이 경제에 막대한 도움이 됩니다.

남북철도가 연결된다는 것은 남과 북(평화공존), 북과 미국(평화협정 체결, 정치적 체제 보장), 북과 일본(110억 달러 일제 치하 배상, 경제협력)이 화해하고 협력한다는 것을 의미합니다. 미국의 부시 대통령이 북한을 테러지원국에서 삭제하고 북한의 핵 불능화 이후 정치경제적 협상은 한반도 100년 평화의 절체절명의 기회이자 역사적 순간입니다.

남북철도가 연결된다는 것은 철조망이 뚫리고 도로가 연결되고 개성공단이 10개쯤 북에 들어선다는 것을 의미합니다. 남쪽의 경제는 항상 미국과 일본에 발목이 잡혀 있고 기업들은 인건비 때문에 중국과 베트남으로 튈 생각만 할 수 있습니다. 그런데 훨씬 질 좋고 값싼 노동력이 북에 상시대기중입니다. 남도 좋고, 북도 좋습니다.

지금 제가 살고 있는 마포에서 개성공단까지는 자동차로 45분만에 출퇴근을 할 수 있습니다. 그런데 이것이 시대착오적인 현재의 반공정부에서 언제 종칠지 모릅니다. 개성공단이 10개, 더 생기면 남쪽 노동자가 30만 명이 북에 상주하면서 일을 한다는 것을 의미합니다. 이것이 한반도 평화요, 이것이 남과 북의 공존공생의 길입니다.

상황이 이렇게 잘 풀리면 현재의 국방비 예산에서 23조 원을 줄여 사회복지 비용으로 돌릴 수 있습니다. 노인 복지비, 대학생 해외연수비용, 중고등학교 전산정보 시스템 확충, 실업 수당 등을 지불할 수 있게 됩니다. 군대 수도 30~40만 수준으로 줄일 수 있습니다.

참고로 미국은 150만 군인으로 세계를 호령하는데, 우리 한반도는 180만 명의 군인이 50년 이상 으르렁거리고 있습니다. 아무리 생각해도 비정상 아닙니까? 인구 15억의 중국도 260만 명 규모의 군대인데 한반도는 7,000만의 인구에서 군인이 180만 명입니다. 이것을 줄이는 것이 확실한 경제정책이고 복지정책입니다. 그리고 국가 비전입니다. 이것을 실현하는 데 중국의 역할이 미국 못지않게 매우 중요하다는 말씀입니다.

일본과 동남아시아의 상품이 부산으로 몰려들고 부산역에서 이들 상품을 실은 기차가 평양에 통행세를 내고 유럽시장으로 진출하는 시대를 우리는 곧 맞이하게 될 것입니다. 그러기 위해서는 미국의 영향력도 중요하지만 중국의 역할도 실로 막중합니다. 이런 일이 성사되려면 남과 북도 중국도 윈윈해야 하고 정치경제적으로 상호 이익이 되어야 합니다. 그러면 가능합니다.

이 시대가 오면 여러분의 후배들은 수학여행을 런던과 파리로 갈 수 있습니다. 비행기는 너무 비싸서 불가능합니다. 20~30만 원으로도 외국여행을 할 수 있는 시대가 열린다면 우리 중고등학생들의 꿈의 크기가 더욱 커지지 않겠습니까? 유럽의 학생들은 국경의 개념 없이 수많은 나라를 섭렵하며 여행을 합니다. 피 끓는 청춘기에 타국으로의 여행은 그 청춘의 열매를 튼실하게 여물게 할 것입니다. 여러분은 그런 대한민국의 대륙철도 시대가 오면 아니, 그것을 준비하는 데 곳곳에서 중요한 역할을 할 주역들이 될 것입니다.

여러분은 저마다 여러 이유를 갖고 조국을 떠나 인민대에서 공부를 하고 있을 것입니다. 여러분은 이곳에서 세계의 학생들과 교류하며 친구들을 만나고 사귀십시오. 한국 학생들끼리만 몰려다니지 말고 프랑스·독일·미국·영국 학생들과 친구가 되십시오. 이들도 각자의 나라에서 여러분처럼 성장해나갈 것이고, 그것이 여러분의 힘이 되고 대한민국의 힘이 될 것입니다.

여러분! 이제 우리나라에서 제조업은 큰 비전이 없습니다. 세계의 시장도 이미 제조업을 넘어섰습니다. 우리나라는 위대한 국가입니다. 제2차 세계대전이 끝난 이후 독립한 국가가 150여 국가랍니다. 그 150개 신생 독립국가 중에서 제일 잘사는 나라 이스라엘과 대한민국이 공동 1위 국가라고 합니다. 이스라엘과 대한민국의 공통점은 바로 우수한 국민입니다.

대한민국의 최고의 국가 경쟁력은 대한민국 국민입니다. 대한민국은 기름 한 방울 나지 않고 인구도 적어서 내수경제의 선순환 구조를 갖기 어렵습니다. 자원도 부족하고 국토도 좁습니다. 땅을 파는 삽질경제의 시대는 이미 끝났습니다. 철조망을 더 높여서 좁은 땅덩이에서 운하 파고 먹고살자는 것은 미래가치가 아닙니다.

남과 북도 분단되어 있는데 동서를 갈라 국토를 파헤치겠다는 운하 마인드는 시대정신이 아닙니다. 제조업의 건설경제가 아니라 바로 문화산업에 관심을 집중시켜야 합니다. 평화가 돈이고 문화가 돈입니다.

여러분! 배우 장나라 씨가 중국에서 인기가 좋으니 기분 좋으시죠. 그렇습니다. 문화산업은 이제 다른 산업의 부를 앞장서서 창출시키는 산업 선발대입니다. 여러분, 놀라지 마십시오. 우리의 문화산업인 한류는 지금 중동까지 진출했습니다. 이란에서 〈대장금〉이 방영되었는데 시청률이 무려 98퍼센트랍니다. 믿어지십니까? 탤런트 이영애를 모르면 간첩일 뿐만 아니라 이영애는 곧 신과 같은 존재입니다. 이영애가 핸드폰 들고 "이 핸드폰 사세요" 하면 이란 국민이 안

사겠습니까?

이제 문화는 유흥과 여흥이 아닌 먹거리이고 산업입니다. 반도체(1년 세계시장 700억 달러)를 팔아서 획득하는 달러나 캐릭터(1년 세계시장 규모 650억 달러)를 팔아서 획득하는 달러는 색깔이 전혀 다르지 않습니다.

우리가 제조업으로 세계를 제패하는 조선업이 1년에 500억 달러 규모라면 만화시장은 650억 달러, 영화 550억 달러, 게임산업 700억 달러 규모의 시장입니다. 휴대폰 시장이 700억 달러 규모이고, 방송영상산업이 2,600억 달러 규모입니다. (우리가 한류라고 말하는 종목도 사실 선택과 집중이 필요합니다. 일본이 만화라면 우리는 온라인게임 분야입니다.)

2년 전에 영국 런던에 가서 정말 깜짝 놀랐습니다. 런던 한복판의 제일 좋은 공연장에서 무언극 〈점프〉를 한 달 이상 장기공연을 하는데 1,500석 이상이 모두 매진입니다.

공연이 끝나자 런던 시민 모두 기립 박수를 치며 '브라보'를 외칩니다. 한국에 대한 경외심이 대단했습니다. 그도 그럴 것이 엘리자베스 여왕이 왕궁에서 이 〈점프〉를 보고 내 생애에 이런 공연은 처음 본다는 식으로 입을 다물지 못했다고 합니다.

우리의 한류는 대륙열차를 타고 유럽에 진출해야 합니다. 언제 우리가 영국 왕실에 가서 이런 대접을 받았겠습니까? 문화산업에 종사하는 사람들이 애국자입니다. 여기에 우리의 국가 비전이 있습니다. 미국의 갑부는 빌 게이츠지만 일본은 만화가가 최고의 갑부입니다. 그는 전용 비행기까지 소유하고 있다고 합니다. 〈짱가〉 등을 개발해 수십 억의 캐릭터 로열티를 받는 사람이 여러분과 나이 차이가 그리 많이 나지 않습니다.

여러분 휴대폰을 팔아서 벌어들이는 외화나 온라인게임과 캐릭터를 팔아서 벌어들이는 돈은 같은 종류의 달러이고 가치입니다. 여러분 중에서 오늘 제 이야기를 듣고 한 사람이라도 여러분 인생에 도움이 되었다면, 저는 그것으로 오늘 강연에 보람을 느낍니다.

여러분! 공부를 열심히 하는 것은 여러분 인생에 있어서 매우 중요한 전제입니다. 이제 말을 맺습니다. 평화가 돈이고, 문화가 돈입니다. 정치에 두 눈 부릅뜨고 관심을 가져야 합니다. 중국 위안화가 배가 되었습니다. 지금 환율 때문에 고통스럽지요. 여러분, 힘들지요?

다 그런 것은 아니지만, 대통령 잘못 뽑아서 그렇다는 생각도 많이들 한다면서요. 정치는 멀리 떨어져 있는 것도 또 그래서도 안 됩니다. 10년 후에 내가 무엇이 되어 어떤 일을 할 것인가에 대한 삶의 좌표를 그려놓고 노력하는 여러분이 되십시오.

하지만 혼자만 잘 먹고 잘사는 것만으로 여러분의 재능이 발휘되지 않기를 바랍니다. 여러분을 낳아주신 부모님께 잘 하십시오. 그것은 효도입니다. 그리고 여러분과 여러분의 부모님을 낳아준 대한민국이라는 어머니에게도 효도를 하십시오. 그것을 우리는 애국이라고 합니다.

가끔 한 번쯤은 애국이라는 것도 생각하며 삽시다.

(2008년 10월 26일)

중국 여행, 최고와 최악을 경험하다

한 학기가 끝났다. 중국 학생 두 명과 3박 4일 일정으로 여행을 떠났다. 란저우를 거쳐 둔황이 있는 깐수성에 들렀다가 신장 웨이우얼 자치구의 톈산톈츠까지 갔다. 실크로드를 따라가는 여행이었다. 란저우까지는 항공편을 이용했고 그곳에서 둔황까지는 기차를 탔다. 1,000킬로미터가 넘는 거리를 10시간 이상 달렸다. 중국 기차는 마주 보는 좌석인데 서로 무릎이 닿을 정도였다. 나는 여행하는 내내 중국 사람이면 누구한테든 '나는 한국 사람이다, 얘기 좀 하자'며 말을 걸었다.

4세기 무렵에 건설된 고도(古都) 중의 고도인 둔황에서는 '타이꾸이러'라는 말을 익혔다. '너무 비싸다'라는 뜻이다. 중국 학생들은 뭐든 사게 되면 '타이꾸이러'를 입에 달고 다녔다. 일종의 흥정이었다. 생수 하나를 사더라도 여러 가게를 돌아다니며 '타이꾸이러, 타이꾸이러' 하는 것이었다. 흡족할 때까지 '타이꾸이러'를 반복했다. 그 모습은 만만디였다. 성격 급한 한국 사람인 나는 속이 다 터졌다.

둔황 유적지는 입장권을 사야 하는데 중국인 단체관광객에 묻혀서 싼값에 들어갔다. 학생들 하자는 대로 한 것이다. 문제는 중국인 가이드의 설명을 도무지 알아들을 수 없다는 것이었다. 말이 너무 빨랐다. 따로 입장했으면 외국인 대상 가이드한테 차근차근 들을 수 있었는데 말이다. 멀뚱하니 구경만 할 수밖에 없어서 많이 아쉬웠다.

둔황 석굴은 다 짓는 데만 1,300년이 걸렸다고 한다. 그저 경이로울 뿐이었다. 둔황에서 톈산톈츠까지는 버스를 탔다. 10시간 넘는 거리였다. 아무튼 중국은 어디를 가든 기본이 10시간은 넘는구나, 혼잣말을 했다. 고산지대를 굽이굽이 파고들어가는 길이었다. 가는 동안 참 별스러운 경험을 했다. 용변을 보라고 내려준 곳은 절벽 위였고, 소변이든 대변이든 칸막이라고는 전혀 없는 곳에서 바지를 내리고 일을 봐야 했다. 절벽 아래로 소변을 보는데, 바람이 밀려올라 와 그 소변을 얼굴에 죄다 뒤집어썼다. 아이고.

버스는 2층 구조였다. 일반버스를 복층으로 만들었으니 가는 내내 웅크린 자세를 취해야 해 매우 불편하고 힘들었다. 더욱이 날이 춥다고 담요 한 장씩을 주는데 그 불결함이란! 너무 충격적으로 불결해서 요즘에도 꿈에 그 담요가 나타나곤 한다. 한 술 더 떠 앞에 가던 트럭이 고장이 났다. 외길이라 추월할 수도 없었다. 트럭 고치는 데만 10시간, 그 불편하고 지저분한 버스에서 고스란히 기다려야 했다.

그렇지만 힘들게 찾아간 톈산톈츠는 정말로 멋있고 황홀해서 생기가 되돌아왔고, 기분도 아주 좋아졌다. 해발 1,980미터 고산에 형성된 빙적호인 톈산톈츠의 맑은 물은 그야말로 천상의 아름다움이었다. 햇볕이 쨍쨍해서 더운데도 눈이 함께 내리는 고산지대 특유의 날씨 또한 신기하고 흥미로운 경험이었다. 내 평생 최악의 여행이면서 결코 잊을 수 없는 여행이었다.

톈산톈츠 가는 길에 장족과 티베트족 등 소수민족을 만났는데 그때마다 말을 걸었다. 그런데 10대 소녀든, 60대 할머니든 내가 한국사람이라면 누구 할 것 없이 〈대장금〉 이야기를 꺼내는 것이었다. 배우 이영애처럼 피부가 좋아지려면 어떻게 해야 하냐고 묻는 것도 누구 할 것 없었다. 대답은 항상 "스용 한구어 후와장핀!(한국 화장품을 쓰세요)"이었다.

중국에서도 변방인 지역인 데다 소수민족인데도 한류 열풍은 대단했다. 한류가 국가브랜드이고, 수출 전진기지나 다름없다고 느꼈다. 이영애가 사용하면 다 사서 쓴다는 것 아닌가.

중국이라는 나라는 어디는 500년 전의 삶을 살고, 어디는 1,000년 전의 삶을 살고 있었다. 21세기라도 다 같은 21세기가 아니었다. 소수민족은 생활도 문화도 완전히 달랐다. 전혀 다른 삶이었다. 이처럼 다양하고 다른 데다, 뿔뿔이 흩어져 있는 소수민족을 단일한 정부가 이끌어나간다는 게 신기하고 놀랍기만 했다. 중국의 거대한 힘을 보게 되었던 여행이다.

귀국

짧고 굵었던 여행을 마치고 학교로 돌아왔다. 새 학기를 맞았다. 성적에 따라 반 편성이 이루어졌다. 초급반 중에 가장 아래 단계였던 나는 성적도 좋으니 내심 한두 단계의 승급을 기대했다. 그런데 위 단계에 내 이름이 없는 거였다. 어라? 사무실에 가서 물었다. 그랬더니 직원이 웃으면서 잘 찾아보라는 것이다. 세상에! 내 이름은 중급반에 있었다. 그것도 중급반에서도 상급에 말이다. 고급반이 완전 프리토킹이니까 바로 그 아래인 것이다.

"이래도 되는 겁니까? 나한테 이게 정말 맞아요?"

"당연히 맞죠. 단 조건이 있습니다. 월반을 하는 것이니 그전 단계

교재에 있는 단어들은 따로 공부해야 합니다."

실제 중급반 수업을 듣다 보니 모르는 단어가 마구 튀어나왔다. 그래서 하루에 단어를 200개씩 외웠다. 미치도록 힘들었다. 그래도 점차 적응이 됐고, 수업도 재미있었다. 좀 지나니까 고려대 중국어과 학생들이 같은 반에 들어왔다. 그러나 2주 만에 너무 어렵다고 자진해서 아래 단계로 내려갔다.

'내가 중국어를 전공하는 학생들도 어려워하는 반에 있다는 거야?'

그런 생각이 들자 힘도 났지만 긴장도 됐다. 더 열심히 공부했다. 월반을 하니 작문도 배웠다. 중국어로 에세이를 썼다. A4 용지로 서너 장 분량이었다. 얼추 써나갔다. 그 반에서도 1등을 했다.

중국 생활 10개월이 흘렀고 귀국할 때가 다가왔다. 물심양면으로 나를 도와준 두 분, 이민태 박사와 '따거'인 인민대 당서기 형님 그리고 유학생 대표를 초청해 저녁을 대접했다. 가기 전에 고별사를 준비했다. A4 용지 한 장 꽉 차게 중국어로 고별사를 쓴 다음에 그걸 다 외웠다. 중국 사람들은 형식과 격식을 중요하게 여기기 때문에 신경을 더 써야 했다. 말문이 막힐 것에 대비해 유학생 대표에게 상황을 봐서 도와달라고 했다. 그러나 그가 끼어들 틈이 없었다. 나는 막힘없이 준비한 내용을 말했다.

"1년간 공부 잘 하고 무탈하게 돌아가게 됐습니다. 다 형님 덕분입니다."

마지막으로 인사말까지 하고 나니 인민대 당서기 형님이 깜짝 놀라는 표정을 지었다.

"1년 만에 중국어를 이렇게 잘하다니!"

고별사를 하고 나서는 당서기 형님과 토론을 했다. 먼저 남북통일에 대해 대화를 나누었고, 다시 국회의원이 된다면 중국의 시장과 한국의 기술이 서로 윈윈할 수 있는 방법을 찾아보겠다는 이야기를 했다. 2시간 30여 분 동안 이야기를 해도 큰 어려움은 없었다. 통역도 필요 없었다. 내 중국어 실력이 스스로 대견했고 매우 즐거운 저녁 시간을 보냈다.

중국에서 1년 동안 배운 것도 많고 느낀 것도 많았다. 중국 학생들은 정말로 열심히 공부를 했다. 교실이든 도서관이든 잔디밭이든 온통 공부에 빠져 있었다. 베이징에 우다코 오거리가 있다. 대학로라 할 수 있다. 이 오거리 중심으로 반경 2킬로미터 안에 중국 3대 명문대인 베이징대, 인민대, 칭화대가 모여 있다. 그곳에서 중국 대학생들의 활기차고 자신감 넘치는 모습을 보고 있으면 중국의 미래가 그려졌다. 지금 중국은 우리의 1970~1980년대처럼 개천에서 용 나는 분위기다. 우다코 오거리에는 용들이 넘쳐난다.

역시 중국의 힘은 이 15억 인구에서 나온다. 먹고사는 문제가 여전히 골칫거리지만 점차 해결이 되면 중국의 많은 인구는 위대한 역할을 할 것이 분명하다.

국가가 토지를 소유하고 있는 것도 발전의 동력이다. 국가가 마음만 먹으면 토지를 활용해 단시간 내에 뭐든 만들어낼 수 있다. 중국의 토지는 국가가 임대해주는 형식이다. 때문에 고속도로를 건설해야겠다 싶으면 말이 필요 없다. 길을 내면 된다. 보상도 없다. 두 달 안에 주민을 모두 이주시킨다. 이주한 곳은 새로운 상전벽해가 이루어진다.

중국은 공산당 1당 체제의 힘이 막강하다. 정부의 힘이 세니까 어떤 일이든 강력하게 추진할 수 있다. 현재 이는 장점이다. 한국에는 중국은 사람들이 게으르고 짝퉁이 판을 치고 부패한 나라라고 보는 사람들이 많은데, 이는 반드시 버려야 할 편견이다. 중국은 하루가 다르게 변화하고 있었다.

중국에서는 평생 다 못 하고 죽는 게 세 가지가 있다고 한다. 책을 다 못 읽고 죽고, 음식을 다 못 먹고 죽고, 명승고적을 다 못 가보고 죽는다는 것이다. 실제 중국에 살면서 그 말을 실감할 수 있었다. 광활하고 거대한 나라 중국. 발전 가능성이 무궁무진하다. 우리가 중국에 들어가서 취할 수 있는 것도 무궁무진하다.

한국은 분단으로 인해 고립된 섬이나 다름없다. 땅덩어리는 작고 자원은 한정돼 있다. 살 길은 대륙에 있다. 지리적으로 얼마나 가까운가. 그들과 더욱 친밀하게 지내야 한다. 지나친 친미 자세와 대미 의존도는 위험하다고 생각한다. 현재 논란이 되고 있는 사드(THAAD, 고고도 미사일 방어) 배치처럼 말이다. 광해군이 그랬듯이 등거리외교, 중립외교를 할 수 있는 혜안이 필요한 시기다.

북한도 고립되다 보니까 광산 채굴권이라든지 고속도로 건설권 같은 것을 중국에 팔아넘기고 있다. 친중화가 급격히 가속화되는 중이다. 겉만 북한이지 속은 중국이나 다름없게 된다는 뜻이다. 이를 막고 견제하는 건 남한의 몫이다. 우리의 미래가 걸려 있기 때문이다. 초선 시절에 김하중 주중대사와 함께 식사를 한 적이 있다. 그때 들었던 이야기가 여전히 귀에 생생하다.

"한국의 기술과 중국의 시장이 적절한 지점에서 만나야 한다. 한국의 기술과 문화콘텐츠산업은 중국이 넘을 수가 없다. 그 이유는 문화산업이라는 것은 자유민주주의 토양에서 자라는 열매인데 중국은 무한한 자유민주주의를 줄 수가 없다. 중국 국가체제 자체가 흔들리기 때문이다. 일정하게 통제되고 조직화된 사회라서 자유는 제한될 수밖에 없다. 문화콘텐츠산업이 커질 수가 없는 구조다."

우리는 중국을 활용해야 한다. 특히 문화산업과 문화콘텐츠.

중국에서 나는 한층 더 성숙해졌다. 정치인으로서 묵은 껍질을 벗었다. 이 경험은 2012년 총선에서 무려 18,500표라는 어마어마한 표차로 승리할 수 있었던 바탕이 됐다.

재선, 세계로

도널드 그레그 전 주한미대사

"그레그 전 대사, 건강은 괜찮습니까?"

25년 전 미대사관저 점거 농성 악연 정청래 의원, 방미 길에 자택 방문

1989년 서울의 미국대사관저 점거 농성으로 구속됐던 민주당 정청래 의원이 당시 주한미대사였던 도널드 그레그 전 '코리아 소사이어티' 회장을 뉴욕주 자택에서 다시 만난다.

미주 한인의 날인 13일 미국을 방문한 정 의원은 14일 오후 워싱턴 특파원단과 간담회를 갖고 "88세의 고령으로 건강이 좋지 않은 그레그 전 대사를 17일 자택으로 직접 찾아가 만나기로 했다"고 밝혔다.

정 의원은 1989년 당시 '서울지역총학생회연합(서총련) 반미구국결사대'의 한 명으로 '농수산물 수입 개방 반대, 불평등한 한미관계 개선' 등의 구호를 외치며 50여 분간 대사관저 점거 농성에 가담했고 이로

인해 국가보안법 위반 등의 혐의로 징역형을 선고받았다. 서총련은 학생운동단체인 전국대학생대표자협의회(전대협)의 산하 단체다.

이렇게 악연으로 만난 두 사람은 17년 만인 2006년 12월 서울에서 처음으로 마주쳤다. 반미 시위 대학생은 여당(당시 열린우리당) 초선 국회의원으로, 주한 미대사는 김대중 정부의 햇볕정책을 지지하는 코리아소사이어티 회장으로 자리가 바뀐 뒤였다. 이번 만남은 그 뒤 8년 만에 이뤄지는 셈이다.

한편 정 의원은 한미 의원 외교를 위해 15일 미연방하원 외교위 민주당 간사인 엘리엇 엥걸 의원과 공화당 소속의 스티브 섀벗 외교위 아시아태평양소위원장 등을 만나 아베 신조 일본 총리의 야스쿠니신사 참배 등으로 드러난 일본의 과거사 왜곡 문제 등 한반도 현안을 논의할 예정이다.

—『동아일보』, 2014년 1월 16일

나는 1989년 가을에 주한 미국대사관 관저를 아주 잠깐 동안이지만 점거한 적이 있다. 당시 대사가 도널드 그레그였다. 그 시절 학생운동의 목표나 관저 침입에 대한 명분 등을 다 떠나서 그레그 대사 부부가 피해자인 건 분명했고, 오래전부터 미안한 마음을 갖고 있었다. 그레그 전 대사는 2006년 겨울에 한국을 방문했다. 나는 즉각 면담을 요청했고, 다행히 만나게 됐다. 17년만의 만남. 그레그 전 대사는 따뜻한 미소와 악수로 환영해주었고, 나는 준비해간 작은 선물로 감사 표시를 했다. 그 자리에서 관저를 점거했던 일에 대해 사과했고, 그레그 전 대사는 '1980년대 상황을 충분히 이해한다'면서 흔쾌히 받아들였다. 우리는 스크랩된 점거 관련 당시 기사를 보면서 이야기도 나누었다. 말 그대로 화기애애했다.

미 대사에 대한 테러

1989년 10월 13일 새벽 6시 30분. 서울 중구 정동 미대사관저에 괴청년들이 난입했다. 순식간이었다. 담을 넘자마자 이들은 가지고 온 사과탄과 사제폭탄 1발을 터뜨렸다. 폭발음을 들은 경비원들이 달려오자 이들은 다시 폭발물 2발을 터뜨렸다. 이들은 쇠파이프로 현관 유리창을 부순 뒤 거실로 들어가 "공작정치 주범 그레그는 물러나라"는 등의 구호를 외치며 응접실에 있던 소파와 의자 등으로 바리케이드를 치고 농성했다. 이들의 농성은 45분 만에 진압됐다. 당시 한국에 막 부임했던 도널드 그레그 대사는 창문을 넘어 옆집으로 '피신'해 불상사를 피할 수 있었다. 대학생들은 '그레그 처단과 민족 자주권 쟁취를 위한 서총련 반미구국결사대' 소속이었다. 당시 대학교 4학년이었던 정청래 새정치민주연합 의원이 그 구국결사대의 일원이었다.

학생들이 도널드 그레그를 '공작정치의 주범'으로 지목한 것은 1973년부터 1976년까지 유신 시절 그가 한국 CIA지부장을 역임했던 경력 때문이었다. 그레그가 CIA지부장을 역임할 당시 어떤 역할을 했는지는 거의 알려져 있지 않다. 다만 최종길 서울대 교수 고문 사망사건과 관련해 CIA본부 지침을 어기고 청와대에 항의한 사건은 유명한 일화다.

2014년 1월, 그레그 전 대사 부부는 25년 전 자신의 집에 무단으로 침입한 괴한 중 한 명을 자택에 초대한다. 정청래 의원이다. 정 의원은 그때의 '무단 침입'을 사과했다. 그레그 전 대사도 "미대사관저에 들어갔던 그 심정, 그 초심을 잊지 말고 의정활동을 하길 바란다"고 격려했다. 그가 미대사관저에 쳐들어갔던 학생들의 순수한 충정을 이해해준 것이다.

—『주간 경향』, 2014년 3월 1117호

당시 그레그 전 대사는 부인과 함께 오지 않았다. 때문에 당시 피해자 중 또 한 분인 그레그 대사의 부인에게는 사과를 하지 못했다. 그게 마음에 걸렸다. 그러다 2014년 1월에 미국에 갈 일이 생겼다. 가는 김에 그레그 전 대사 측에 자택으로 방문하고 싶다고 했더니, 역시 흔쾌히 초청을 해주었다.

그레그 전 대사는 뉴욕주의 아몽크라는 마을에 살고 있었다. 나는 뉴저지에서 몇몇 분과 차를 타고 갔다. 그레그 전 대사의 부인은 반갑게 맞이했고, 나는 사과를 했다.

"스물다섯 청년 시절에 가졌던 애국심, 그 초심으로 의정활동을 잘하시기 바랍니다."

덕담으로 돌아왔다. 나는 2006년에 그레그 전 대사 방한 당시 나와 함께 찍었던 사진을 앨범과 액자로 만들어서 선물로 드렸다.

"나는 한국과 일본에서 근무를 많이 했어요. 특히 한국은 잊을 수 없는 곳입니다. 제2의 조국이나 다름없죠."

"한국에 아들 하나 두시죠."

"그럼 당신을 내 양아들로 삼으면 되겠군요."

그레그 전 대사는 정보 분야에서 오래 일했고, 이제는 지한파, 친한파를 넘어서 미국에서 한반도 평화와 통일과 관련해 그 누구보다 열정을 갖고 있다. 고마운 분이다. 분위기는 좋았다. 그런데 이야기

가 약간 다른 곳으로 흐르더니 그레그 전 대사는 아주 중요한 이야기를 꺼냈다. 내가 기자였다면 완전 특종감이었다.

그레그 전 대사는 넌지시 나한테 물었다.

"정 의원은 김대중 전 대통령을 어떻게 생각해요?"

"제가 존경하는 분입니다. 제 지역구에 사시기도 했고요."

"내가 김대중 전 대통령을 살렸죠. 1970년대 납치사건 때요."

1973년 8월 8일에 김대중 납치사건이 일어났다. 일본 도쿄에서 사라진 것이다. 실제 수장당할 뻔했다.

1971년 대통령선거에서 신민당 대통령 후보로 박정희에 맞서 선전했던 김대중은 1972년 신병 치료를 위해 일본에 체류하였다. 그러나 유신체제가 선포되자 국내로 들어오는 것을 포기하고 1973년 7월 재미

교포 반체제단체인 '한국민주회복통일촉진국민회의'(약칭 한민통)를 결성하는 등 해외에서 반유신 활동을 전개하였다.
도쿄에서 '한민통' 결성을 며칠 앞둔 1973년 8월 8일, 통일당 당수 양일동을 만나러 그랜드팔레스 호텔로 간 김대중은 괴한들에 의해 납치되었다. 이후 선박 용금호에 감금된 채 동해로 강제 압송되었다가, 129시간 만에 8월 13일 서울의 자택 부근에서 풀려났다. 당시 이 사건을 조사한 일본 경찰청은 납치 현장에서 주일 한국대사관 1등 서기관의 신분으로 일본에 머물던 김동운 중앙정보부 요원의 지문을 채취하는 등 증거를 확보하여 관련자 출두를 요구했다. 그러나 한국 정부는 관련 사실을 완강히 부인하고 관련자 출두 등 협조를 거부하였다. 이에 따라 이 사건은 한국 공권력에 의한 일본 주권의 침해라는 한일 간의 외교 문제로 비화하였고 양국 관계는 교착 상태에 빠졌다. 또한 북한이 8월 28일 남북회담 중단을 발표하는 등 남북관계 진전에도 영향을 미쳤다.
사건 발생 석 달 후인 11월 2일, 김종필 총리는 김대중 납치사건에 대한 유감의 뜻을 담은 박정희 대통령의 친서를 일본 다나카 수상에게 전달하였고, 다나카 수상 역시 납치사건에 대해 더 이상 문제 삼지 않겠다는 답신을 전달하였다. 양국 정부 모두 김대중 납치사건을 둘러싼 진상을 은폐하기로 결정함으로써 한일관계의 갈등 역시 봉합되었다.
그 이후 사건의 배후와 과정은 명확히 밝혀지지 못하다가, 2007년 국정원 과거사 진실규명을 통한 발전위원회의 조사보고를 통해 당시 중앙정보부장 이후락의 지시 아래 중앙정보부 요원들에 의해 납치되었음이 확인되었다.

— 한국민족문화대백과, 한국학중앙연구원

그해 그레그 전 대사는 CIA요원이자 주한 미국 대사의 보좌관이었다. 그레그 전 대사는 사태가 심각하고 화급하다는 것을 알고, 즉시 그레그 대사를 만났다.

"빨리 박정희 대통령에게 가세요. 가서 이 메모를 전하세요."

대사는 곧바로 청와대로 들어가서 박정희 대통령을 만나 메모를 전했다. 메모를 본 박정희 대통령에게 그레그 대사가 물었다.

"김대중 씨 어떻게 된 겁니까?"

"대사님은 걱정 말고 돌아가세요. 별일 없을 겁니다. 김대중은 집으로 갈 겁니다."

그 메모가 김대중 대통령을 살렸던 것이다. 그레그 전 대사는 1980년대 초반 김대중 대통령이 미국에 망명했을 때 직접 만나서 납치 비화를 들려줬다고 전했다. 그레그 전 대사는 노무현 대통령에 대해서도 물어왔고, 나는 내 생각을 그대로 이야기했다.

2시간여 진지한 이야기가 오갔다. 그레그 전 대사는 나를 떠보려고 했던 것이다. 내가 어떤 생각을 갖고 있는지 말이다. 그러고 나서 세계적인 톱 뉴스거리라면서 상의를 해왔다. 특급보안을 요구하면서 말이다.

"북한 김정은이 나를 초청했습니다. 방북 초청서를 받았어요."

"어떻게 초청을 받게 된 겁니까?

"김정은이 미국 프로농구 출신인 데니스 로드맨을 초청했잖아요. 그런데 별 성과도 없고, 좋은 평가도 못 받았잖습니까. 미국이나 북한이나 이득 볼 게 없었죠. 애초에 데니스 로드맨이 아니라 마이클 조던이었다고 하더군요. 나도 몰랐어요. 마이클 조던이 거절을 했다고 합니다. 이번에 북한이 다시 미국의 누군가를 초청하려고 물색을 했나봅니다. 그리고 내가 선택된 것이죠. 정 의원은 내가 북한에 가는 게 좋겠습니까, 안 가는 게 좋겠습니까?"

질문이야 단순했지만, 나로서는 아주 살 떨리는 물음이었다. 그레그 전 대사는 내가 정보위활동을 하면서 북한의 장성택 처형 사실을 가장 먼저 알린 것도 알고 있었다.

"정 의원은 정보위활동도 했으니까 북한 정권에 대해 많이 알고 있을 테니, 생각을 말씀해주세요."

나는 보안이 유출되지 않는 범위에서 이야기를 했다.

"김정은은 외국 유학도 해서 그런지 세련된 서양식 통치 스타일을 바랍니다. 그래서 묘향산에 스키장도 건설했죠. 서양 문물에 익숙한 사람입니다. 남쪽에서 보는 시각과 달리 의외로 일이 잘 풀릴 수도 있습니다. 그렇지만 본인이 친위체제를 구축하는 과정에서 무리한 숙청도 많은 게 사실입니다. 그래도 당신께서 초청에 응하는 것만으로도 남북관계나 북미관계를 풀어나가는 게 아주 큰 도움이 될 것입니다. 현직이든 전직이든 미국 고위직의 북한 방문은 그 자체로 의미가 크다고 봅니다. 가시는 게 좋겠습니다."

그레그 전 대사는 즉답을 하지는 않았다. 참조하겠다는 말만 남겼다. 나중에 그레그 전 대사는 초청을 수락하고 평양에 다녀왔다. 다녀온 뒤에 그가 몸져누웠다는 이야기를 듣고 동영상으로 안부 메일을 보냈다. 감사하다는 답장이 동영상으로 왔다.

그레그 전 대사는 올해 『역사의 파편들』이란 자서전을 내놓았다. 이 때문에 한국에 왔는데 서로 일정상 만나지는 못했다. 아무튼 그해 나는 초짜 외통위 의원으로서 대형 월척을 낚았다.

외통위와 정보위로

2008년 총선에서 낙선하고 절치부심 4년 만에 재선에 성공, 다시 여의도에 입성한 뒤 나는 당연히 문방위로 갈 줄 알았다. 당시 이명박 정권은 언론환경을 급속도로 망가뜨리고 있었다. 종편은 날마다 막말을 쏟아냈고, 정부의 언론통제는 극심해졌고, 부당하게 해고되는 언론인들이 늘어만 갔다.

나는 초선 4년 내내 문방위만 했기에 다른 쪽으로 가고 싶기도 했다. 그런데 언론노조나 단체들이 나만 기다렸다는 듯이 문방위로 갈 것을 강력하게 주문했다. 마다할 일이 아니라는 생각에 문방위로 갈 준비를 하고, 언론인 해고자 원상복직 제정법 등 언론관계법 10개를 만들었다. 그러던 중 원대대표와 수석부대표한테 전화가 왔다.

"문방위로 가고 싶어 하는 의원들이 너무 많아요. 정 의원이 양보 좀 해야겠어요."

"네? 문방위 갈 줄 알고 준비를 다 해놨는데요. 어디로 가라고요?"

"정 의원이야 문방위 아니더라도 어디서든 잘할 거잖아요. 외통위(외교통일위원회) 어때요?"

외통위는 내 관심 분야였다. 분단과 통일 문제는 지속적으로 공부해왔고, 대학원도 북한정책학과를 나왔다. 망설임 없이 오케이 했다. 그런데 요구가 하나 더 있었다. 정보위(정보위원회) 야당 간사도 맡아달라는 것이다. 정보위는 전혀 생각도 안 했던 분야다.

"꼭 제가 해야 합니까?"

"2012년에 대선도 있고, 재선의원 중에 딱히 마땅한 사람이 없어서 그럽니다. 정 의원이 맡아주세요."

결국 외통외와 정보위, 두 곳을 맡게 되었다. 그러자 언론노조와 언론단체 등이 난리가 났다. 평의원의 상임위 배치에 대해 당 지도부를 비판하는 기사도 쏟아졌다. 정청래를 문방위로 보내지 않는 게 말이 되냐는 것이다.

"어라? 문방위에 정청래가 안 보이네."

한 언론사는 이렇게 헤드라인을 띄웠다. 그렇지만 어쩔 수 없는 일. 외통위로 갔더니 생각 이상으로 흥미로웠다.

국가의 골간이라 할 수 있는 외교·통일·정보 분야를 망라하니 생각할 것도, 공부할 것도, 따져 물을 것도, 강력히 싸워야 할 것도 많았다. 나는 물 만난 고기였다. 가자마자 일을 하나 저질렀다. 정기 국정감사에서 MB정부 들어서 남북관계가 얼마나 파탄 났는지를 통계와 수치를 들어 조목조목 폭로한 것이다. 참여정부와 비교해 MB정부의 대북정책, 통일정책이 허무맹랑하다는 것을 낱낱이 보여준 것이다. 이를 위해 국정감사장에 대형 패널을 들여와 강의하듯이 설명했다. 이게 큰 이슈와 화제가 되었다.

당시 보도자료를 만들어 언론에 배포했는데 많은 언론보도가 잇따랐다. 언론의 보도보다는 의원실에서 제작해 배포한 보도자료(언론보도처럼 만들었다)를 몇 개 소개한다. 지루해도 꼭 읽어보시라.

2012. 10. 08
국감 보도자료

국회의원 정청래

민주통합당 (서울 마포을)

국회의원회관 150-701 서울시 영등포구 의사당대로 1 국회의원회관 317호 Tel. 784-9241 Fax.788-0358
e-mail ssaribi317@hanmail.net I 트위터 twitter.com/ssaribi I 페이스북 facebook.com/cheongrae

통일부 국정감사

1) 통계수치로 본 MB정권 4년, 파탄 난 남북관계

2) 해외 ODA 대비 대북 인도적 지원은 5.6%에 불과

3) 중구난방 통일교육, 내용은 안보교육 — 교육프로그램 110개, 450억원

1) 통계수치로 본 MB정부 4년, 파탄 난 남북관계

정청래 의원, "MB정부의 대북정책은 완전히 실패한 정책"

8일, 외통위 소속 민주통합당 정청래 의원(서울 마포을)은 통일부 국정감사를 통해 참여정부와 MB정부의 남북교류협력 성과를 비교, 분석한 자료를 공개하며 "객관적인 통계수치가 파탄 난 남북관계를 입증하고 있듯 MB정부의 대북정책은 완전히 실패한 정책"이라고 강하게 비판했다.

정 의원이 공개한 자료에 따르면 참여정부 마지막 해인 2007년과 MB정부 2011년을 비교, 분석한 결과 △금강산 · 개성 · 평양 관광객 숫자 △식량차관 △남북회담 합의서 채택 건수 △남북청소년 교류는 2007년에 역대 최고치를 기록한 반면 2011년도에는 모두 0건으로 역대 최저치를 기록한 것으로 나타났다.

항목별로 비교해보면 먼저, 금강산 · 개성 · 평양 관광객은 2007년 35만 명 시대에 이르렀다가 2009년부터 3년 연속 단 한 명도 오고가지 못해 2011년 0명으로 나타났다. 금강산 관광이 시작된 1998년 이후 해로, 육로를 통틀어 한 명도 오고가지 못한 것은 MB정부가 유일하다.

〈참여정부와 MB정부 남북교류협력 성과 비교〉

구분	참여정부 2007년	MB정부 2011년
금강산 · 개성 · 평양 관광객	352,433명	0명
선박 왕래	11,891회	142회
항공기 왕래	153회	2회
대북 인도적지원	4,397억원	196억원
식량차관	1,505억원	0원
이산가족상봉	13,388명	38명
남북청소년교류	4,451명	0명
남북회담 개최현황	55건	1건
남북회담 합의서 채택	39건	0건
통일부 예산 집행율	99.4% / 불용액 13억원	37% / 불용액 3,500억원
남북협력기금 사업비 집행	66.7%	4.2%
남북협력기금 사용실적	1조3,513억원	1,539억원
북중무역대비 남북교역	91%	30%
북중무역	19억8천만달러	56억3천만달러
북한의 대중국 수출	5억5천만달러	24억6천만달러
북한의 대중의존도	67.1.%	89.1%

식량 차관은 2007년에는 1,505억 원에서 2011년 0원으로, 남북회담 합의서 채택건수는 39건에서 0건으로, 남북청소년 교류는 4,451명에서 0명으로 떨어졌다. 특히, MB정부 들어 남북청소년교류는 2008년 157명이 교류한 것이 전부이며 2009년부터는 단 한 명도 교류한 실적이 없다.

선박과 항공기 왕래는 2007년 각각 11,891회, 153회로 나타난 반면 2011년에는 각각 142회, 2회로 하락했다. 선박과 항공기 왕래를 합쳐 1,000건 이하로 떨어진 것은 지난 10년 동안 2011년이 최초다.

대북 인도적 지원도 2007년 4,397억 원에서 2011년도에 196억 원으로 하락했다. 이는 참여정부의 4.5%에 불과하며 1996년 36억 원이 지원된 이후 두 번째로 낮은 수치이다.

이산가족 상봉자수는 2007년 13,388명에서 2011년 38명으로 떨어졌다.

이러한 수치는 1985년 제8차 적십자회담을 통해 남북 이산가족 고향방문에 처음 합의한 이후 가장 낮은 수치다.

남북회담은 2007년 55건 개최되었으나 2011년에는 군사분야 회담 딱 1건만 개최된 것으로 나타났다. MB정부 출범 이후 정치분야 회담은 단 한 번도 개최되지 않았으며 1996년 이후 정치 분야 회담이 4년 내내 한 번도 열리지 않은 것은 MB정부가 유일하다. 사회문화 분야 회담도 2009년부터 한 번도 개최되지 않았다.

통일부의 예산과 기금 사용에 있어서도 2007년과 2011년은 크게 대비된다. 먼저 통일부 예산집행율은 2007년 99.4%, 불용액은 13억원으로 나타났으나 2011년에는 예산 집행율이 37%에 불과한 반면 불용액은 무려 3,500억원에 이르는 것으로 나타났다.

남북협력기금 상황도 마찬가지다. 남북협력기금 사업비 집행은 2007년 66.7%에서 2011년 4.2%로 떨어졌으며 사용실적도 2007년 1조 3,513억 원에서 2011년 1,539억 원으로 떨어졌다.

한편, 남북관계 경색을 틈타 북중 무역은 가속화되어 2007년 19억 8,000만 달러 수준이었던 북중무역은 2011년 56억 3,000만 달러로 증가했다. 또, 북한의 대중국 수출은 5억 5,000만 달러에서 24억 6,000만 달러로 증가했다.

이에 따라 북한의 대중의존도는 2007년 67.1%에서 2011년 89.1%로 증가했다. 반면 북중 무역 대비 남북교역의 비중은 2007년 91%에서 2011년 30%로 급격히 하락했다.

이와 관련 정 의원은 "객관적인 통계수치가 말해주듯 MB정부의 대북정책은 완전히 실패한 것으로 남북관계를 진전시키기는커녕 유지도 못 하고 후퇴만 시켰다"며 "MB정부는 무조건 참여정부의 정책과 성과를 부인하는 데만 급급해 남북관계를 완전히 파탄내고 한반도 문제에 대한 방향성과 주도권을 모두 상실했다"고 비판했다.

이어 정 의원은 "지금 파탄 난 남북관계를 복원할 수 있는 유일한 방법은 남북교류협력을 재개하는 것 뿐"이라고 거듭 강조했다.

이날 정 의원은 국감장에 자신의 키만 한 대형 한반도 지도를 들고 나와 그 위에 각종 남북관계 지표들을 삽입, 한눈에 MB정부로 인해 파탄 난 남북관계와 이에 대한 종합평가를 볼 수 있도록 하여 주목을 받았다. 특히, 이례적으로 국감장에서 서서 질의를 하는 모습을 보여 눈길을 끌었다.

한편, 지난 5년간 남북관계에서 유일하게 발전한 것은 개성공단으로 나타났다. 개성공단 가동기업 수는 2007년 65개에서 2011년 123개로 나타났으며, 근로자 현황은 23,323명에서 50,642명으로 증대되었다. 또 2007년 개성공단 방문 인원 100,092명, 방문 차량 42,399대에서 2011년 각각 114,435명, 82,954대로 증가했다. 실제로 한국수출입은행의 자료에 따르면 남북교역 중 개성공단이 차지하는 비중은 2010년 75%에서 2011년 99%로 증가했다.

이와 관련 정 의원은 "5·24 조치 이후 남북관계의 유일한 숨구멍은 개성공단이었다"며 "개성공단은 남북경제공동체의 성공적인 모델"이라고 말했다. 또 만약 5·24조치로 다른 남북경협도 중단시키지 않았다면 비약의 발전을 했을 것"이라며 안타까움을 토로하고 "5·24 조치는 즉각적인 철회되어야 한다"고 거듭 촉구했다.

〈개성공단 발전 현황〉

구분	참여정부 2007년	MB정부 2011년
가동기업수	65개	123개
근로자 현황	23,323명	50,642명
방문 인원	100,092명	114,435명
방문 차량	42,399대	82,954대

2) 해외 ODA 대비 대북 인도적 지원은 4.4% 불과

지난 3년간 해외 ODA 지원은 총 1조 3,000억 원

반면 대북 인도적 지원은 563억 원

8일, 외통위 소속 민주통합당 정청래 의원(서울 마포을)이 통일부 국정감사

〈지난 3년간 연도별 ODA 예산 및 집행 현황〉 (단위 : 천 원)

회계년도	2009	2010	2011
총 예산	371,611,920	502,008,750	494,738,235
집행액	370,742,269	501,376,314	423,780,613
집행률	99.77%	99.87%	91.72%

(출처: 외교통상부)

〈지난 3년간 대북 인도적 지원 현황〉 (단위 : 억 원)

<table>
<tr><th colspan="3">구 분</th><th>'09</th><th>'10</th><th>'11</th></tr>
<tr><td rowspan="6">정부차원</td><td rowspan="4">무상지원</td><td>당국차원</td><td></td><td>183</td><td>-</td></tr>
<tr><td>민간단체를 통한 지원</td><td>77</td><td>21</td><td>-</td></tr>
<tr><td>국제기구를 통한 지원</td><td>217</td><td>-</td><td>65</td></tr>
<tr><td>계</td><td>294</td><td>204</td><td>65</td></tr>
<tr><td colspan="2">식량차관</td><td>-</td><td>-</td><td>-</td></tr>
<tr><td colspan="2">합계</td><td>294</td><td>204</td><td>65</td></tr>
</table>

(출처: 통일부)

에서 공개한 자료에 따르면 해외 ODA(Official Development Assistant, 공적개발원조) 대비 대북 인도적 지원 규모가 4.4%에 불과한 것으로 나타났다.

외교통상부가 정청래 의원에게 제출한 자료에 따르면 지난 3년간 우리 정부의 해외 ODA 현황은 2009년도 3,700억 원, 2010년도 5,000억 원, 2011년도 4,200억 원으로 약 1조 3,000억 원 규모에 달하는 것으로 나타났다.

반면, 같은 기간 민간단체와 국제기구를 통한 지원까지 합해서 정부차원에서 이루어진 대북 인도적 지원은 563억 원에 불과한 것으로 나타났다. 이는 해외 ODA의 4.4%에 불과한 수준이다.

이와 관련해 정청래 의원은 통일부장관에게 "동포의 생명이 우선이냐, 해외 원조가 우선이냐"며 "해외 원조에는 적극적으로 나서면서 왜 우리의 한 핏줄인 북한 동포들에 대한 인도적 지원은 외면하고 방치하냐"며 강력히 질타했다.

이어 정 의원은 "개도국들에게 학교 지어주고 상수도시설 보급해주는 해외 원조도 의미 있는 일이지만 당장 북한 영유아들의 생명을 구하는 것이 시급한 문제"라며 "인도적 지원의 형평성 차원에서도 대북 지원이 해외 원조만큼은 이루어져야 하는 것 아니냐"고 반문했다.

특히, 정청래 의원은 "지난여름 북한이 태풍과 집중호우로 큰 피해를 입어 기근 사태가 더욱 악화되고 있는 상황에서 대북 인도적 지원 중단이 장기화되면 북한 주민들, 특히 영유아들의 생명이 위험하다"며 "그 어느 때보다 대북 인도적 지원이 절실히 필요한 때"라고 덧붙였다.

또 정 의원은 "특히 북한 영유아 지원은 남북관계 상황이나 이념 등 정치적 이해관계를 떠나 동포애, 인류애적 관점에서 우선적으로 나서야 할 일"이며 "인도적 지원이 경색된 남북관계 속에서 상호 신뢰를 회복하고 관계를 정상화하는 데 중요한 계기가 될 수 있다"고 강조했다.

이와 관련 정 의원은 10월 말 '북한영유아지원특별법'을 제정, 발의할 예정이다.

2012. 10. 8

민주통합당 국회의원 정청래

이날의 국정감사가 대성공을 거두는 바람에 그해 국정감사상을 받았다. 이후 3년 동안 12개의 상을 받았다. 나는 20여 년 동안 통일 분야에 관심을 갖고 천착해왔던 터여서 그 분야의 통계와 수치만 봐도 금세 파악을 할 수가 있고 대안이 떠오른다. 그게 좀 빛났다고 할 수 있다.

법도 하나 제안했다. 나름 의미 있는 법이다. 북한영유아지원법. 축구공의 바람은 망치로 뺄 수 없다. 남북의 팽팽한 긴장관계도 송곳으로 터트릴 수 없다. 다각적으로 다양하게 접근해야 하는 건 어쩌면 당연한 것이다. 그렇기에 보수진영도 반대할 수 없는, 오히려 찬성하게 될 법을 만들어 제출한 게 북한영유아지원법이다.

대체로 동의를 얻었는데 이런저런 복잡한 일 때문에 통과가 안 되고 있다. 국제연합 유니세프에 따르면 북한의 0세부터 6세까지 아이들 가운데 25퍼센트가 영양실조라고 한다. 성인이 되어도 정상적으로 생활하기 어려울 정도의 영양실조라는 것이다. 통계가 그렇다는 거지 실제로는 더 많은 영유아가 영양실조라고 보고 있다. 이는 나중에 통일이 되더라도 큰 문제가 될 것이다.

남한과 북한의 중학교 2학년들을 비교해보니 남한 학생들이 평균 키는 19센티미터, 평균 몸무게는 11킬로그램이 더 크고 무겁다. 초등학생과 고등학생의 차이인 것이다. 신체의 차이는 분명히 사고의 차이로 이어질 것이고 사회적으로 큰 비용이 들 것이다. 나중에 큰 골칫거리가 될 수도 있는 이 문제를 미연에 방지하자는 게 목적인데 아직 묶여 있어서 안타깝다.

대단한 뉴스

외통위를 하다 보면 덤이라고나 할까, 보너스라고나 할까. 해외출장이 잦다. 외교관 여권이 나와서 어느 나라든 수월하게 입출국을 할 수 있다. 나는 미대사관 관저 점거사건으로 미국 비자가 나오지 않았었는데, 그것도 해결됐다. 해외출장을 나갈 때마다 실시간으로 나의 동선을 SNS에 올렸다. 조언과 아이디어가 넘쳐났고, 출장을 가는 곳마다 많은 친구가 생겼다. 고급정보도 얻을 수 있었다. 그 가운데 김동찬, 김동석 두 사람을 만난 건 내게는 굉장한 행운이었다.

김동찬은 나의 대학 친구로 미국으로 이주한 지 20년이 됐는데 17년 동안 재미한인을 대상으로 유권자 등록을 해온 뚝심 있는 활동가다. 미국은 선거를 하려면 사전에 유권자 등록을 해야 한다. 재미한인도 권리와 혜택을 누리려면 선거에 참여해야 하는데, 그런 점에서 무지하거나 무관심했다. 그래서 유권자등록운동을 시작해 지금까지 58,000명 이상을 등록시켰다. 이 정도 인원이면 하원이든 상원이든 미국 국회의원이 아쉬운 소리를 할 수밖에 없다. 힘을 갖게 되는 것이다.

걸출한 인물인 김동석은 김동찬의 선배 격이다. 김동석은 밑바닥 운동을 하면서 재미한인들을 조직했다. 두 사람은 결합을 해서 30년 계획을 세웠다. 재미한인도 유대인에 버금가는 발언권을 갖자는 게 목표였다. 두 사람은 시민참여센터를 이끌고 있는데 최근에 이 팀이 이룬 성과가 UN에서 위안부 결의안을 통과시킨 것이다. 국내에서는 잘 모르는 사실이다. 뉴저지 팰리세이즈파크의 위안부 동상 건립도 이들이 주도했다.

이들은 미국 시민권자로서 극단적이거나 고립된 운동을 하지 않는다. 미국인과 한인의 이익을 동시에 추구한다. 미국 정계나 사회가 이들을 신뢰하고 지지하는 이유이다. 나는 이 두 사람 덕분에 미국에서 큰 성과를 이룬 적이 있다.

2004년 1월에 미국에 갔다. 2003년에 미국 비자를 받지 못해 미국 국감에 참가하지 못했던 게 아쉬워서 간 것이다. 나의 첫 번째 미국 국감에서 내가 지적했던 게 어떻게 진행됐는지도 궁금했다. 사비 2,000만 원을 들여 보좌관과 함께 갔다. 이때 두 사람의 시민참여센터에서 미국 하원의원 5명을 연속적으로 만나는 것을 주선해주었다.

미국은 의회가 행정부보다 힘이 세다. 한국과 반대다. 미 의회에서 한반도 정책을 직접 관장하고 결정하는 곳이 미 하원 아태(아시아태평양)평화소위원회다. 그러니까 이 아태소위 위원장이 한반도 정책이나 대한민국과 관련된 정책의 최고 결정권자인 것이다. 위원장을 만나는 일은 하늘의 별 따기 만큼이나 어렵고, 물론 아무나 만나주지도 않는다. 주한미대사도 좀체 만날 수가 없어서 기껏해야 국장급 정도 만나고 돌아가는 경우가 허다하다고 한다. 아태소위의 파워가 국무부 이상인 것이다. 시민참여센터가 이러한 아태소위의 전 위원장과 현 위원장을 만나게 해준 것이다.

현 위원장은 공화당 소속 스티브 샤버트 의원이다. 그를 만나자마자 다음과 같은 질문을 그 무엇보다 먼저 했다.

"이틀 전에 샤버트 위원장께서 아베 일본 총리의 친동생인 기시 노부오 중위원을 만난 것으로 알고 있습니다. 뉴스를 보니까 그 자리에서 위원장님이 일본군 위안부 문제에 대해서는 미국은 중립적이다, 일본은 별로 잘못한 게 없다고 말한 것으로 뉴스에 나오고 있습니다. 미국도 일본도 톱뉴스로 말입니다. 사실입니까? 나는 위원장께서 그렇게 말할 리가 없다고 생각하거든요."

"참 불쾌하군요. 나는 그렇게 말한 적이 없습니다. 한국 위안부 문제는 진실과 역사의 관점에서 해결해야 합니다. 일본은 사과를 해야 하고요."

아베 총리의 동생인 기기 노부오가 언론 플레이를 했던 것이다. 이 장면은 동행한 KBS 이강덕 특파원이 스마트폰 동영상으로 찍어 9시 뉴스 전파를 탔다. 나로서는 의도하지 않게 큰 외교적 성과를 거두었던 것이다. 보람이 이만저만이 아니었다.

일본군 위안부 문제에 적극적인 일본계 3세 마이크 혼다 의원은 약속 시간에 20여 분 늦게 헐레벌떡 뛰어왔다.

"김동석, 김동찬 두 사람이 자리를 마련한 것이라 무조건 왔습니다. 두 사람이 인정하시는 분이니, 나도 정 의원을 신뢰합니다. 그래서 내가 정 의원한테 큰 선물 하나 주겠습니다."

"선물이라니요, 그게 무엇입니까?"

"방금 내가 일을 하나 성공시키고 왔거든요."

"그게 뭔지 참 궁금하네요. 무슨 일을 성공시켰는데요?"

"'일본은 위안부 문제에 대해 사과하라'고 미 행정부가 권고하는 것이죠. 오바마 대통령이 의무적으로 권고를 해야 합니다."

대단한 뉴스였다. 미국이 일본에게 사과를 권고한다는 것! 일주일 뒤에 오바마 대통령이 서명을 할 것이라면서, 그때 나한테 알려줄 테니 터뜨리라는 것이다. 정치인에게 이런 빅뉴스는 엄청난 선물임에 틀림없다. 독점의 맛.

그런데 그 말을 듣자마자 정보가 새나갔다는 소식이 전해졌다. 벌써 한국 언론에 뜬 것이다. 주미 한국 대사관에서 이 비밀을 릴리스한 모양이었다. 나의 특종은 날아갔지만 흥미롭고 특별한 자리였다.

백문이 불여일견

외통위 활동을 하면서 많은 것을 알게 됐고, 공부도 많이 했다. 현지 동포들과 만나면서 미처 몰랐던 이야기도 많이 들었고, 외교의 중요성을 새삼 느꼈다.

미국이 우리에게 얼마나 지대한 영향력을 행사하고 있는 나라인가. 한반도의 평화와 통일을 위해서 미국은 절대적으로 중요하다. 미국을 어떻게 활용하느냐에 따라 국운이 결정될 정도라 할 수 있다. 그러니 친미니 반미니 하는 맹목적인 찬양이나 무조건적인 비난은 버려야 할 것이다. 대한민국의 미래를 위해서는 미국의 움직임을 지속적으로 주시하고 관찰해야 한다. 미국에 대해 아주 잘 알아야 하는 것이다.

유럽 국감에서도 배운 것은 많다. 특히 노르웨이가 인상적이었다. 노르웨이는 춥다. 나라 이름마저 '북쪽으로 가는 길' 아닌가. 북극과 꽤나 가깝다. 노르웨이는 석유 매장량이 엄청난 나라다. 그런데도 생산하지도, 팔지도 않는다. 미래 세대를 위해 저축하고 있다. 당장 편하겠다고 곳간을 털지는 않겠다는 것이다. 그 나라 사람들은 국민소득이 6만 달러 정도 되는데도 참 겸손하고 검소하다는 것을 느꼈다. 절약이 몸에 배어 있었다. 물가는 비싼 반면 복지가 잘 돼 있어서 경제적으로 큰 어려움이 없어 보였다. 노인이 수입이 없을 경우 지원금을 받으려면 서류를 제출해야 하는데, 그 과정이 체계적이고 객관적이고 투명했다. 노인 지원금은 200~250만 원 정도였다. 시스템을 잘 갖추고 지역 개발을 제대로 해냈기 때문이라고 들었다.

언론은 국회의원의 해외출장을 종종 비판한다. 외유라고 비아냥거린다. 그런 일이 없지는 않지만, 국회의원의 해외출장은 여러 모로 바람직하고 적극적으로 더 많이 나가야 한다고 생각한다. 다양한 국가경영 모델을 보고 공부할 수 있다. 그 장단점을 잘 파악해 정책에 반영하면 출장비의 백배 천배라도 뽑을 수 있다.

국회의원으로 산다는 것

헌법은 제1장 총칙, 제2장 국민의 권리와 의무, 제3장 국회, 제4장 정부, 제5장 법원, 제6장 헌법재판소, 제7장 선거관리, 제8장 지방자치, 제9장 경제, 제10장 헌법 개정에 관한 사항 등 전체 130개 조항으로 구성되어 있습니다.

국회의원을 흔히 헌법기관이라고 합니다. 헌법 제3장 제40조부터 제65조까지 국회의원에 대한 정수, 임기, 권한, 국회 운영에 관한 사항을 비교적 상세하게 규정하고 있기에 국회의원을 헌법기관이라고 부르는 것입니다.

국회의원이 되면 100여 가지의 특권이 있다고 도하 언론에서 비판적

시각으로 보도합니다. "차량이 딸려 나오고 비행기도 공짜로 타고 등등." 그러나 이는 사실과 다릅니다. 차량은 자신이 구입해야 하고 비행기 티켓도 공짜가 없습니다.

국회의원의 권한이라 함은 국민의 대의기관으로서 입법권, 예산 심의권, 행정부 감시권 등이 대표적 권한이고 개인에게 주어진 권한의 대표적인 게 면책특권일 것입니다. 면책특권은 과거 군사독재 시절 국회 안에서 바른말을 하면 행정부에서 탄압을 하곤 했는데, 이를 방지하기 위한 국민의 알 권리, 말할 권리의 안전장치로 만들어놓은 것입니다.

국회의원이라고 해서 사실 특별한 귀족 같은 대접은 없습니다. 제가 생각하는 국회의원의 특권은 '사람 만날 수 있는 특권'이 최고의 권한이 아닌가 합니다. 국회의원이 입법상 필요해서 각 분야 최고의 전문가나 인기 연예인, 유명인 등을 만나자고 하면 대개의 경우 만나줍니다. 이분들을 통해 많은 것을 배우게 됩니다.

국회의원으로 가장 폼 나는 순간은 해외에서의 대우일 것입니다. 해외에 나가는 순간 국회의원은 외교관 역할을 하기 때문에 인천공항에서부터 귀빈실을 이용하고 프리패스로 비행기를 탈 수 있습니다. 해외 시찰을 하게 되면 일반 국민으로서는 만날 수 없는 외국 국회, 정부의 고위층 인사들을 만나 양국 현안에 대해 대화를 하게 됩니다.

외국 공항에 도착하면 대사관 직원의 영접을 받고 입국 수속을 받는데 다만 이때 보안 검사는 피할 수 없습니다. 국력의 정도에 따라 이 검사의 정도가 차이가 납니다. 미국의 경우 정말 모멸감을 느낄 정도로 샅샅이 하고 이번 루마니아 방문 때는 몸 수색 절차 없이 프리패스로 따로 준비된 의전 차량을 타고 빠져나왔습니다. 한국의 위상을 직접적으로 느낄 수 있는 하나의 바로미터입니다.

외국에서의 일정은 대개 만찬은 대사관저에서 한인 회장, 코트라 회장, 진출한 기업 대표 등과 하게 되고 외국 인사 면담은 대사관 직원이 안내하고 통역하며, 논의된 내용은 대사가 작성해 본국 외교부에 보고합니다. 특히 해결해야 할 현안이 있는 경우 후속 조치로 대사가 해당 관계자들과 교섭을 벌이기도 합니다.

예를 들면 폴란드에서 LG가 큰 규모로 사업을 하고 있는데 애초에 맺은 의무고용 비율이 EU의 출범과 시장의 변화로 지키기가 어렵게 되었는데 이 비율을 낮추려면 폴란드 고용법을 개정해야 한다고 합니다. 이에 폴란드 의회 외교위원장이자 경제위원회 위원이며 국무총리까지 지낸 영향력이 있는 인사를 만나 한국 기업의 민원을 부탁합니다. 이분께서 자신이 나서서 한국 기업이 활동하기 편하도록 의무고용 비율을 낮추는 법 개정을 해주겠다고 약속했으니 폴란드 대사가 후속 작업을 하게 되는 것입니다. 이처럼 국회의원들이나 정부 고위 인사들이 외국 주요 인사들을 자주 만나는 것이 대사관 업무에 많은 도움이 되는 것이지요.

이번 체코, 헝가리, 루마니아, 폴란드 동유럽 4개국 순방은 6박 8일 일정으로 짜여졌습니다. 대개 오전 10시부터 12시까지 세 팀씩 면담이 있고 점심 식사 후 시내 관광 후 숙박하고 짐 싸서 공항에 가는 빡빡한 일정이었습니다. 비행기만 여섯 번 갈아타는 보따리 여행인 셈입니다. 좀 웃기는 말이지만 해외출장 중 제일 귀찮고 힘든 일이 옷 갈아입으려고 짐 풀었다가 다시 짐 싸고 이동하는 일입니다. 해외출장을 하다 보면 만나는 사람도, 만나는 문화도, 만나는 역사도 모두 새로운 공부가 됩니다.

국회의원의 '해외출장'을 곧바로 '해외놀이'로 인식하는 이상 국회의원의 해외출장이 죄악시되는 것은 어쩔 수 없는 일이지만, 이러한 인식을 바꿀 수 있도록 각고의 노력을 해야 하는 것도 역시 국회의원의 몫이 아닐까 생각을 해봅니다.

외국에 나가면 모든 것이 배울 것입니다. 사진은 폴란드 크라쿠프 공항 귀빈실에서 근무하는 직원과 찍었는데 샷을 누를 때 자동적으로 자연스러운 미소를 짓는 저 직원의 표정을 저도 배워야겠습니다.

글로벌 에티켓을 위해, 스마일. (2013년 4월 1일)

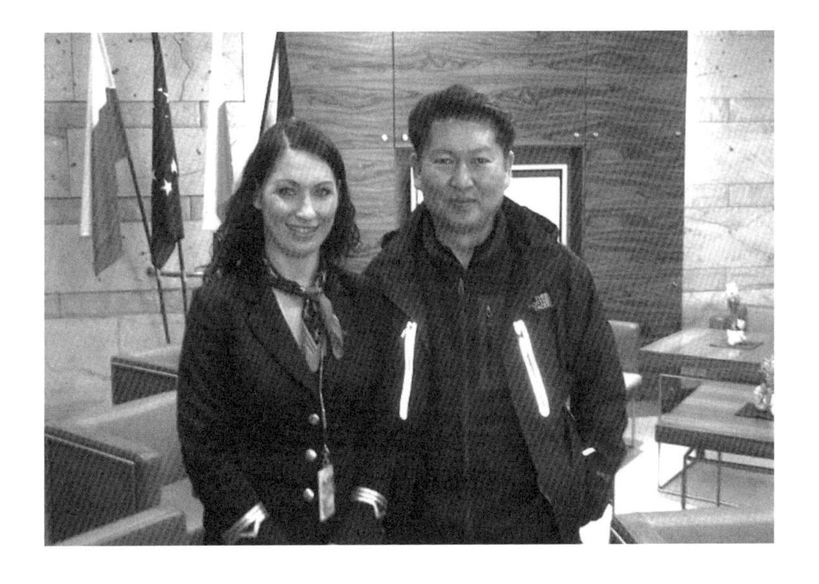

재선, 국정원 댓글사건

국정원 국정조사

국정원 댓글사건과 관련한 국정조사가 끝났다. 잘했다고 칭찬해 주는 사람들도 있었지만 대개 부정적인 평가였다.

"왜 그것밖에 못 했습니까?"

국회 정보위 간사면서, 국정조사 특위(특별위원회) 간사로서 칭찬이든 욕이든 다 받아야 했다. 나라고 성에 찼을 것이며 아쉽지 않겠는가. 그럼에도 대단한 성과가 있었다. 서울경찰청 사이버수사대에서 국정원 직원이 실제 댓글을 달았다는 것을 발견하는 장면을 전 국민에게 보여줬다는 점이다. 70시간이 좀 넘는 분량의 CCTV 화면을 분석해서 얻었다.

"어? 댓글이 나왔네. 댓글 썼네. 국정원이 했네."

이 말이 똑똑히 들렸다. 경찰청에서 댓글을 발견하는 장면, 그것을 지우는 장면 그리고 대책을 세우는 장면과 보도자료를 어떻게 꾸며야 하는지 머리를 맞대는 장면이 생생하게 드러났다. 경찰은 대선이 코앞에 닥친 2012년 12월 15일에 발견했고, 하루가 지난 16일 오후 6시, 작업을 시작했다.

"이건 지워야 해. 삭제해야 해."

"이건 보도자료 내면 안 돼."

2013년 7월 1일 우여곡절 끝에 국가정보원 대선개입 의혹사건 규명을 위한 국회 국정조사특위가 국회 본회의를 통과했다. 이후에도 우여곡절은 이어져 여와 야의 기 싸움을 거쳐 국정조사(이하 국조) 일정이 확정된 게 7월 17일이었고, 18일에는 국조 실시계획서를 채택했다. 그리고 7월 24일부터 8월 15일까지 국조가 진행됐다.

대선의 정통성이 걸린 국조인 만큼 하루하루 긴장의 연속이었고, 날마다 피가 마르고 진이 다 빠졌다. 시작부터 쉽지 않았다. 정보위는 여느 상임위와 달라서 공개 범위를 어디까지 할 것인가부터 싸움이 시작된다. 전 국민적 관심이 모인 청문회라 각 지상파 방송사는 생중계 준비를 해놓았다. 여당인 새누리당은 비공개로 하자고 하고, 야당 국회의원들은 공개하자는 입장. 여야 지지자들도 그렇게 갈렸다.

결국 여야 간사가 모두 발언을 하고, 이어 여야 각 1명의 대표가 10분씩 발언하는 것까지 공개하는 것으로 합의가 됐다. 내심 쾌재를 불렀다. 이 국조에 대한 논리적 설득은 정황상으로 야당이 유리했다. 야당이 기선을 제압할 수 있다는 확신이 들었다. 여당 간사인 권성동 의원이 모두 발언을 마치고 내 차례였다. 나는 원고를 읽지 않았다. 10분 정도 국조에 대한 소감만 말한 다음 영상을 틀었다. 바로 그 CCTV 요약본이었다.

난리가 났다. 여당은 화를 냈고 퇴장과 성명, 파행이 거듭됐다. 그러나 여론은 우리에게 유리했다. 그런데도 증인 채택은 여론의 성에 차지 않았다. 애초에 원세훈 전 국정원장, 김용판 전 서울경찰청장, 대선 당시 선거책임자였던 김무성과 권영세 새누리당 의원을 두고 여야가 그악스럽게 줄다리기를 하다가 원세훈과 김용판 둘만 하기로 합의가 됐다. 정치에 100퍼센트는 없다. 절반만 관철해도 성공이다. 그래도 돌 맞을 각오는 해야 하는 게 정치인이다.

권은희라는 스타도 탄생했다. 차분하면서도 또렷또렷하게 서울경찰청의 부당한 지시와 수사 방해를 고발했다. 그러나 법원은 이 고발을 인정하지 않았다. 통탄할 일이다. 국가정보원 대선개입 의혹사건 규명을 위한 국회 국정조사특위는 우여곡절 끝에 종료됐다. 여야가 합의해서 국정조사 보고서를 채택해야 하는데 합의는 사실상 시작부터 이미 불가능했다. 이를 예상하고 나는 따로 보고서를 준비했다. 그리고 우리 당이 단독으로 배포했다.

2012년 대선은 12월 16일 밤 11시에 결판났다!
국정원 국조특위 민주당 간사 정청래 의원이 공개한 경찰청 CCTV 영상 및 대화 내용

2012. 12. 15(토) 오후
국정원 대선개입 활동 닉네임 및 댓글 확인, 서버 압수 수색 논의

2012. 12. 15 오후 17시 50분

분석관1 닉네임 '나도 한마디' 맞는 거 같아요. 오유에서도 같은 글 썼거든요. 이명박 대통령이…….

분석관2 나도 똑같은 글 여기서도 봤는데.

분석관3 보배드림이랑 이쪽 서버 압수해오고 그거 분석해야 되는 거 아냐.

2012. 12. 15(토) 저녁

분석 작업 중 위에서 예상 질의 답변서 및 16일 수사 결과 도출 지시

직원들은 위에서 본질을 흐리고 있다는 불만 토로

2012. 12. 15 저녁 20시 08분

분석관1 근데 그 아까 서장님 얘기하신 거 보면, 대장님이 얘기하신 게 뭐냐면 예상 질의 답변서를 만들라고…….

분석관2 그게 핵심이죠.

분석관1 근데 거기 나오면 질문이 나오면 분명히 나올 거라고. 발표했을 때 기록이 없었다고 답변을 하면 거기에 대한 답변이 있어야 될 거잖아.

분석관2 제가 간단히 써놓을게요.

2012. 12. 15 밤 23시 17분

분석관1 큰일 났네. 내일은 결과가 다 나오는 걸로.

분석관2 팀장이? 하…….

분석관1 지금까지 진행 상황을……. 왜 그럴까 위에서 뭔가…….

분석관2 본질을 흐리고 있습니다. 거짓말…….

분석관1 회의도 좀 하고, 업무…….

분석관2 실제 직원들이 하고 있는 거가 윗사람들하고 커뮤니케이션이 안 된다고 얘기를 했는데…….

분석관1 또 딴소리를 했어.

분석관2 직원들이 얘기한 거랑 보고한 거랑 틀려졌어, 달라졌어.

2012. 12. 16(일) 새벽

분석 결과가 나오기도 전에 16일 밤 긴급 브리핑, 17일 오전 경찰 브리핑 일정 확정

2012. 12. 16 새벽 0시 23분

분석관2 삭제했다고 하니까 카빙을 해야겠네요. 시간 엄청 걸리겠네.

분석관1 어차피 일단 내일까지 해야 하니까 안 할 수는 없죠.

2012. 12. 16 새벽 1시 16분

분석관1 그럼 그건 이제 수사팀의 몫이고 실제적으로 이건 언론보도에는 안 나가야 할 것 아냐.

분석관2 안 되죠. 안 돼, 안 돼……. 나갔다가는 국정원 큰일 나는 거죠.

우리가 여기까지 찾을 줄은 어떻게 알겠어.

분석관1 우리가 판단하면 안 되고. 기록은 (보고가) 올라가겠지만……. 안 하겠지.

분석관2 노다지다, 노다지. 이 글들이 다 그런 거.

2012. 12. 16 새벽 2시 13분

분석관1 내일 오후까지 맞출 수 있을는지. 제일 중요한 게 찾아낸 닉네임이나 그걸 통해서 검색된 글들.

2012. 12. 16 새벽 3시 37분

분석관2 아, 그거해서 드려야겠다. 인력, 장비 몇 개, 몇 시간 투입되었다를 계산해서 드려야겠다. 브리핑할 때.

분석관1 브리핑할 때 필요하지.

분석관2 브리핑 일요일 오후죠? 오후에 주기로 했죠?

분석관1 오늘 있다 오후에 준비할 거.

분석관1 내일까지만……. 내일 아침까지만…….

분석관2 내일 아침이 월요일 아침이겠죠?

분석관1 난 이제 하루 종일 당하겠구먼. 나는 인사하는 방법, 말하는 방법, 으…… 성가셔.

분석관2 그런 것까지 가르쳐요?

분석관1 내가 할지 김수미를 시킬지…….

2012. 12. 16(일) 오후
"댓글 흔적 없다"는 결론에 수사 결과 짜 맞추기

2012. 12. 16 오후 15시 35분

분석관2 글 게시하고 관련 없는 글은 제외하고, 우리가 검색했던 글은 총 몇 개였는데 결과를 확인한 바 비난이나 지지 관련 글은 발견하지 못 하였다. 그렇게 써가려 그러거든요.

2012. 12. 16 오후 17시 21분

분석관1 중점사항이 그거니까, 댓글 달았던 걸 삭제했던 거잖아.

분석관2 응, 근데 이것을 여기서 발표하면 안 되지.

분석관1 그러니까 준비를 해놓고 그거를 우리가 알아낸 사실이 이거다, 위쪽에 보내야지. 그 답변을 할 건지 말 건지.

분석관2 그러니까 우리는 삭제한 거 같다라고 해서도 안 돼. 아, 그래? 삭제했어? 그렇게 나온다고 그러니까 우리가 딱 얘기해줘야 돼. 같다, 한 거 같습니다, 라고 하면 절대 안 돼. 그렇다고 얘기 해버려야 돼.

2012. 12. 16(일) 저녁

3차 대선 TV토론 20분 전, 누군가에게 전화 보고

2012. 12. 16 오후 19시 39분

(전화보고) 한 15분 후면 끝날 것 같습니다. 확인하고 있습니다.

2012. 12. 16(일) 저녁

3차 TV토론 도중 11시 브리핑 일정 걱정

"이야기하면 안 된다" 발설 금지 지시

2012. 12.16 저녁 21시 02분

분석관1 11시에 수서로 넘긴다고?

분석관2 모르겠어.

분석관1 그럼 안 되는데?

분석관2 며칠 된다 하더라고.

분석관1 얘기하면 안 된다고 팀장이 있잖아, 조용히 하라고…….

2012. 12. 16(일) 밤 11시
경찰, 긴급 속보로 허위 수사 결과 발표

2012. 12. 17(월) 오전 9시
수서경찰서 이광석 서장 공식 브리핑
서울지방경찰청 사이버수사대 디지털증거분석팀 김수미 분석관 중간수사 결과 브리핑

댓글사건 돌아보기

나는 초선 때 문방위에서 언론관계법을 개정, 제정하느라고 전쟁을 치렀다. 그런데 재선되자마자 정보위에서 전쟁보다 더 전쟁 같은 상황을 감당해야 했다. 사실 정보위는 인기 상임위는 아니다. 다만 국가적으로 중요한 사안을 다루기 때문에 보통은 중진급 이상이 배치된다. 언론사의 관심도 높아서 정보위는 언제나 1순위이기도 하다. 그럼에도 불구하고 정보가 아니라 어떤 행위 때문에 전 국민적 관심사로 떠오르는 경우는 매우 드물다. 다만 내 팔자자 그런 팔자인지, 내가 정보위 소속으로 더구나 간사로서 활동할 때만은 하필 그랬다.

처음 정보위로 배치됐을 때 정보위 전 간사인 박영선 의원이 조언을 해줬다.

"정 의원은 임기응변도 강하고 순간순간 판단력도 좋으니까 잘할 겁니다. 다만 절대 금물이 하나 있어요. 국정원에서 밥을 사거나 촌

지를 주면 절대로 먹지도, 받지도 마세요. 코가 꿰어집니다."

이건 걱정할 게 없었다. 나는 그런 것에 관심도 없고, 한 적도 없으니까. 뜻하지 않게 정보위 간사가 됐지만 나에게 나쁠 것은 없었다. 국가의 정보를 다루는 곳이라 나의 경험에 큰 도움이 될 게 분명했다. 정보위는 대부분 비공개라 입이 무거워야 한다. 정보위에서 들은 말, 얻은 자료 등은 모두 비공개다. 누구에게도 알려서는 안 된다. 무조건 보안이 우선이다. 그렇기에 정보위활동도 완전히 아무것도 없거나 모르는 상태에서 시작한다. 그러니까 전임 정보위 소속 의원들한테 들을 얘기는 딱 하나.

"가서 느껴라."

국정원에 들어갈 때는 국회의원 각자의 휴대폰에 달린 촬영 기능을 테이프로 막는다. 기자들은 아예 국정원 입구 기자실에서 대기해야 하고, 민간인이 국정원에 들어가게 되면 휴대폰을 맡겨야 한다.

보통 언론에 브리핑을 할 때는 여야 간사가 합의를 한다. 브리핑 내용은 여야가 확연히 다르다. 여당은 주로 북한 내부의 동태에 집중한다. 북한 경제가 심각하더라, 정권의 통제가 심해지고 있다더라 등등. 여당에 유리하고 보수층이 좋아할 내용이 중심이다. 반면 야당은 국정원의 문제를 주로 다룬다. 국정원이 문제를 일으킨 것, 공작이 의심되는 것이 핵심이다.

국정원장의 해명이 불충분하고 나 몰라라 해도 국민은 대리만족을 느끼기 때문이다. 국정원의 실책을 찾고 따져야 하니 야당이 더 어려운 게 사실이다. 그럼에도 일반 상임위와는 다르게 야당 간사가 정보위의 예결소위원장이다. 여당 간사는 법안 소위원장을 맡는데 국정원은 법안을 만드는 경우가 거의 없다. 그래서 정보위는 야당의 권한과 역할이 더 크다.

그러니까 정보위는 매우 중요하고 심각한 내용을 다루지만, 매우 입이 무겁게 있는 둥 없는 둥 지내는 상임위인 것이다. 어쩌면 정보기관과 비슷하다. 그런데 내가 정보위 간사를 맡아서 그런가, 기존과 전혀 다른 사태가 벌어졌다.

대선 전 국정감사장, 야당 의원 하나가 당시 원세훈 국정원장에게 물었다.

"국정원에 심리전단이 꾸려졌던데요. 대선에 개입하려는 것 아닌가요?"

그 의원은 직감적으로 어떤 형태든 국정원이 대선에 개입할 것만 같은 징후를 느꼈던 것이다. 물론 원세훈 원장은 딱 잡아뗐다. 심증은 있었지만 별 다른 첩보니 정보가 없었던 탓에 더 이상 진척이 될 수 없었다.

"대선개입 같은 일이 절대로 있어서는 안 됩니다."(야당 국회의원)

"그런 일은 절대로 있을 수 없습니다."(원세훈 국정원장)

나는 좀 의심 가는 국정원의 특정인을 지목했다.

"○○○ 국장님이 의심스럽습니다."

국정감사가 끝나고 식사를 함께하는 자리에서도 의심을 거두지 않았고 문제를 제기했다. 그래도 그럴 일은 없다는 이야기만 반복했다. 그렇지만 결국 사달이 났다. 대선 당시 국정원 직원의 댓글사건이 터진 것이다. 팔자인지 운명인지 나는 또 다른 전쟁의 한복판에 서게 됐다.

장면 1

12월 13일, 문재인 캠프에서 연락이 왔다.

"국정원이 지금 뭔가 꾸미고 있다. 정 의원이 그 현장을 가보는 게 좋겠다."

"내가 가면 안 됩니다. 왜냐하면 막상 국정원 문제가 터지면 간사가 물밑에서 협상하고 조정을 해야 하잖습니까."

결과적으로 내 생각이 들어맞았다. 나를 대신해 다른 국회의원이 갔다. 권은희 수사과장도 이때 등장했다. 국정원 직원은 댓글을 달고 있었고, 우리 당 국회의원과 당직자들이 그 직원이 있던 오피스텔 앞으로 몰려들었다.

장면 2

나는 국정원 관계자에게 전화를 걸었다.

"우리가 물러나면 경찰 수사에 응하겠습니까?"

"그렇게 하겠습니다. 민주당 국회의원과 당직자들이 철수를 한다면 선관위와 경찰에게 신병을 인도하고 조사에도 응하겠습니다."

문재인 캠프에 전화를 걸었다.

"지금 빠지는 게 좋겠습니다. 빠지면 선관위와 경찰이 가서 그 사람 신병을 인도해 조사를 할 겁니다."

물론 국정원 관계자도 당시 급박하게 돌아가던 상황을 제대로 인지하지 못했을 수도 있다. 나는 당시 오피스텔에서 시간을 오래 끄는 게 불리하다고 판단했다. 그럴수록 국정원 직원은 증거를 지울 시간을 벌 것이고, 국정원의 지휘를 받을 수 있다. 모르긴 몰라도 국정원 직원이라면 신분이 노출되고, 하던 일이 발각되는 상황에서 빠져나가는 매뉴얼도 있었을 것이다. 그렇기에 상황을 간결하게 마무리 짓는 게 유리했을 것이라고 생각한 것이다.

#장면 3

12월 14일, 대선 선거 과정에서 가장 중요한 날이 됐다. 문재인 캠프에서는 내 말을 듣지 않았다. 그곳에 너무 오래 있었다.

이날은 여론조사 공표 마지막 날이었다. 『한국일보』는 문재인 후보가 앞서는 것으로 기사를 내보냈다. 조·중·동 헤드라인은 '누가 이길지 모른다'였다.

그러다 아침 8시 30분, 오피스텔에서 여전히 대치 중인 상황에서 박근혜 후보가 새파랗게 질린 얼굴로 긴급 기자회견을 가졌다.

"국정원 댓글이 허위로 드러나면 문재인 후보가 책임져야 한다."

곧바로 새누리당 국회의원들이 경찰청을 항의 방문했고, 민주당 의원들을 감금죄로 고소했다. 김무성 선대본부장(총괄선거대책본부장)은 부산 서면 유세에서 남북정상회담 당시 NLL 관련 회의록을 줄줄 읽어댔다.

장면 4

12월 15일 아침, 김무성 본부장이 조만간 경찰 수사 발표가 있을 것이라고 말했다.

장면 5

12월 16일 문재인 후보가 박근혜 후보를 앞서는 것으로 조사됐다.

오후 8시부터 10시까지는 마지막으로 후보 토론회가 있었다.

오후 9시 30분 새누리당 박선규 대변인이 YTN 생방송에서 왈,

"오늘 중으로 경찰 발표가 있을 겁니다."

오후 10시, 토론회는 문재인 후보가 더 잘했다는 시중의 평가.

박근혜 후보는 토론 도중,

"댓글 사건에 아무런 증거도 나오지 않았습니다."

(미리 언질을 받았거나, 말실수를 했다고 추론된다.)

오후 11시, 경찰 긴급 수사발표.

"댓글은 없었습니다."

오후 11시 11분, 국정원 성명.

"민주당은 각오하라."

#장면 6

12월 19일 대선 패배.

장면 7

2013년 3월 민주당 진선미 의원이 국정원 인트라넷에 올라 있던 '원장님 지시 · 강조 말씀' 내부 문건을 폭로하였다. 국정원이 부당하게 선거에 개입했다는 증거였다. 이로써 수사가 시작됐고 국정조사 특별위원회(국조특위)가 만들어졌다.

국회의원으로서 처신과 고충

저는 국회의원이 되면서 국회의원 같은 국회의원, 국회의원 같지 않은 국회의원이 되자고 마음속 다짐을 했습니다. 옳고 그름 사이에서 결코 좌고우면하지 말고 줄타기와 물 타기를 하지 말자고 다짐했었습니다.
국회의원 같은 국회의원은 국회의원 고유한 업무 영역인 입법 활동, 행정부 감시활동(국정감사 등), 소외된 계층과 지역 현안을 챙기는 일, 그리고 상임위와 관계없는 야당으로서의 정치활동을 충실히 하자고 다짐했었습니다.
국회의원 같지 않은 국회의원은 몸에 힘주며 거드름을 피우고 약자에게 군림합니다. 저는 허위의식과 허장성세를 버리고 수평적 리더십으로 국민을 하늘같이 받드는 종복으로서의 역할을 충실히 하자는 다짐이었습니다.

국정원사건은 분명 헌정파괴 국기문란 사건이고 국정원 쿠데타라 할 수 있는 최악의 범죄행위입니다. 2012년 12월 16일 경찰청의 허위발표가 없었다면, 평상시 국정원의 상시적인 정치개입과 불법 대선개입이 없었다면 대선의 결과는 분명 달라졌을 겁니다. 그것이 한 표라도 아니, 수만 표, 수십만 표로 결과의 차이가 있었을 것이란 것은 미루어 짐작하기 어렵지 않습니다. 그러하기에 대선이 결판난 날은 12월 19일이 아니라 12월 16일 밤 11시에 결판난 것이라는 주장이 허무맹랑한 주장은 아니라는 것입니다.
국정원사건의 검찰 수사 발표로 작년 12월 18대 대선은 부정선거였다는 오명을 남기게 됐습니다. 12월 14일 당시 새누리당 박근혜 후보는 긴급 기자회견에서 "국정원사건이 터무니없는 허위사실로 밝혀지면 문재인 후보가 책임져라"라며 호기롭게 말했습니다.

이제 국정원사건의 최대 수혜자인 당시 박근혜 후보가 입을 열 차례입니다. "국정원사건이 너무도 터무니가 많은 사건, 국정원의 불법 대선개입이 사실로 드러났으므로 이제 당시 박근혜 후보가 어떻게 책임질 것인지 말하라"고 요구해야 하고 답해야 합니다.

이런 명백한 국기문란 내란에 해당되는 사건을 놓고 민주당원인 제 처지가 곤혹스럽습니다. 집회에서 "원천무효, 대통령 사퇴"라는 분노한 국민의 외침에 변죽만 울리는 듯한 제 모습이 저도 맘에 안 듭니다.

어제 나간 집회에서도 발언하지 않으려 했으나 해야 했고, 이런저런 분들이 오셔서 한 말씀씩 하시고 여러 요구를 하십니다. 때론 듣기 거북한 욕을 먹기도 합니다. 그럴 때마다 '오죽 답답하시면 저러겠는가?' 하고 넘어갑니다. 충분히 이해하고도 남음이 있습니다.

아마 저도 일반 국민이었으면 똑같이 그랬을 겁니다. 그러나 조금씩 국정원사건의 실체가 밝혀지면서 사건 규명과 책임자 처벌의 수위가 하나씩 진전되고 있는 것은 분명합니다.

김대중 대통령께서 이런 말씀을 하셨습니다. "너무 앞서가지 말고 국민 반 발자국만 앞서가라." 그러나 분명 지금은 국민은 저만치 앞서가고 있는데 국회와 당이 오히려 국민 반 발자국 뒤에서 걸어가는 형국입니다. 저도 답답합니다.

한 사람의 열 걸음보다 열 사람의 한 걸음! 여러분 좀 답답해도 포기하지 말고 함께 가요.

(2013년 6월 18일)

박근혜 대통령께 보내는 공개서한

국정원 불법 대선개입과 국정조사 방해 행위, 박근혜 대통령이 책임져야 합니다.

박근혜 대통령께,

대한민국 헌법 제1조에 따르면 대한민국은 민주공화국이며, 대한민국의 주권은 국민에게 있고, 모든 권력은 국민으로부터 나옵니다. 그러나 지난 2012년 국정원의 불법 대선개입과 경찰의 허위 수사 발표는 국민의 표심을 왜곡했습니다. 헌정을 유린하고 민주주의를 훼손했습니다.

대한민국 헌법 제66조에 따르면 대통령은 헌법을 수호할 책무를 지게 되어 있습니다. 대통령께서 헌법 수호의 최고책임자인 만큼 '국정원 국정조사 특위' 야당위원들은 대통령께 이에 대한 입장과 책임을 요구하고자 합니다.

민주주의 국가의 근간은 바로 공정한 선거에 있습니다. 그런데 국가기관이 불법적으로 선거에 개입하고 국민의 기본권을 훼손했다면 대한민국은 더 이상 민주공화국이 아니며, 주권 역시 국민에게 있는 것이 아닙니다. 또한 그렇게 탄생한 국가의 권력 역시 정당성을 가질 수 없습니다. 미국 CIA가 대선에 불법으로 개입하고, FBI가 허위 수사 발표를 했다면 미국 대통령이 대통령직을 유지할 수 있을까요?

박근혜 대통령께서는 지난 2007년 3·15 부정선거에 반발하며 마산에서 일어난 대규모 시위의 정신을 기리는 3·15 민주 묘지를 참배한 바 있습니다. 3·15 부정선거가 시사하는 바를 잘 알고 있는 만큼 반면교

사로 삼기를 바랍니다.
지금 진실을 규명하고 바로잡지 않으면 국정원 불법 대선개입 사태는 향후 5년간 정국을 운영하는 데 두고두고 큰 부담으로 작용할 것이며, 그보다 더 심각한 사태를 초래할 수도 있을 것입니다.
박근혜 대통령은 지난해 대통령선거 당일 전까지 국정원 여직원 무죄를 수차례 주장했습니다. 지난해 12월 14일에는 긴급 기자회견을 열어 "허위 사실로 밝혀지면 문재인 후보가 책임져야 한다"고 주장했습니다. 또 경찰 수사 결과 발표가 나오기 전인 12월 16일에는 3차 TV 토론에서 "이미 증거가 하나도 없다고 나왔다"고 단언하기까지 했습니다.
그러나 대통령에 당선된 이후에는, 박근혜 대통령이 임명한 채동욱 검찰총장 휘하의 검찰이 국정원과 경찰의 범죄 혐의를 분명하게 입증했음에도 불구하고 약 8개월간 국정원 불법 대선개입 사태에 대해 단 한 마디도 입장을 표명하지 않았습니다. 국정원 불법 대선개입 사태에 대한 대통령의 침묵은 헌법책임자로서 직무유기하는 것입니다. 선거 공정성의 책무는 우선적으로 국정의 책임자인 대통령에게 있습니다. 그리고 국정원은 정부조직법상 대통령 직속기관으로 되어 있기 때문에 총리도, 그 누구도 아닌 대통령이 명확한 입장을 밝히는 것이 당연합니다.
그러나 박근혜 대통령께서는 침묵으로 일관해왔으며 '대통령의 침묵'은 진실 규명과 책임자 처벌에 저해가 되고 있습니다. 국정원 국정조사에서 새누리당은 끊임없이 방해 책동을 벌이고 있으며, 2012년 대선 당시 박근혜 캠프의 일등 공신이었던 김무성 선대본부장, 권영세 종합상황실장의 증인 채택도 이뤄지지 않고 있습니다.

그러한 어려움 속에서도 이번 국정조사를 통해 국정원 불법 대선개입과 경찰의 수사 축소·은폐에 대한 국민적 의혹은 단순한 의혹인 아닌 사실로 드러났습니다. 그리고 그러한 일련의 사태로 인해 가장 큰 수혜자가 된 사람은 박근혜 대통령입니다.

이에 국정원 국조특위 야당 위원들은 박근혜 대통령께 다음과 같은 네 가지를 요구합니다.

첫째, 헌법 수호의 최고책임자로서 헌정 유린, 국기 문란을 야기한 국정원 불법 대선개입 사태에 대해 박근혜 대통령이 어떤 책임을 질 것인지 명확한 입장을 요구합니다.

둘째, 2012년 대선 당시 박근혜 후보 캠프의 김무성 선대본부장, 권영세 종합상황실장이 국정조사 증인으로 채택되어, 청문회장에 나올 수 있도록 대통령의 결단을 요구합니다. 이는 일등 공신에 대한 개인적인 인정과 배려 이전에 법치주의를 실현해야 할 대통령으로서의 책무입니다.

셋째, 국정원 불법 대선개입 사태 및 경찰 수사 축소·은폐와 관련된 책임자들의 처벌을 요구합니다. 범죄 혐의가 입증된 자들에 대한 엄단이 이루어지지 않는다면 국가의 기강이 무너질 것입니다.

넷째, 국가기밀을 무단으로 유출한 남재준 국정원장을 즉각 해임하고 재발방지 대책을 마련할 것을 요구합니다. 특히 이번 국정조사를 통해 국정원의 '셀프 개혁'은 허무맹랑한 레토릭에 그칠 수밖에 없음이 분명하게 드러났습니다. 국정원 개혁 방안을 비롯해 총체적인 재발방지 대책을 국민에게 제시해야 합니다.

지난 2012년 대선 과정에서 벌어졌던 온갖 불법·부정 행위는 딱 하나, '박근혜 대통령 만들기'를 위해서였습니다. 본인 선거 과정에서 벌어졌던 불미스러운 사태에 대해 박근혜 대통령은 이제 침묵을 깨고 본인 스스로 어떻게 책임질 것인지 국민과 역사 앞에 밝히길 바랍니다.

2013. 8. 21.

국정원 국정조사특위 야당 위원 일동 올림

꼬리에 꼬리를 무는

정보위 간사로서 국정원 국조특위를 관통하는 동안 정말 피가 마르는 하루하루였다.

국조특위가 마무리되고 한숨 좀 돌리나 싶었는데, 이상스러울 정도로 거푸 일이 터졌다. 남재준 국정원장이 무단으로 NLL 대화록을 유출한 것은 세상을 뒤흔들기에 충분했다. 어느 날 외통위 법안 소위에 참석 중이었다. 국정원에서 급작스레 연락이 왔다. NLL 대화록을 가져갈 테니 열람하라는 것이었다. 나는 당연히 거부했고, 그 문건을 국회에 가져오지 말라고 단호히 얘기했다. 국정원은 막무가내였다. 당시 여당 서상기 정보위원장이 요구했다면서 기어코 가져온다는 것이다. 국정원 차장이 국회에 들어오는 것을 우리 보좌관이 사진으로 찍었다. 새누리당 의원들은 NLL 회의록을 열람하고 자기들 멋대로 각색하고 왜곡하면서 기자들에게 떠들어댔다. 국면을 자기들에게 유리하게 하려는 수작이었다. 정보위는 정책토론이나 새로운 정책개발은 완전 뒷전으로 밀리고, 정치적 사건에 휘둘렸다.

12. 3 장성택 실각 관련 정보위 정청래 간사 긴급 브리핑 전문

정보위 야당 간사 정청래입니다. 30분 전 국정원 대면보고가 있었습니다. 예고된 것은 아니었고 긴급 대면보고였습니다. 북한 동향과 관련되어 중대하고 심대한 일이 벌어졌기에 대면보고를 한다고 했습니다.

북한의 장성택은 실각한 것으로 본다고 보고했습니다. 그 이후 장성택 행정부장의 오른팔 왼팔이었던 이용하 행정부 1부부장, 장수길 행정부 부부장 이 두 사람이 지난달 11월 중순 공개 처형되었다고 합니다. 그 이후 11월 중순, 이 시점 이후 장성택은 자취를 감추고 있다고 합니다. 그래서 실각한 것으로 파악했다고 합니다.

짧은 소식인데요, 제가 알고 있기로는, 다 아시겠지만, 장성택 그리고 그의 부인 김경희는 김정은을 떠받들고 있었던 중요한 핵심권력이었는데, 장성택이 실각했다면 북한의 권력지도는 대단히 큰 변화로 요동칠 것이라고 생각합니다.

(정론관으로) 지금 걸어오면서 북한 전문가인 서강대 정치외교학과 김영수 교수께 물어보니 총정치국장인 최용해와의 권력 투쟁에서 밀린 것 같다고 말했습니다. 이상입니다.

4시 40분경 국정원 간부가 갑작스럽게 긴급 대면보고 할 내용이 있다고 해서 제가 보고를 받았습니다. 북한의 장성택 행정부장이 실각한 것으로 본다고 보고했고, 그 이후로 장성택의 오른팔 왼팔이었던 이용하 1부부장 장수길 행정부 부부장이 11월 중순 공개 처형이 되었고, 그 처형 사실을 군 내부에 모두 공지를 했다고 합니다. 그 이후 장성택은 자취를 감췄고 실각한 것으로 국정원은 파악하고 있다고 대면보고 했

습니다. 이상입니다.

2013. 12. 3.

국정원 국조특위와 국정원장의 NLL 대화록 유출 파동으로 한 해가 다 갔다. 이 쌍끌이 정치적 사건으로 나는 내내 정쟁의 한복판에서 중심을 잃지 않으려고 혼신의 힘을 다했다. 그야말로 대차게 신고식을 치렀다. 그런데 그게 끝이 아니었다. 2013년 12월에 어마어마한 사건이 터졌다. 국정원은 보통 사전보고를 안 한다. 뭐든 물어도 좀체 입을 열지 않는다. 그날만 별났다. 그날따라 국정원이 사전에 보고할 게 있다는 것이었다. 오라고 했고, 왔다. 아마도 여당을 먼저 들렀을 것이다.

"북한 장성택의 오른팔과 왼팔이 처형됐습니다. 장성택이 실각할 가능성이 높습니다. 신변도 위험해 보입니다."

이 말을 하기 바로 직전에 TV뉴스에서 속보가 뜨기 시작했다. 여당 쪽에서 흘렸을 것이다. 장성택이 누구인가. 김정일 시대부터 북한의 넘버2 아니던가. 김정은의 고모인 김경희의 남편, 즉 최고 존엄의 고모부이기도 하고 말이다. 북한 정권에 심각한 변화가 생겼다는 뜻이었다. 세상이 경천동지할 만했다. 나조차 믿기지 않았다. 아니나 다를까 속보가 뜨기 무섭게, 국정원의 말이 끝나기 무섭게 전화가 울리기 시작했다. 여러 곳에 사실 확인을 위해 걸려오는 전화였다.

이제 정보위 간사만이 갖게 되는 '고독한 결정'의 순간이 온 것이다. 보고를 받지 않았다면 모를까, 이미 받은 상태였다. 받았으니 어떻게든 책임을 져야 한다. 공표를 하든, 휴대폰을 끄고 도망을 가든, 잠수를 타든 말이다. 정보위 차원의 정보라는 게 매우 민감하다. 언제 알았느냐, 어떻게 알았느냐, 누가 알았느냐에 따라 혹은 어떻게 발표하느냐, 누가 발표하느냐에 따라, 개인·정당·정부 등등 입장이 모두 달라질 수 있다. 한 마디로 고도의 전략전술이다.

사전보고를 하러 온 국정원 관계자에게 물었다.

"이거 어떻게 해야 됩니까?"

"의원님이 발표하시죠."

다시 머리를 빠르게 굴렸다. 판단을 해야 했다. 이 정도 뉴스는 시시각각으로 마구 변하게 마련이다. 정확하지 않으면 국민적 혼란으로 이어지기 십상이다.

'대한민국을 넘어 세계적인 톱뉴스인데, 이걸 내가 발표하고 뒷감당을 할 수 있을까? 만약 사실이 아니라면?'

이보다 몇 달 전에 대형 오보사건이 터진 적이 있었다. 퇴근 무렵 1시간 동안 온라인과 오프라인을 들었다 놨다 했다.

'김정은 속보, 김정은 총 공격 명령, 후속 기사 이어집니다.'

이런 식이었다. 누가 봐도 전쟁 나는 것 아닌가, 우려를 할 만했다. 나나 여당 간사나 금시초문이었다. 여당 간사는 나보고 알아서 조치하라고 했다. 경위를 알아보니 말이 전해지는 과정에서 왜곡되고 부풀려지면서 팩트가 엉뚱한 내용으로 둔갑한 것이었다.

당시 통합진보당 이석기 의원과 관련된 사안이 김정은으로 뒤바뀌어버렸다. 이석기 의원이 모임에서 총공격 명령을 내렸다, 폭약 실험도 했다는 내용이 여야 브리핑 과정에서 와전됐던 것이다. 누구의 실수나 잘못인지, 아니면 의도적이었는지는 모르지만 확실히 교훈은 얻었다. 사실 그대로 정확하게!

내가 언론에 발표를 했다. 발표 전에 서강대 북한정책학과 김영수 교수에게 자문을 구했다.

"북한 서열이 요동칠 가능성이 큽니다. 사실이라면 정말 중대한 일이 터진 겁니다."

더 고민할 게 없었다. 간결하고 건조하게 국정원에게 들은 그대로만 브리핑을 했다. 세계적인 뉴스가 내 입에서 최초로 공식 발표됐다. 실제 장성택은 나중에 처형되었고, 나의 발표가 오보가 아니었음이 확인됐다.

그리고 두어 달 동안 국내 언론은 온통 장성택 이야기로 도배되다시피 했다. 이래저래 나는 1년여 동안 뉴스의 중심에 서면서, 하루하루 긴장된 나날을 보낼 수밖에 없었다. 보통 사람들한테는 별 거 아닌 걸로 보이는 게, 이쪽 세계에서는 큰일인 경우가 왕왕 있다. 김정은의 부인 리설주 건이 그랬다.

정보위에서 국정원장에게 확인한 결과, 리설주는 김정은의 부인이 맞고 평양 금성예술학교 출신으로 인천 아시안게임에 왔던 사람이 맞다. 아이도 있다. 여야 간사 합의하에 딱 여기까지만 발표하기로 했다. 그런데 나중에 국정원에서 아이 이야기는 빼달라고 해서, 그 이야기만 빼고 발표를 했다. 일단 발표를 하면 여야 간사는 휴대폰을 꺼놓는다. 더 이상 관련해서 이야기를 하면 안 되기 때문이다. 대신 정보위원들을 상대로 크로스 체크를 한다. 정보 누출을 확인하기 위해서다. 그날 '아이가 있다'는 게 샜다는 것을 알았다. 대단히 심각한 문제가 생겼던 것이다. 그까짓 아이 있다는 게 뭐 대단한 뉴스라고 충분히 지적할 수 있지만 정보란 게 그런 것이다. 말하지 않기로 했으면 안 해야 하는 것이다. 국회나 국정원이나 서로 지킬 건 지켜줘야 하기 때문이다. 아주 사소한 정보라도 여든 야든 이용해 먹으면 안 되는 것이다.

또 한 번은 평양 은하수 관현악단 처형 건이었다. 정보위에서 기관단총으로 난사당해 죽었다고 보고를 받았다. 여야 간사는 기관단총 난사는 국민 정서상 안 좋으니 이것은 빼고 공개 처형됐다고만 발표하기로 했다. 그런데 이내 종편방송에서 기관총 난사 이야기가 나왔다. 누군가 유출시킨 것이다. 나는 분명코 아니었다. 나는 정보위 간사 2년을 하면서 단 한 번도 정보를 빼돌리지 않았다. 정보와 관련해서 단 한 번의 보안 유출사고도 없었다.

국정원을 위하여

여든 야든 직책에 따른 책임과 의무는 반드시 져야 하는 것이다. 더구나 정보위 야당 간사는 국정원을 속속들이 아는 편이다. 예산을 주무르기 때문이다. 그렇다고 정보위에 있든 떠나든, 누구에게도 정보를 누설하면 안 된다. 국정원 1년 예산이 얼마인지, 직원은 몇 명인지, 조직 구조는 어떻게 되는지, 국정원 지부는 어디에 있는지, 어떤 것이라도 입을 꽉 다물어야 한다. 종종 국회의원들이 국정원에 대해 물어보곤 하는데 절대 말하지 않았다.

나는 국익적 관점에서 국정원에 대해 부정적이지 않다. 오히려 우호적이다. 그들이 정말 제대로 된 역할을 하기를 바란다. 산업스파이 잡는 것, 국부가 유출되는 것, 외국 테러용의자 동향 파악 등은 국정원만이 할 수 있는 일이다. 경찰청도, 검찰청도 한계가 있다. 그렇기에 국정원은 꼭 필요한 조직이고, 잘 굴러가야 하는 조직이다.

이는 곧 예산을 어떻게 편성하느냐의 문제다. 나는 정치적으로 논란의 여지가 있는 예산은 과감히 삭감했다. 야당이니까 강성의원이니까 그랬던 게 아니다. 예산이 대테러 방지, 산업스파이 근절, 첨단 정보장비 구입 등에 쓰일 수 있도록 바로잡으려고 했던 것이다.

정보위 간사로 활동하고 나니 국정원 고위간부들이 나를 다시 보게 됐다. 사고가 합리적인 데다 정보 유출과 관련한 사고도 전혀 없었기 때문이다. 한마디로 할 말만 하고, 입은 무겁다는 뜻. 정보위활동은 꽤 보람찼다. 보이지 않는 곳에서 국가가 어떻게 작동하는지 알게 됐다. 물론 국정원이 정치에 개입하려고 하다가 얼마나 큰 부작용을 일으켰는지 생생하게 보기도 했다. 또한 정권이 바뀌면 국정원장이 새로 오고, 그때마다 인사개편에 따라 조직이 완전히 달라지는 문제도 있다. 국정원 내부의 암투도 문제가 될 정도로 심각한 정도였다.

지금의 야당이 정권을 잡아도 국정원은 당연히 존재한다. 음지에서 일하면서 양지를 지향하는 본연의 모습만 지킨다면 뭐라 할 사람 아무도 없을 것이다.

최근 외통위와 정보위에서 2년 임기를 다하고 안행위로 옮겼다. 그런데 인연인지 국정원이 나를 놔주지 않는다. 국정원의 민간인 사찰 의혹과 관련한 한 직원의 자살은 국민의 '안전' 문제이기도 했고 안행위 문제이기도 했다. 그래서 나는 조목조목 의혹을 제기했다. 이에 대해 경찰이 반박하고 내가 다시 재반박하는 과정이 반복되는 중이다. 어떤 결과든 정의가 실현되길 바랄 뿐이다.

진행 중

국정원 해킹사건

농부가 밭을 탓하지 않듯, 당인(黨人)은 당을 탓하지 않는 법. 당직은 정지되었지만 국회직은 정지되지 않아서 당의 요청을 받고 정책조정회의에 참석했다. 국정원 해킹사건과 관련해서 발언을 요청받았다. 나는 언제 어디서든 내가 맡은 우리 당 대표 왼쪽 공격수로서 소임을 다할 것이다.

국정원 해킹사건 관련한 총론 5가지

첫 번째, 제일 중요한 내용이 여기 있습니다. 왜 하필 총선 전, 대선 전에 해킹 프로그램을 집중 구매했는지 이 부분이 나는 가장 중요한 대목이라고 생각합니다.

두 번째, 국내 사찰을 하지 않았다고만 변명하면 될 것을 정보기관에서 대북첩보용으로 해킹 프로그램을 사용했다고 밝힌 것입니다. 정보 수집의 과정과 방법을 스스로 폭로하는 그런 무책임한 정보기관은 이 세상에 없을 것입니다.
세 번째, 해킹 프로그램 구매 비용은 불법 예산입니다. 어떠한 계정과목도 해킹 프로그램을 사라는 예산은 없습니다. 따라서 해킹 프로그램을 구매했다는 것 자체가 이미 범죄가 성립된다고 봐야 할 것입니다.
네 번째, 정보 수집의 1장 1절은 '흔적을 남기지 마라'입니다. 어떤 정보기관이 불법적으로 해킹 프로그램을 사면서 이메일을 주고받습니까? 정보기관으로서 있을 수 없는 일입니다.
다섯번 째, 임모 과장은 이미 전직한 상태였습니다. 이전 부서에 가서 컴퓨터 'Delete'를 눌러서 삭제했다, 이것은 소가 웃을 일입니다. 이것이 총론적인 의미에서 국정원 해킹사건의 핵심 다섯 가지라고 생각합니다.

국정원 임모 과장의 변사사건에 대한 풀리지 않는 의혹 7가지

첫 번째, 임 과장 부인은 112에 신고 후 취소와 재신고를 반복했습니다. 참으로 이상한 대목입니다. 오전 10시 25분에서 27분까지 부인은 파출소에서 남편 위치 추적을 요청하며 신고를 합니다. 이 전화가 끝나자마자 4분 후에는 다시 실종 신고를 취소합니다. 그리고 1시간 5분 후에 부인은 신고가 철회되지 않았다며 다시 확인 전화를 합니다.
민간인이 신고가 취소되었는지, 안 되었는지를 어떻게 알고 다시 전화를 했단 말입니까? 매우 의심이 가는 내용입니다. 그리고 11시 51분에 다시 위치 추적 신고를 합니다. 너무나 석연치 않습니다. 소방대 무

전에 의하면 11시 28분에 현장에서 주민으로부터 마티즈 차량이 위로 올라갔다는 현장 목격 진술을 확보합니다.
그 현장을 목격한 진술을 확인한 지점부터 마티즈 차량이 있는 곳까지 가보면 성인의 보통 걸음으로 2~3분 정도 걸립니다. 따라서 11시 30분에 마티즈 차량이 발견되었습니다. 이 일련의 과정, 신고를 했다가 취소하는 이런 과정이 너무나 석연치 않습니다.
두 번째, 대단히 중요한 내용입니다. 방금 말씀드린 대로 오전 11시 30분경에 소방대에 의해서 마티즈 차량이 발견되었습니다. 3분 후 무전으로 '거미줄을 치겠다'라는 무전을 합니다. 이 거미줄을 치겠다는 것은 무전으로 연락하지 않고 유선 통신수단, 전화나 휴대폰으로 통화를 하겠다는 이야기입니다.
왜 그렇습니까? 무전은 많은 사람이 그 내용을 들을 수 있기 때문에 전화를 하겠다는 겁니다. 11시 33분에 첫 번째 거미줄을 치겠다고 합니다. 그리고 서너 번 더 거미줄을 칩니다. 너무나 이상합니다.
세 번째, 차량 발견 시간은 11시 30분경입니다. 그런데 무전 내용에서 단 한 차례도 차량을 발견했다, 시신을 발견했다는 내용이 없습니다. 다만 최초의 마티즈 차량을 발견한 시점으로부터 27분 후 시신이 발견됐다는 사후 보고만 있습니다. 아시다시피 마티즈가 무슨 항공모함도 아닙니다.
네 번째! 국회에 최초로 보고할 때는 '119 소방대가 시신을 마티즈 차량 뒷좌석에서 발견하였다'고 했습니다. 그리고 하루 후에 '저희가 착각했습니다, 시신은 앞좌석에서 발견되었습니다'라고 수정보고를 합니다. 이유는 착각했다고 합니다.

다섯 번째, 이것도 대단히 중요한 내용입니다. 임 과장이 국정원 직원이라는 것이 알려져 있지 않으면 40대 일반 회사원입니다. 40대 일반 회사원 남성이 부부 싸움을 하고 행방불명된 겁니다. 이거를 찾아달라고 요청하면 대체적으로 그렇게 중요한 사안이 아닙니다. 그런데 용인소방서뿐만 아니라 경기도 소방본부도 직접 관여합니다. 그리고 현장을 장악합니다. 너무나 이상한 대목입니다.
여섯 번째, 임 과장은 용인경찰서 바로 옆에 삽니다. 그런데 실종 신고나 위치 추적 신고를 하려면 바로 집 옆에 있는 경찰서로 가면 됩니다. 그런데 5킬로미터 밖에 떨어진 동백파출소까지 직접 갑니다. 이 대목도 석연치 않습니다.
일곱 번째, 장례를 치르고 다음 날 곧바로 마티즈 차량을 폐차합니다. 그리고 폐차한 다음 날 사망 신고를 합니다. 장례를 치르느라 여러 가지로 심신도 피곤하고 경황도 없었을 텐데 무엇이 그리 급했기에 장례식 다음 날 폐차를 했을까요?
이런 임 과장 변사사건과 관련한 7가지 의혹에 대해서, 어제 경찰서에 항의 방문해서 물었으나 경찰은 명쾌한 답변을 내놓지 못했습니다. 그리고 추후에 더 조사를 해서 보고를 하겠다는 말만 들었습니다. 제가 제기한 이런 의심스러운 사항은 국정원이든 아니면 경찰이든 소방대원이든 명확하게 밝혀야 할 것입니다.(원내정책조정회의 발언)

이 같은 의혹제기에 대해 경찰은 반박했지만, 어설프기 짝이 없었고, 나는 다시 이를 조목조목 따졌다.

경찰은 어설픈 해명 말고 제대로 수사하라!

저는 안전행정위원회 간사로서 이 자리에 섰습니다.
경찰이 서둘러서 조급하게 어설픈 해명을 내놓았습니다. 그래서 제가 제기한 7대 의혹이 더 큰 의혹으로 증폭되고 있습니다. 그것을 하나하나 말씀드리겠습니다.
그전에 경찰에 요청합니다. 제가 이미 임 과장의 집에서부터 사고 지점까지 CCTV가 몇 개가 있는지, 그 CCTV에 녹화된 마티즈 차량을 조사해 제출하라고 요구했음에도 불구하고 제출하지 않고 있습니다. 그것을 제출하면 여러 의혹이 말끔하게 해소될 것입니다. 경찰은 경찰로서 자부심을 갖고 책임 있게 이 사건을 다뤄주길 바랍니다.
제가 경찰에게 임 과장의 부인이 경찰에 신고한 뒤 취소하고 이를 확인했다가 11시 51분에 재신고한 것을 놓고 "의혹이 있다, 이 부분에 대해서 경찰이 해명해라"라고 했더니 조급하게 신고하여 취소했다면서 이 부분을 어설프게 해명했습니다.
그러나 저는 경찰에게 다시 요구합니다. 그렇다면 왜 소방서에 신고한 것은 신고를 취소하지 않았습니까? 너무 이상하지 않습니까? 맨 먼저 임모 과장의 부인이 들렀던 장소는 동백파출소가 아니라 동백소방서였습니다.
그러면 통상적으로 생각해서 취소를 한다면 먼저 신고했던 곳에 가서 신고를 취소해야 자연스러운 일이 아니겠습니까? 경찰서는 조급해서 취소하고 먼저 신고한 소방서에서는 취소하지 않았다, 이 부분을 경찰이 다시 추가로 해명하시기 바랍니다.
두 번째, 거미줄 치겠다. 이거는 어제 제가 말씀드린 대로 무전으로 하지 말고 휴대폰 전화나 다른 통신으로 하자라는 겁니다. 뒤에 해명한 것도 제가 다시 언급하겠지만, 무전으로 계속 연락을 주고받았다면 차량이 발견된 시점, 시신이 발견된 시점, 그리고 여러 가지 정황이 실시간대별로 무전으로 녹취가 됐을 것입니다. 그러면 헷갈리는 상황도 없었을 것입니다.

그런데 11시 33분에 거미줄 치겠다는 말부터 합니다. 저희가 파악한 바로는 현장 인근에서 우물을 파는 지역 주민에게 물어봤답니다. 마티즈 차량을 본 적 있는가, 그랬더니 손을 이렇게 가리키면서 "저기 올라갔어요." 이렇게 얘기했다는 거예요. 그 우물 파는 지역 주민의 진술 지점과 마티즈 차량은 약 50미터가량 떨어진 곳이라고 합니다.

그러면 성인의 보통 걸음으로 2~3분이면 도착할 거리죠. 그리고 그 장소에 마티즈가 있었습니다. 그러면 11시 30분경에 차량을 발견했을 가능성이 많고, 차량을 발견한 즉시 긴급재난구조나 실종 신고를 해서 그 안에 사람이 있는지 없는지 확인했어야 되는 거 아닙니까?

그런데 경찰은 여러 수색 장소를 확대하느니 뭐하느니 하면서 실제로 시간이 오래 걸렸다 이렇게 해명을 하는데 소가 웃을 일입니다. 28분에 주민의 목격 진술을 확보하고 2~3분 후 현장에 접근했다면 그 즉시 차량을 발견했을 것이고 문을 열어 그 안에 사람이 있는지 확인했을 겁니다.

제가 마티즈 차량을 살펴보니 너무나 짙은 선팅으로 되어 있었습니다. 그러니 차 안에 사람이 있는지 뭐가 있는지 보이지 않아 금방 열어봤을 것입니다. 그렇다면 그 자리에서 임모 과장의 시신을 발견할 수도 있었을 것입니다. 그러나 차량을 발견했다, 사람을 발견했다, 또는 시신을 발견했다는 무전 보고는 없습니다. 그리고 27분 후에 사람을 확인한 걸로 보고가 되어 있습니다.
경찰의 이런 어설픈 해명은 앞으로 자제해주시기 바랍니다. 여기 보시면 소방 무전 녹취록에는 차량 발견이나 임 과장 발견이라는 내용이 아예 없습니다. 그냥 나중에 보고할 때 기재한 겁니다. 왜 이런지 저는 의심스럽습니다.
자, 경찰이 네 번째 해명한 것은요, 더더욱 코미디라고 저는 생각합니다. 시신이 뒷좌석에서 발견됐다는 것을 국회에 보고합니다. 김민기 의원실에 보고합니다. 이 보고가 잘못됐다고 생각하면 그 즉시 수정보고를 해야지 하루가 지나서 '아, 저희가 착각했던 것 같습니다' 이렇게 보고를 합니다.
차량을 발견하고 그 안의 상황을 실시간 무전으로 보고했다면 이런 착각을 할 수도 없었겠죠. 용인소방서의 상황보고서를 잘못 베꼈다는 해명 같은데요. 이런 해명을 국민이 믿겠습니까?
다섯 번째, 경기도 소방본부는 현장에 출동하지 않았고 관여하지 않았다고 경기경찰청이 경기소방본부에 물어보고 해명을 했는데요. 10시 32분 14초에 "함덕: 장비운반, 웹패드 전송 완료" 이렇게 무전 기록이 분명히 나와 있습니다. 여기서 '함덕'이라는 음어는 경기도 소방본부를 의미합니다. 이미 관여하고 있는 겁니다. 지휘 통솔했다고 생각할 수밖에 없습니다.
여섯 번째, 임 과장 부인이 바로 집 앞에 있는 경찰서를 두고 5킬로미터 이상의 동백파출소까지 가서 신고한 점이 의심스럽고 부자연스럽다고 하니까 아이 미술학원 데려다주다가 그 근처에 파출소가 있었기 때문에 신고한 거다, 이렇게 지금 이야기하고 있습니다.

분명히 말씀드리지만 긴급구조, 재난구조 등은 소방서에서 관여를 합니다. 그러나 실종 신고는 소방서가 못 받게 돼 있습니다. 경찰 해명은 소방서에서 실종 신고를 접수받았다 하는데 법적으로 불가능하게 돼 있습니다. 실종 신고는 소방서에서 접수하지 못합니다. 실종신고는 파출소와 경찰서에서 접수하고 수색에 나서야 됩니다.

물론 소방서에서 지금 재난상황이냐고 말했을 때 부인이 그렇다고 말한 것은 사실입니다. 그러나 위치추적 요청은, 실종 신고라고 봐야 될 것입니다. 따라서 실종 신고는 경찰만 관여할 수 있고 수색도 경찰이 하는 것이 맞다는 것입니다.

임 과장의 마티즈 차량 폐차를 왜 서둘러 했냐고 의혹을 제기했더니, 경기지방 경찰청이 JTBC 보도를 보지 않고 이 해명서를 작성한 것 같습니다. 저희가 지금까지 알고 있었던 마티즈 차량의 폐차는 장례식 다음 날로 알고 있습니다. 그 점도 너무나 이상하죠.

그러나 JTBC 보도에 따라서 임 과장 사망 다음 날인 19일에 국정원과 오래된 거래처인 타이어업체 사장이 폐차 의뢰를 받았다는 겁니다. 그러면 여기서 경찰은 또 해명을 해야 됩니다. 경찰이 단순 변사사건으로 이 사건을 서둘러 종결한 것도 의심스럽지만 백번 양보해서 그렇다 하더라도 단순 변사사건으로 수사 종결을 한 것이 20일입니다.

그러면 20일까지는 적어도, 경찰 말을 믿는다면, 이 마티즈 차량은 경찰이 관여를 하고 있어야 됩니다. 통제를 하고 있어야 되고요. 그런데 이미 국정원 거래업체인 타이어 업체 송모 사장이 임모 과장의 둘째 매형으로부터 폐차를 의뢰받았다는 사실입니다.

따라서 경찰은 본인들이 주장하듯이 단순 변사사건으로 내사 종결했다고 발표한 이전에 폐차가 의뢰되고 있다는 사실을 몰랐다는 건지, 알면서도 방치했단 건지 그 부분을 또 추가로 해명해야 할 것입니다. 제가 경찰에 방문해서 말한 것은, 그리고 어제 제가 의혹을 제기한 것은, 이렇게 소설을 써가면서 어설프게 해명할 것이 아니라 제대로 수사를 하라는 요구였습니다. 경찰에게 다시 한 번 이야기합니다. 소설 같은 해명으로 또 다른 더 큰 의혹을 불러일으키지 말고 제대로 된 수사를 하라는 겁니다. 그리고 제가 요청한 임 과장 집부터 사고 지점까지의 CCTV를 공개하라는 겁니다. 저희에게 제출하라는 겁니다. 국회 안전행정위원회가 8월 10일 오전 10시에 열리게 되어 있습니다. 경찰이 그때 어떤 답변을 내놓을지 기대하겠습니다. 저도 지금부터 직접 더 조사를 하도록 하겠습니다. 8월 10일 안전행정위원회에서 만납시다.

—7대 의혹 경기경찰청 반박에 따른 재반박 기자회견

세월이 흘렀어도 세월호는 끝나지 않았다

지치고 힘들어 외로울 때, 차디차고 캄캄한 어둠 속에서 공포에 떨었을 아이들을 생각합니다. 국가는 무엇이고 정치는 무엇입니까? 나라도 혼란스럽고 당도 어지럽습니다. 다시 세월호에 비친 제 자신을 봅니다. 생명보다 더 소중한 가치는 없습니다.

유민 아빠가 목 졸릴 때 박근혜 정부의 생명력도 목 졸리며 질식하고 있었다. 세월호 아이들도 죽었고 유가족도 버림받았다. 박근혜 정권도 서서히 생명을 다해갈 것이다.

세월호 1주년에 즈음하여(새정치민주연합 최고위원회의 중)

세월호 참사 일주년이 일주일 앞으로 다가왔습니다. 박근혜 대통령은 기술적으로 가능하다면 세월호 선체를 인양하겠다고 말했습니다. 유가족들은 또 거짓말하는 거 아니냐고 의심하고 있습니다. 그도 그럴 것이 유기준 해수부 장관은 4월 말 기술검토 보고서를 제출하겠다고 말했습니다. 4월 29일 재보궐선거가 끝나고 또 없던 일이 되는 것은 아닌지 유가족들은 의심하고 있습니다. 따라서 박근혜 대통령의 말이 거짓말이 아니라면 세월호 선체 인양을 언제 할 것인지 세부 일정을 공개하시길 바랍니다.

세월호 특별법 시행령은 불법 시행령입니다. 대한민국 모든 법이 헌법에 맞게 만들어졌는지 심판하는 것이 헌법재판소이듯 세월호 특별법 모법에 위반한 세월호 특별법 시행령은 반드시 완전히 철회되어야 합니다. 대안이 있습니다. 세월호 특조위에서 마련한 시행령이 있습니다. 그것을 그대로 받아들이면 됩니다.

세월호 특조위는 새누리당과 저희 당이 추천한 인사들이 만장일치로 만든 시행령을 수용하면 됩니다. 어떤 문제점이 있는지 살펴보겠습니다.

세월호 특조위 시행령 안에는 진상조사위원회 아래 사무처, 진상규명소위원회, 안전사회소위원회, 지원소위원회 이렇게 4개의 소위원회로 구성되어 있습니다. 그리고 사무처 밑에 기획행정담당관이 있습니다.

정부 측 시행령에 따르면 이 소위원회를 이름만 남겨두고 밑에 국을 다 없애버렸습니다. 그리고 사무처 밑에 기획조정실을 두었습니다. 기

획조정실은 파견 공무원들이 장악하고 있습니다. 따라서 파견 공무원이 작성한 자료를 사무처장이 취합해서 위원회에 올리고, 나머지 소위원회에는 위원장만 있습니다. 실무자들이 없습니다.

진상조사특위의 시행령은 원인규명, 진상규명을 목적으로 한다, 이렇게 되어 있습니다. 정부시행령의 목적은 코미디입니다. 정부자료 분석, 이것이 목적입니다. 이렇게 세월호 특별법 모법을 위반한 정부시행령은 불법 시행령입니다. 폐기해야 합니다.

이 부분에 대해서는 시행령을 폐기하는 것이 정답이고, 특조위에서 만장일치로 가결한 특조위 시행령을 그대로 수용해야 합니다. 그것이 되지 않으면 세월호 1주기는 또 다른 아픔을 겪어야 되는 일주년이 될 것입니다. 정부는 즉각 철회하고 특조위 시행령을 받아들여야 합니다.

제 말에 틀린 것이 있습니까?

국회 안전행정위원회 결산 전체회의 질의 중

정청래 인사혁신처 처장님, 제가 오전에도 잠깐 멘트를 했는데요. 교육부 총리는 단원고 기간제 교사에 대해 순직 처리를 해야 마땅하다고 어제 교문위에서 발언을 했고, 잘 마무리되었으면 좋겠다, 이렇게까지 했습니다. 어찌 보면 이러저러한 정부 부처의 입장차이가 있는데 부총리가 입장을 정리해준 거예요. 그러면 인사혁신처는 이런 부총리의, 정부의 상급 기관의 입장에 맞들어 조치해야 됩니다. 그렇게 하시겠습니까?

이근면 일단 이 문제는…….

정청래 아니, 간단하게 답변하세요.

이근면 이것은 법체계상 적용 범위가 다른…….

정청래 법에도 기간제 교사도 교육공무원으로 본다고 이렇게 돼 있어요.

이근면 지금까지는 공무원은 공무원연금법의 적용을 받았고, 기간제의 경우는 국민연금법 · 근로자퇴직연금보장법 · 산재보험법·고용보험법 이런 법률에 적용을 받습니다. 각각 복무상 사망했을 경우에 공무원은 공무원연금법의 적용을 받고 기간제의 경우는 산재보험법의 적용을 받습니다. 지금 말씀하시는 순직에 관한 이야기는, 공무원의 사망은 두 가지로 놓습니다. 둘 다 공무 중 사망은 넓은 범위의 순직입니다. 그 순직을 두 가지, 하나는 공무상 사망으로 하고 하나는 위험직무상 순직이라는 이름을 썼을 뿐입니다. 그래서 이 부분에 대한 차이 때문에 오는 것이고요. 산재보험법에서도 이러한 경우에는 일반적으로 공무상 사망한 경우는 넓은 의미의 순직이라고 사용합니다. 그래서 적용법이 다를 뿐입니다.

정청래 아니, 그래서 순직 처리를 하겠다는 겁니까? 못 하겠다는 겁니까?

이근면 이것은 교육부하고 협의를 해보겠습니다. 현존하는 법률로써 적용되기는 다소 차이가 있지 않나 이렇게 보고 있습니다.

정청래 제가 시간이 없어서 추가 질의를 하겠는데 지금 말씀하신 그러한 법 조항 말고도 또 다른 법조항에 그 근거가 되는 규정이 충분히 많이 있다는 사실입니다.

이근면 네, 그리 찾아갖고 살펴보도록 하겠습니다.

법률소비자연맹 선정 헌정대상 수상

어머니, 오늘 저 상을 탔습니다. 사법입법감시, 법률인권교육 등 정치개혁을 위한 법률전문 시민운동 단체인 '법률소비자연맹'에서 선정한

2015년 국회 의정활동 헌정대상을 수상했습니다.

어머니, 법률소비자연맹은 약 24년 동안 국회의원의 각종 의정활동을 지속적으로 평가해온 단체이며 헌정대상은 지난 1년간의 의정활동을 객관적인 지표로 분석하여 시상하는 것으로 국회의원에게 수여하는 상중에서 권위 있는 상 중의 하나라고 보시면 됩니다.

어머니, 이 단체는 매년 전체 국회의원을 대상으로 △법률안 투표율 △국정감사 성적 △법률안 발의 현황 △상임위원회 출석률 △국회 본회의 출석 및 재석률 △예산결산특별위원회 활동 등 총 13가지 의정활동 항목을 계량화하고 그 결과를 정밀하게 분석하여 왔답니다.

어머니의 아들, 국회의원 정청래. 제 종합성적은 92.42점으로 전체 국회의원(평균 68.41점) 300명 중 11위, 새정치민주연합 소속 국회의원 130명 중 6위를 차지했습니다. 지난 2013년에 이어 두 번째로 헌정대상을 수상하였고 '성실성과 전문성(?)'을 다시 한 번 인정받았습니다. 이번 수상으로 저는 19대 국회 의정활동 우수의원 12관왕을 기록하게 되었습니다.

어머니, 기쁘신가요? (2015년 6월)

■ 정청래 의원 제19대 국회 12관왕 수상 기록!

2015 법률소비자연맹 국회 우수의원 헌정대상
2014 국회 선정 입법 및 정책개발 우수의원
2014 새정치민주연합 선정 국정감사 우수의원
2014 국정감사 NGO모니터단 선정 국정감사 우수의원
2013 국회 선정 입법 및 정책개발 우수의원
2013 민주당 선정 국정감사 우수의원
2013 한국언론사협회 선정 대한민국 우수국회의원 대상
2013 주간경향 선정 우수의원
(제19대 전체 국회의원 종합성적 4위)
2013 법률소비자연맹 선정 헌정대상
2012 국회 선정 입법 및 정책개발 우수의원
2012 민주통합당 선정 국정감사 우수의원
2012 국정감사 NGO모니터단 선정 국정감사 우수의원

10년 목표

나는 왜 정치를 시작했는가 1

유난히 뜨거웠던 1991년 4월. 명지대학교 정문 앞에서 강경대 열사가 전경의 쇠파이프에 맞고 사망한 사건이 벌어졌다. 공권력에 의해 대한민국 국민이 맞아 죽은 이 사건에 항의해 대학생들이 분신자살을 하는 충격적인 일이 연이어 벌어졌다. 1991년 5월은 가히 노태우 정권의 공안정국에 맞선 분신정국이라 해도 과언이 아니었다. 연이어 터지는 대학생들의 분신자살은 대한민국을 통째로 흔들었다.

나는 이때 미국대사관저 점거 농성사건으로 목포교도소에서 복역 중이었다. 네 발짝만 걸으면 창살이 다가와 이마를 때리는 1.04평의 독방에서 이 충격적인 사건과 씨름하고 있었다. 도대체 삶은 무엇이고 죽음은 무엇인가? 쇠파이프에 맞아 죽은 강경대 열사의 삶은 무엇이고 이에 항의해 목숨을 버리는 대학생 후배들의 죽음은 또 어쩌란 말인가?

"삶과 죽음이 다 자연의 한 조각 아니겠는가?" 노무현 대통령이 서거하면서 남긴 유서와 같은 생각이 스쳐지나갔다. '삶과 죽음이 동전의 양면처럼 붙어 있다'라는 생각이 그것이었다. 한순간의 생각과 판단이 삶일 수도 있고 죽음일 수도 있었다. 그런데 대한민국의 대학생들은 어찌하여 죽음으로 불의에 항거하는가?

이런 대한민국에서 정청래, 내 개인의 삶은 또 무엇인가? 깊은 고민에 빠졌다. 몸은 구속되어 자유롭지 않았지만 생각은 동서고금을 넘나들며 사색의 자유를 만끽하던 내 스스로의 위안이 갑자기 삶과 죽음의 문제로 이동하기 시작했다. 생각의 생각이 꼬리를 물고 내달리기 시작했다.

가부좌를 하고 눈을 감았다. 1991년 5월 죽음으로 불의에 항거하는 대한민국 전라남도 무안군 일로읍 목포교도소 1사 상층 1방 1.04평 하필이면 나는 왜 지금 이 순간에 이 좁은 공간 에 존재하고 있는가? 생각하고 또 생각했다.

그 순간 갑자기 섬광처럼 스치고 지나가는 생각이 머리를 스쳤다. 목포교도소를 넘어 목포시를 지나 대한민국, 대한민국을 지나 세계 각국, 세계 각국을 지나 지구, 지구를 지나 태양계, 태양계를 지나 은하계. 왼쪽으로 가도 오른쪽으로 가도, 위로 가도 아래로 가도 세상의 공간은 끝이 없었고 공간의 끝을 밝힌 과학자는 없었다. 공간의 끝은 무한대였고 그 끝은 '알 수 없어요'가 정답이었다.

시간여행도 해보았다. 과거 속으로 과거 속으로 1만 년 전, 10만 년 전, 100만 년 전, 1억만 년 전, 1천억 만 전. 과거의 끝은 없었다. 미래도 마찬가지였다. 100년 후, 1천 년 후, 1만 년 후, 1억만 년 후, 1천 억만 년 후. 미래의 끝도 알 수 없었다.

그렇다면 나는 100년을 살아도, 지구촌 구석구석을 모두 다녀보아도 무한대의 시공간 속에서 내가 점유하는 시간과 공간은 결국 순간이요 찰나이고 한 점이요 칼날 위 같은 공간에 불과했다. 무한대의 시공간 속에서 내가 점유하는 시공간은 참으로 미미했다.

대자연의 시공간에서 정청래라는 한 사람은 얼마나 미미한 존재인가? 대자연의 거울 앞에 서보니 나라는 존재는 참으로 초라해보였다. 그런 미미한 존재의 정청래라는 한 사람만을 위한 인생과 꿈, 목표는 또한 얼마나 미미한 인생이고 목표인가? 이런 생각들이 머리를 때리기 시작했다.

결론은 내려졌다. 정청래라는 한 사람의 인생 목표가 미미하다면 한 번 왔다가는 인생에서 더 큰 꿈과 목표는 무엇일까? 동시대를 살아가는 사람들의 공동의 꿈은 무엇일까? 인류애는 아닐지라도 적어도 민족애적 관점에서 우리 모두가 아파하고 극복하려는 꿈이 공동의 꿈이라면 그 꿈은 무엇일까?

7,000만 한민족 공동의 꿈. 그것은 분단의 극복과 통일이었다. 분단으로 인한 고통과 역사적 비용 손실은 계산할 수도 없는 막대한 것이었다. 한 시대를 살아간 사람으로 우리 겨레의 공동의 꿈을 내 인생의 목표로 삼는다면 그것은 자연 속에서 왔다가 자연 속으로 돌아간 멋진 인생이지 않겠는가?

좋다. 내 인생의 꿈과 목표는 내 개인의 영달이 아니라 우리 모두가 꿈꾸는 그 꿈을 인생의 목표로 정하는 것이었다. 머릿속이 맑아졌다. 분단의 극복과 통일의 제단에 내 인생을 저당 잡히는 것, 그것이 내 인생의 목표로 설정되었다. 내 개인의 미미한 꿈이 아니라 우리 모두의 공동의 꿈, 그것은 나에게는 벅찬 큰 꿈이었다.

그렇다면 앞으로 무엇을 어떻게 할 것인가?

나는 왜 정치를 시작했는가 2

1988년 6월 2일. 이날은 나의 스물네 번째 생일날이었다. 충남 금산 깡촌에서 10남매 중 열 번째 막내로 태어난 늦둥이의 생일을 어머니는 어떻게 보내셨을까? 이날 나는 공교롭게도 건국대학교 '공동올림픽 쟁취 및 조국의 자주적 평화통일을 위한 특별위원회(이하 조통특위) 위원장으로 출범식을 하는 날이었다.

1988년 서울올림픽을 계기로 남과 북이 단일팀을 이뤄 참가하자는 기운과 '북한바로알기운동'이 전국 대학가에 열풍처럼 몰아쳤던 때이다. 각 대학에서는 이를 실현하기 위한 투쟁위원회가 조직되었고, 사법당국에서는 이를 불법으로 규정해 위원회 발족 즉시 위원장에게 국가보안법위반 특급수배가 떨어지는 상황이었다.

조통특위장에 나서는 순간 구속을 각오해야 했고 수배자의 생활을 해야 하는 만큼 위험한 인생의 험로가 예정돼 있었지만 나는 그 길을 선택했고 그 운명을 받아들였다. 고향에 계신 부모님께는 차마 말을 못 하고 6월 2일 오후 2시 사회과학관 광장 앞에 흰 두루마기를 입고 나타났다. 광장에는 2,000여 명의 학우들이 운집해 있었다.

집회의 효과를 극대화하기 위해 운집한 군중의 뒤쪽에서 사이렌을 울리며 나타나기로 했다. 흰 소복을 입은 여학생 8명과 남학생 8명 그리고 대형 태극기를 든 4명을 앞세우고 내가 맨 앞에 섰다.

사이렌이 울리고 뒤쪽에서 '조국통일'이란 구호를 외치며 등장하자 마치 홍해가 갈라지듯이 학우들이 길을 내주고 우리 일행은 연단까지 연호를 받으며 등장했다. 풍물패에서 북과 징, 꽹과리를 치고 학우들은 수배와 구속을 당할 나의 등장을 근심어린 표정으로 지켜보았다.

"18,000 학우 여러분! 저는 오늘 공동올림픽 쟁취 및 조국의 자주적 평화통일위한 특별위원회 위원장으로 이 자리에 섰습니다. 오늘이 제 생일입니다. 열 번째로 저를 낳고 시골에서 고생하고 계신 어머니께 차마 오늘 일을 말씀드리지 못했습니다. 오늘부터 저는 수배자의 길로 들어섭니다.

어젯밤 총학생회실에서 앞에 있는 대형 태극기를 덮고 잠을 잤습니다. 그 태극기가 그렇게 따사로울 수 없었습니다. 저를 낳아주신 친어머니가 있고 또 그 수많은 어머니들을 낳아주신 더 크신 어머니도 있습니다. 오늘 잠시 시골에 계신 어머니께서 서운해 하시고 나무랄지도 모르겠습니다. 그러나 저희 어머니도 더 크신 어머니가 고통받고 신음하는 이 분단의 땅을 극복하고자 하는 저의 행동을 나중에는 이해해 주시리라 믿습니다.

학우 여러분! 우리는 지금 가자 북으로! 오라 남으로! 남북청년학생 회담 성사와 공동올림픽 쟁취 투쟁을 통해 우리의 반쪽인 북한을 바로 알고 통일의 기운을 널리 전파하고자 이 자리에 섰습니다. 학우여! 우리의 이 의로운 투쟁에 비록 많은 시련과 고통이 따를지라도 애국의 길에 같이 일어섭시다."

투쟁선언문을 읽고 나는 투쟁의 분위기가 고조되었을 때 면도칼을 꺼내 왼쪽 새끼손가락을 갈랐다. 선혈이 낭자하게 피가 흐르기 시작했다. 혈서를 썼다. 하얀 켄트지에 '조국통일'을 쓰고 깃발을 들고 정문으로 돌진했다. 내 뒤를 학우들이 뒤따르고 정문투쟁을 각오한 전투조들이 앞서 나갔다.

정문을 에워싼 경찰들은 우리가 정문에 도착하기도 전에 최루탄과 소위 지랄탄이라는 연발탄을 쏘아대기 시작했다. 하얀 두루마기를 입고 빨간 머리띠를 두른 나를 엄호하고자 체격이 건장한 후배 두세 명이 내 옆을 지키고, 나는 높이 든 깃발을 잡고 눈물 콧물을 흘려야 했다.

나는 도망치지 않고 온몸으로 최루탄의 매캐한 역겨움을 몸으로 들이마시고 뱉어내기를 반복했다. 최루탄 연기가 자욱한 교정에서도 높이 치켜든 나의 깃발을 보고 흩어졌던 학우들이 다시 모여들기 시작하고 다시 흩어지고 모이고를 반복했다. 두 시간가량 나는 쉴 새 없이 아지테이션(아지)을 했다.

"학우여! 한반도를 둘러싼 분단세력을 퇴치하고 남과 북이 자주, 평화, 민족대단결로 나아가야 합니다. 분단은 외세에 의해 당했지만 통일은 우리의 주체 역량으로 우리의 힘으로 해야 하지 않겠습니까? 학우여! 두려움 없이 우리의 의로운 투쟁에 동참하여 반드시 공동올림픽을 성사 시킵시다. 남북청년학생 회담을 우리의 손으로 일궈냅시다."

정리 집회를 하고 총학생회실로 돌아오자 뜻밖에도 내 생일을 축하해주러 많은 선후배들이 모였다. 최루탄 냄새가 찌든 흰 두루마기를 벗었다. 초코파이 몇 개와 음료수 몇 병이 전부였고 기쁘지도 슬프지도 않은 생일축하 노래를 부르며 우리는 서로를 안타깝게 쳐다보고 있었다.

경찰의 특급수배가 떨어진 막내아들 일을 어머니는 언제 알게 되실까? 시골에 계신 어머니를 생각하니 나도 모르게 눈물이 핑 돌았다.

나는 왜 정치를 시작했는가 3

조통특위장에 취임하자마자 수배자 신세가 되었다. 학교 밖에서 하는 집회에 참가할 때면 학교 담장 주변을 빙빙 돌다가 담을 뛰어넘어 택시를 타고 이동했다. 좀처럼 택시가 오지 않으면 이리저리 눈을 돌려가며 긴장해야 했다. 잠은 경찰이 침탈하지 못하는 총학생회실에서 늘 잤다.

몇 달을 총학생회실 소파에서 잠을 자다 보니 허리가 아파 두 다리 쭉 뻗고 잠을 자고 싶었다. 그날은 서울 동부지구 연합집회가 있어 수천 명의 타 학교 학생들이 모였고 이 학생들이 빠져나갈 때 우르르 같이 나가면 뒤를 밟히지 않을 것 같았다. 그러나 그것은 오산이었다. 교내 프락치도 그 군중에 몸을 숨기기 용이했다. 내가 움직이는 동선을 따라 후배 자취방에서 잠을 자고 있는 나를 덮쳤다.

새벽 2시. 후배 몇 명과 곤하게 잠을 자고 있는데 안기부 수사관들이 들이닥쳐 후배들을 제압하고 나를 잡아갔다. 승합차에 타자마자 그들은 우악스럽게 나의 뒷목을 내리쳤고 도무지 고개를 들 수가 없었다. 도망갈 수도 없는 상태였지만 이들은 나의 허리띠를 풀고 고개를 들지 말라고 했다. 나는 어디로 가는 걸까?

20~30분을 달렸을까. 웬 모텔에 도착했다. 나는 지금도 거기가 어딘지 알 수 없다. 그중 두 명이 내 허리춤을 잡고 앞뒤로 에워싸면서 모텔 방으로 데리고 갔다. 방 안에 도착하자마자 그들은 욕조에 물을 받는지 수돗물을 틀었고 내 옷을 벗겼다. 팬티 바람이었다. 그런 후수건으로 눈을 가리더니 다짜고짜 구타를 하기 시작했다. 방에 도착해서 두들겨 맞기까지 1분도 걸리지 않았다.

"니가 정청래야? 이 나쁜 놈. 이 새끼 아주 악질이야."

이 말이 떨어지기가 무섭게 어느 쪽에서 날아오는지도 모를 주먹과 발길질에 쓰러졌다. 묻지도 따지지도 않고 무작정 때렸고, 나는 방바닥에 광대뼈와 코를 박고 쓰러졌다.

수건으로 눈이 가려지고 두 손이 묶인 채 사방에서 날아오는 주먹질과 발길질은 순간순간의 무조건반사신경도 마비시켰다. 왼쪽에서 때리면 오른쪽으로 쓰러졌고 오른쪽에서 때리면 왼쪽으로 쓰러졌다. 코피가 흐르는지 미지근한 액체가 아랫입술을 적시고 목젖을 타고 흘러내렸다. 어딘가가 부러질 것만 같았다.

그러나 정신을 차려야 했다. 물리적 완력과 폭력에 의해 두들겨 맞고 쓰러지고 또 맞고 쓰러져도 맞지 않는 순간만큼은 꼿꼿하게 앉아 있으려 노력했다. 너희들은 때려라 나는 쓰러져도 또 일어난다. 내 몸은 비록 이렇게 피투성이가 되었지만 내 정신만큼은 어쩌지 못

하리라. 비명과 욕지거리가 일정한 시간차로 얼마나 반복됐을까. 두 세 시간쯤 됐을까?

"이 새끼, 진짜 악질 맞네. 이렇게 두들겨 맞아도 또 일어나고. 아주 완전 빨갱이야, 빨갱이. 빨갱이 교육을 아주 제대로 받은 놈이야. 너 김○○ 알아? 그 새끼 지금 어디 있어?"

나는 이을 악물고 아무 말도 안 했다. 그러자 또다시 주먹질과 발길질이 시작되었다. 맞고 쓰러지고 또 맞고 또 쓰러지고…….

얼마쯤 지났을까? 머리가 몽롱해 졌다. 구타를 당해 물리적으로 몸이 아픈 것 보다 욕조의 수돗물 소리가 더욱 두렵고 공포스러 웠다. 이러다가 물고문 당하는 것은 아닐까? 온 몸이 긴장상태로 들어갔고 쭈뼛쭈뼛 머리털이 서는 것 같았다. 무방비 상태에서 거의 정신줄을 놓고 폭행을 하는 자도 폭행을 당하는 자도 몸이 지쳐갈 무렵 뜻밖의 말이 들렸다.

"야, 이 새끼야. 빨갱이 짓도 좋지만 좀 먹어가면서 해라. 몸이 이게 뭐냐? 이 새끼, 완전 삐쩍 골아가지고. 옷 입어, 새끼야."

이리저리 흩어졌던 옷가지를 내 곁으로 던지며 툭 내뱉은 말이었다. 서너 시간을 두들겨 패던 안기부 직원도 내 몸 상태가 불쌍하긴 했나 보다. 수배 중이라 못 먹고 못 자고 온갖 긴장 상태로 신경을 쓰던 때라 내 몸무게는 175센티미터에 52킬로그램까지 떨어져 저체중 상태였다.

두 손은 풀렸지만 내 눈으로 그들의 얼굴이 똑똑히 보이는 게 그들도 두려웠을까. 두 눈은 여전히 수건으로 가려진 채 주섬주섬 옷을 입는데 주르륵 눈물이 흘러내렸다. 그들이 눈치채지 못하게 얼른 눈물을 닦았다. 짐승 같은 이놈들에게 눈물을 보인다는 건 여간 자존심 상하는 일이 아니었다. 팬티 바람으로 죽도록 맞았지만 그만하라고 빌지도 않았고 애원하지도 않았다. 그냥 맞는 것이 내 자존심을 지키는 일이었다.

새벽 6시 30분쯤. 다시 나를 태운 승합차가 어슴푸레 서울 동부경찰서 근처를 달리고 있었다. 두들겨 맞아 몸이 풀리고 잠을 자지 못해 몽롱한 상태였지만 동부경찰서 현판만은 또렷이 내 눈에 들어왔다. 안기부에서 경찰서로 이첩되는 것인가.

"정청래, 이 새끼야. 너 왜 안기부 애들한테 잡히고 지랄이야. 우리가 너 잡으려고 얼마나 생고생 했는데. 이 새끼, 안기부한테 잡혀가지고."

경찰서 공안과에 나를 인계한 안기부는 뭐라 뭐라 귓속말을 하고는 어디론가 사라졌다. 나를 잡으면 자기들에게 어떤 떡고물이 떨어지는지는 몰라도 두들겨 맞고 잡혀온 나와 평소 알고 지내던 담당 경찰서의 첫 응대치고는 참 실망스러웠다. 그러나 기분은 좋았고 안도감이 들었다. 이제 더 두들겨 맞지 않아도 되니까. 이제 살았다는 생각이 들었다.

나는 왜 정치를 시작했는가 4

1988년 조통특위장으로 첫 징역을 살다가 나왔을 때부터 '농축산물 수입개방 강요 말라'는 이슈로 미대사관저 점거농성으로 두 번째 징역을 살고 있는 지금까지 주마등처럼 스쳐 지나갔다. 1989년 5월 강경대 열사사건에 항의해 분신으로 맞서던 그 당시의 상황이 바로 어제의 일처럼 또렷하게 기억나는 것은 그만큼 내 인생에서 가장 큰 충격적 사건이었다.

대한민국 대학생은 경찰의 쇠파이프에 맞아 죽고 그것에 항의한 연이은 대학생들의 분신자살. 죽음을 강요하고 죽음으로 맞서는 대한민국의 이 모순된 사회의 근본 원인은 역시 분단으로부터 출발한다. 이념과 외세의 개입으로 시작된 원치 않는 분단이었지만, 이 분단의 모순을 극복하고 해결하는 일은 1974년 남과 북이 7·4 남북공동성명으로 이미 원칙으로 합의한 자주, 평화, 민족대단결의 길이 정답이다.

사람으로 치면 허리가 잘린 고통으로 머리와 다리에도 합병증이 발생하듯 남과 북의 허리 병은 각종 합병증으로 나타나고 있다. 반북주의에 기댄 이념 갈등, 남과 북이 서로 욕하면서 자신들의 정권의 부족한 정통성을 이용한 적대적 상호의존주의, 망국적 지역감정, 오늘날의 종북사냥 등 온갖 병폐는 분단으로 인한 합병 증세이다.

분단의 장벽을 넘어 통일로 가는 길목에는 수백 가지 수천가지의 장애물이 놓여 있었다. 통일을 원치 않는 분단기득권 세력, 어느덧 확고하게 자리 잡은 반공 이데올로기, 한국전쟁으로 인한 씻을 수 없는 상흔, 군사적 긴장상태와 국제적 역학관계. 어디서부터 어디까지 풀어내야 할 매듭인지 생각하면 할수록 절망감이 들지만 한반도의 평화와 경제적 성장, 미래에 대한 비전 등을 생각할 때 분단은 언젠가 누군가 해결해야 할 민족적 과제임은 틀림없다. 우리 모두의 꿈이다.

우리 민족의 공동의 꿈을 해결해나가는 데 도움이 된다면 나는 벽돌 하나를 쌓는 심정으로 살아야겠다고 다짐했다. 이런 추상적이고 관념적인 생각이 유치할지 몰라도 나는 적어도 1991년 목포교도소에서 이런 다짐을 했다. 그렇다면 이 꿈을 실현하는 데 나는 무엇을 어떻게 할 것인가? 그 다음부터 진도가 나가지 않았다. 생각하고 또 생각했다.

안기부에 끌려가 죽도록 두들겨 맞았을 때도 눈물을 보이지 않고 꿋꿋하게 내 자존심을 망가뜨리지 않았던 동력은 내 생각이 옳고 정의로웠기 때문이다. 첫 번째 징역을 살고 지금 두 번째 감옥살이를 할 때도 역시 나의 머릿속을 사로잡은 주제어는 역시 '통일'이었다. 통일에 기여하는 삶을 어떻게 살 것인가? 대한민국의 변혁의 길에 나는 무엇으로 복무하고, 공동의 꿈인 통일이 어떻게 하면 내 인생의 목표가 될 수 있을까?

그것이 정치였다. 대한민국을 무장혁명투쟁으로 바꿀 수 있는 것도 아니고 또 그것이 올바른 대중투쟁 노선도 아니었다. 그렇다면 합법적 제도권의 틀 안에서 국민의 마음을 얻고 동의와 지지 속에서 분단의 벽을 하나하나 낮추어가는 지름길은 정치였다. 대한민국 입법, 행정, 사법의 권력에서 제1의 권력이랄 수 있는 입법 권력에의 참여가 답이라면 답일 수 있겠다 싶었다.

그렇다면 국회의원? 그것은 너무나도 나에게 멀게만 느껴지는 직업이었고 여태껏 단 한 번도 생각해보지 않은 콘셉트였다. 학생운동으로 징역을 살고 있는 스물일곱 청년의 미래와 삶에서 언제 실현될지도 모를 국회의원을 목표로 인생을 산다는 것이 못내 내키지도 않았고 실현 가능할 것 같지도 않았다.

그렇지만 그것이 목표든 아니든 간에 분단의 장벽을 허물 수 있는 빠른 길이 국회의원이라면 까짓것 못 세울 목표도 아니라는 생각이 들었다. 그런데 국회의원은 시험을 봐서 합격하는 것도 아니고 국회의원이 되려면 갖추어야 할 것과 버려야 할 것도 많아 보였다. 우선 당장 시작할 수 있는 일도 아니고 또 그것이 목표로 한다고 실현될 것도 아니었다.

그렇다면 우선 당장 해야 할 일은 무엇인가? 정치를 하고 국회의원이 된다는 것은 사람의 마음을 얻는 일이 제일 중요하다는 생각부터 들었다. 누군가 도와줘야 하고 또 누군가 찍어줘야 되는 일 아니겠는가? 그런 마음만 갖고 있다고 되는 일도 아니었고 대중적으로 능력을 인정받아야 하지 않겠는가? 그렇다면 나는 자본주의 사회 속에서 무엇으로 그 자질과 능력을 인정받아야 하는가?

만기 출소를 불과 두 달 앞두고 정말 머릿속이 터져나갈 것만 같았다. 대학 졸업도 하지 않은 열혈청년에게 사회적으로 갖춰진 것은 전혀 없었고 재산도 없는 무지렁이 청년 정청래. 당장 출소해서 밥 한 끼 먹고살 걱정을 해도 모자랄 판에 나는 왜 이런 허무맹랑한 꿈을 꾸며 괴로워해야 하는가. 그래도 나를 따라서 학생운동권으로 변모한 후배들을 위해서도 그냥 그럭저럭 대충 살기는 싫었다.

출소 전에 결론부터 내야 했다. 운동권 영력과 감옥살이 전과로 변변한 곳에 취직하기도 어렵고 그렇다고 운동한답시고 남에게 손 벌리며 사는 인생도 싫었다. 그럼 내가 잘할 수 있는 것이 무엇일까? 당시에 운동권 출신들의 밥벌이로는 제격인 학원강사라는 직업이 눈에 들어왔다. 나중에 안 사실이지만 지역주민들과의 교감을 높이고 인지도를 높이는 데 학원만큼 좋은 직종도 없었다.

마포에 학원을 창립하고 정말 열심히 교육사업을 했다. 사실 나는 학원사업을 하면서 막연하게 세웠던 정치의 꿈이 하나하나 퍼즐 맞추듯이 들어맞았다. 자영업을 했기에 시간 활용을 하면서 대학원에도 진학할 수 있었고, 사람을 어떻게 대하고 조직을 어떻게 하는지도 몸으로 경험할 수 있었다. 초창기 3년 동안은 집에도 가지 않고(사실 차비도 없었고) 학원 강의실에서 먹고 자고 했다. 쓸데없이 친구들도 만나지 않고 '사업 성공'을 위한 일에만 매달리고 또 매달렸다.

민족을 생각하는 학원, 큰 꿈 작은 실천의 배움터. 이것이 내 학원의 정신이었다. 아이들만의 꿈이 아니라 사실 나의 꿈이기도 했다. 학원에 걸어놓은 그림은 유일하게 백두산 천지 사진 딱 하나였고 그 사진을 층층마다 걸어놓았다. 아이들에게 천지 사진만 걸어놓은 이유를 설명했다.

결혼을 해서 아들만 셋을 낳았다. 천주교 신자가 아님에도 불구하고 주례 선생님을 문규현 신부님으로 모셨고, 아들들 이름도 한백(한라에서 백두까지), 한결(그 마음 한결같아라), 한솔(늘 푸른 소나무처럼)로 지었다. 대학원도 북한통일정책학과를 다녔다. 학원사업은 의외로 IMF 시절 급성장을 했다. 그동안 지역사회에서 학부모들에게 쌓은 신뢰감이 주된 이유였다.

IMF 시절 학원비가 없어 학원을 그만두려는 아이들을 무료로 가르쳤고 그것이 고마워서 엄마들은 다른 아이들을 소개했다. 그러면서 학원이 더욱 번창했고 성장에 성장을 거듭했다. 역시 착한 마음으로 성심을 다하면 그것이 경제적 축복으로 돌아온다는 삶의 지혜를 깨달았다. 손에 쥔 것을 놓아야 더 많은 것을 쥘 수 있다는 나눔과 베풂의 미학을 경험했던 것은 내 인생에서 귀한 재산이다.

자본주의사회에서 돈은 중요한 성공의 목표이다. 그러나 나는 돈을 목표로 삼지 않았다. 인생이란 원래 빈손으로 왔다가 빈손으로 가는 것. 나의 노력으로 벌어들인 물질과 재화일지라도 그것을 내가 저 세상으로 가지고 갈 수 없다면 그것 또한 내 것이 아니다. 내가 노력해서 벌어들인 물질과 재화는 잠시 내 마음대로 집행하는 것에 불과하다. 그렇다면 그 물질과 재화를 나눔과 베풂의 도구로 쓴다면 그 과정에서 얻어지는 타인의 마음이 재산이라 생각했다.

학원사업을 하면서 많이 벌었고 많이 썼다. 빌딩 몇 채도 살 수 있었다. 그러나 그것을 쌓아두지 않고 그때그때 내 나름의 방식으로 어려운 사람들, 어려운 시민단체에게 남몰래 기부도 많이 했다. 돈이 잘 벌리면 그 돈으로 더 큰 재산으로 불리는 욕망을 떨쳐버리는 것이 그리 쉬운 일은 아니었다. 특히 불로소득의 대명사인 부동산 투자 내지 투기만큼은 전혀 하지 않았다. 나는 땅 한 평 내 앞으로 두지 않는다는 다짐을 지금도 실천하고 있다. 지금은 하고 싶어도 돈이 없어 못하지만.

사실 나는 운도 좋은 사람이다. 학원사업을 같이 했던 30년 지기 친구와 "10년 후 우리는 무엇을 할까?"라는 말을 하다가 A4용지에 그 계획을 쓴 적이 있다. 그 친구는 자수성가한 교육출판 '(주)비상교육' 대표 양태회다. 내 인생에서 이 친구가 없었다면 지금의 정청래도 없을 것이다. 이 친구와 장난처럼 써본 '10년 후 인생설계서'였지만 국회의원이 되었을 때 이 친구가 나에게 한 말이 있다.

"너는 인생설계서대로 정말 실천하며 살았어. 우리 회사 신입사원 교육 때 정청래 이야기를 하지. 여러분도 친한 친구와 10년 인생설계서를 써보라고. 10년 후 나의 인생목표를 정하고, 그 목표를 향해 해야 할 노력과 과정을 적고 그대로 해보라고. 그럼 그것을 쓴 사람과 안 쓴 사람의 10년 후는 많이 달라져 있을 거라고 말하지."

그렇다. 나는 이 친구와 '10년 후 나의 인생설계서'를 썼다. 2004년 만38세 제17대 국회의원 출마, 당선이라는 인생설계가 분명 있었다. 그 목표를 실현하기 위해 많은 것을 절제했고 많은 고통도 감수했고 나누고 베푸는 삶을 체질화하기 위해 노력도 많이 했던 것 같다. 학생운동 시절 풋풋한 열혈청년의 기상과 순수함이 사라질까 봐 걱정도 하고 두려워하며 살았다.

2004년 국회의원으로 당선되어 지금까지 쉽지 않은 고비들이 많았고 앞으로도 평탄한 정치역정이지는 않을 것 같다. 어쩌면 지금부터 더 큰 시련이 나를 기다리고 있는지도 모르겠다. 그러나 내가 만나는 사람마다 써주는 '늘 처음처럼'이란 문구처럼 1991년 5월 목포교도소에서 불면의 밤을 지새우며 세운 '분단극복=통일'이라는 우리 모두의 꿈을 위해 오늘도 나는 달린다.

제 발로 찾아간 운동권

대학에서 학보사 기자생활을 하면서 역사와 민족, 조국과 민주주의를 비로소 알게 되었다. 1980년 광주의 진실을 알게 되면서 정말 머릿속이 너무 혼란스러웠다. 내가 알던 전두환이 영웅은커녕 오히려 가해자였고, 민주주의를 말살하는 인간이었다.

그러다가 1986년 10월 28일 건대항쟁이 일어났고, 사실이 완벽하게 왜곡되는 언론보도를 보면서 분노를 감출 수 없었다. 학보사 기자로서 진실을 알리는 건대 신문 호외를 만들었고, 건대항쟁의 실체를 알린 내가 쓴 기사(방담 형식의 글)가 전국 대학가에 대자보로 붙었다. 단일 사건으로 단군 이래 최대 구속자인 1,274명을 배출한 건대사건을 직접 눈으로 보면서 그동안 술집에서 토로했던 선배들의 울분을 이해할 수 있었다. 『해방 전후사의 인식』과 강만길 교수의 『한국근현대사』에서 나오는 믿기 어려웠던 사실이 그대로 내 가슴에 들어오기 시작했다. 나는 점점 운동권 학생이 되어가고 있었다.

그해 서울대에서 김세진·이재호 열사가 분신자살한 사건이 터졌다. 그들을 기린 〈잘 탄다 진아〉라는 노래를 목이 터져라 부르며 역사에 대해, 조국에 대해, 생명에 대해 괴로워하며 날마다 밤을 지새웠다. 술 먹은 객기였지만 나 또한 분신자살 투쟁도 주저하지 않겠노라며 서글프게 운 적도 있었다. 학보사를 그만두고 투쟁의 맨 앞자리에 서고자 학생운동 조직을 제 발로 찾아갔다. 본격적인 운동권의 시작이었다. 조직에 가입하고 6월 항쟁의 거리에서 어깨동무하고 뛰었다. 그러다가 6월 26일 집시법 위반으로 잡혀 서초경찰서에서 구류를 살았다. 생애 첫 경찰서 경험이었다. 어떤 어려움과 고통도 피하지 않고, 역사와 국민과 함께하겠다는 내 삶은 점차로 무르익어갔다.

돌아오지 않는 화살이 되어

1989년 10월 13일.

'그레그 처단과 민족 자주권 쟁취를 위한 전대협 반미구국 결사대'의 한 사람으로 건국대학교 문과대학 학생회실을 출발하여 안개 낀 군자교를 넘던 그날이 아직도 생생하다. 목숨을 내놓고 내 생에 가장 큰 결심을 실행한 때다.

'정말 죽을지도 모른다. 어쩌면 마지막 순간일 수도 있다.'

내가 하려는 일은 자기 영토라고 믿고 있는 미대사관저를 '침범'하는 것이었기 때문이다. 본시 미국은 남의 영토 침범은 밥 먹듯 해도 자기 영토가 침범되는 꼴은 죽어도 못 보는 나라이기 때문이다.

'총 맞아 죽을 수도 있다. 그러나 후회하지 않겠다.'

나의 다짐은 결코 허언이 아니었지만 온갖 상념이 떠올랐고, 충분히 심란했다.

'미국도 인간인데 설마 쏘기야 하겠냐. 아니지, 개를 좋아하는 사람들이니 군견을 풀어서 물게 할 수도 있다. 차라리 총 맞아 죽으면 깨끗할 텐데…….'

개한테 물려 죽을 생각을 하니 등골이 오싹하고 너무 두려웠다.

빌린 자동차에는 운전하는 친구를 포함하여 7명이 타고 있었다. 소형차에 장정 일곱이 타다 보니 서로 바짝 붙어 앉을 수밖에 없었다. 은박지로 싼 쇠파이프의 싸늘함마저 더해져 떨리기만 하는 옆사람의 몸을 느낀 채 아무 말도 할 수가 없었다. 시간은 새벽 6시를 조금 넘었고 안개낀 군자교에는 차들도 거의 다니지 않았다. 너무 두려운 마음에 '차가 좀 펑크 났으면, 교통사고라도 났으면' 하는 바람마저 들었다. 예정한 시간에 맞추며 가느라 차는 아주 천천히 달렸는데도 나에겐 너무 빠른 느낌이었다. 떨리는 몸과 마음을 어찌하지 못하고 있는데 타고 있던 친구 한 명이 노래라도 부르자고 제안했다. 누가 먼저랄 것도 없이 '애국의 길'을 천천히 한 소절씩 부르는데 목소리는 납덩이보다 무거웠고 다들 울고 있었다. 차가 청계고가를 넘어서자 '아, 이제 얼마 남지 않았구나' 하는 생각이 밀려들었다.

덕수궁 대한문 앞에서 운전을 하던 친구는 내리고 다른 친구가 운전대를 잡았다. 우리 6명 중에는 운전면허증이 있는 사람이 없었다. 그나마 그 친구는 운전면허시험에서 두 번 떨어져본 경험이 있다는 이유로 대한문부터 미대사관저까지 운전을 하게 되었다. 대략 500미터도 안 되는 거리다. 그 짧은 길인데도 운전이 서툰 데다 극도로 긴장하고 있어서 매우 불안했다. 우리는 정확히 새벽 6시 30분에 그 장소에 닿아야 했다. 그 시간은 미대사관저를 밤새 경비하던 팀이 새 경비팀과 교대하는 때다. 사전 답사에 따르면 정확한 교대 시간 사이에 1분의 공백이 있다. 그 찰나에 우리는 관저 담에 정확히 차를 댄 다음 차 지붕을 딛고 담을 넘어갈 계획이었다.

그런데 우리는 너무 일찍 도착했다. 우물거리다가는 들키고 말 것이다. 낯선 청년 여섯이 쇠파이프를 들고 서 있는데 대수롭지 않게 여길 사람은 없을 테니까. 일단 차에서 잠깐 기다렸다. 1초가 마치 한 시간 같고 초침이 천둥처럼 울렸다.

'혹시 경찰이 와서 차 문을 열고 다 연행해가면 어떡하나.'

2~3분을 기다렸을까. 밖에 별다른 움직임이 없는 걸 확인하고 다

시 차를 움직였다. 쇠파이프를 잡은 손에는 땀이 차고 온몸은 긴장으로 빳빳해졌다. 이제 차를 담에 대야 하는데 그 지점에 한 청소부가 바닥을 쓸고 있었다. 순간 운전을 하던 친구가 놀라 브레이크를 밟는다는 것이 가속 페달을 밟고 말았다. 청소부를 치고 차가 섰다.

'큰일 났다. 죽었으면 어떡하지?'

놀란 마음에 그런 생각을 하면서 담을 넘었다. 그런데 쓰러져 있던 청소부가 일어나 마지막으로 담을 오르던 친구의 발을 잡았다. 제발 좀 놔달라고 통사정을 하는데도 놓지 않아 억지로 떼밀고 담을 넘었다. 그분에게는 얼마나 죄송했는지 모른다.

우여곡절 끝에 담을 넘었는데 바로 경비초소 앞이었다. 경비초소에는 벨을 누르고 도망간 흔적이 보였다. 이제 정말 총을 맞을 수도 있고, 개가 달려 나올 수도 있는 상황인 것이다. 널따란 대사관저 앞은 잔디가 깔려 있고 수영장이 있었다. 우리가 담을 넘은 곳에서 건물까지는 60~70미터 거리였다. 잔디밭 사이에는 우리 키 높이의 가로등이 서 있었다.

누가 "이 가로등 깹시다!" 하고 외쳤다. 얼른 움직이는 것이 긴장을 없애는 데 도움이 되었다. 가로등을 깨고 달려가 기와집처럼 지어진 2층 높이의 대사관저에 이르렀다. 두꺼운 벽과 기둥 사이는 5센티미터 두께의 방탄유리로 막혀 있었다. 그리로 들어간 우리는 안에서 빗장을 걸고 그레그 대사를 찾았다. 침대는 급하게 몸을 피한 듯 어질러져 있었다. 5분 정도면 진압이 있을 것으로 예상하고 방어용으로 거실에 휘발유를 뿌렸다. 그리고 나서 태극기를 몸에 두르고 구호를 외쳤다.

"농수산물 수입 개방 압력 철회하라!"

"노태우의 매국적 방미 결사 반대한다!"

"유신독재 배후 조종 그레그는 귀국하라!"

"국가보안법 철폐하라!"

예상대로 진압대가 몰려왔는데 막상 들어올 문을 찾지 못했다. 방탄유리가 쉽게 깨지지 않아 해머로 깨기 시작했는데 30분가량 지나서야 구멍이 생겼다. 나는 그 구멍으로 재빨리 사제 폭탄을 던졌고, 결국 우리는 한 시간 정도 버틸 수 있었다. 그러나 한 시간은 지옥 같았다. 목이 쉬어 소리가 나오지 않았고 '빨리 잡아갔으면' 하는 생각마저 들었다. 결국 진압대가 건물 안으로 쏟아져 들어왔다. 뿌려둔 휘발유 위에 화염병을 던졌으나 예상과 달리 점거 시간이 길어져 다 휘발되어 불이 붙지 않았다. 그때부터 무자비한 구타가 시작됐다. 전경 한 명의 목을 잡고 바닥에 넘어져 빙글빙글 돌던 나는 방패로 찍히고 두들겨 맞았다. 밖에서는 경찰차의 사이렌이 울리고 카메라 플래시가 어지럽게 터졌다. 모든 언론사가 다 와 있는 듯 보였다. 언론사의 플래시가 우리를 향하자 전경들은 구타를 멈췄다. 우리는 도열되어 있던 경찰차에 한 명씩 태워졌다. 경찰들도 경황이 없었는지 아무도 내 옆에 앉지 않았다. 그때가 아침 7시 30분경으로 출근시간이라 차들이 막혀 서 있는데도 뛰어내릴 생각은 못 하고 창문을 내리고는 몸에 두른 태극기를 풀어 흔들면서 외쳤다.

"국가보안법 철폐하라! 수입 개방 압력 철회하라!"

보던 사람들이 박수를 치고 경찰은 그만 하라고 말리면서 남대문경찰서에 도착했다. 그날, 13일은 노태우 대통령이 방미하기 이틀 전이었다. 남대문경찰서에 도착하자마자 우리의 신원 파악을 위한 조사가 시작되었다. 경험을 통해 이 사실을 알고 있던 우리는 신분증을 한 명도 휴대하지 않았다.

"기자회견을 마련하면 신원을 대겠다."

붙잡혀온 주제에 기자회견을 하겠다고 우긴다며 나를 때리던 형사는 내 머리가 깨져 피가 난 것을 보고는 깜짝 놀라 병원에 가자고 했다. 이상하다 싶어 머리를 만져봤더니 말라붙은 핏가루가 한 주먹이나 잡혔다. 형사들이 나를 남대문경찰서 뒤에 있는 한독병원으로 옮겼다. 허리춤을 잡힌 채 끌려가는 길에 무심코 뒤를 돌아보았다.

'속보 대학생 6명 미대사관저 점거'

서울역 전광판이 번쩍이며 계속 이런 문구를 내보이고 있는 게 아닌가.

'성공했다!'

그 순간 눈물이 핑 돌며 기분이 너무 좋아 아픈 것도 잊었다. 다행히 머리에 큰 이상이 없었다. 열 바늘 꿰매고 압박붕대로 칭칭 동여매고는 병원을 나서다 방송국 기자들을 만났다. 형사들은 우리가 가져간 쇠파이프 등을 조직폭력배 검거 후 칼자루 전시하듯이 책상 위에 죽 늘어놓고 그 뒤에 우리를 앉히려고 했다. 우리를 폭력배 취급하며 그 의미를 축소시키려는 모양새에 화가 나 벌떡 일어나서 항의했다.

기자회견 후 본격적인 경위 조사를 받았다.

'배후 조종한 게 누구냐, 어떻게 6명이 모이게 됐느냐, 어디서 모였느냐.'

우리의 대답은 간결하고 명쾌했다. 그 당시 많은 학생은 해방 이후 계속돼온 미국의 부당한 내정간섭, 미 제국주의의 폭력성이 한국 사회의 민주화를 저해하고 조국통일에 심대한 방해가 되고 있으며, 슈퍼 301조를 내세운 수입 개방 압력으로 한민족 전체의 생존권마저 위협한다고 판단했다. 그런 문제의식 아래 나는 1988년 조통특위장을 맡으면서 올림픽 폐막식 때 그 사실을 널리 알리고자 미문화원을 점거하려고 했다. 당시 전대협 간부들과 상의했고 사전답사까지 마쳤지만, 검거되는 바람에 그 일은 무산되었다. 그 무렵 같은 고민을 하는 친구들을 만나게 되었다. 20세기에도 여전히 미국의 식민지와 다름없이 경제적 수탈과 내정간섭을 받는 조국에 대한 걱정과 울분으로 답답하던 우리는 이런 사실을 온 국민에게 제대로 알리고 경고해야 한다고 생각했다. 또 모든 외교적 문제를 미국의 의도대로 합의해주기 위해 미국에 가려는 노태우 대통령의 매국적 방미를 국민의 힘으로 저지해야 함을 알리고 싶었다.

이렇게 모인 6명은 한동안 한신대 근처에서 함께 지내면서 문제의식을 나누었다. 미국의 역사와 제국주의 침략사를 함께 공부하면서 미국의 한반도 지배 욕심을 다시 한 번 확인하고, 일기를 쓰면서 자기 생각들을 정리했다. 대미투쟁이 옳은 일임을 확신했지만 막상 실천으로 옮기려니 어린 학생들에게는 어찌 두려움이 없었겠는가. 마침 가을이라 한신대 앞에 펼쳐진 논에서 메뚜기를 잡으며 뛰어다니기도 했지만, 서로 마주하며 웃는 얼굴에서도 불안한 심정을 읽을 수 있었다. 떠오르는 부모님 얼굴에 착잡한 마음이야 오죽했을까. 그래도 함께하는 친구들이 있었기에 목숨을 걸어야 하는 힘든 길에서 신념을 버리지 않고 뜻을 이룰 수 있었을 것이다.

미대사관저 점거투쟁을 위한 구체적인 계획은 건국대학교에서 이루어졌다. 나흘 정도 남겨둔 때였는데 투쟁선언문과 대국민 메시지를 작성하고 세세한 일들을 준비했다. 아무것도 모르는 친구들과 선후배들이 인사를 건네며 술 한잔하자고 했다. 오랜만에 회포를 풀자며 약속을 잡았다. 사람들 얼굴이 예사로 보이지 않았고, 언제 다시 볼 날이 올지 모른다 생각하니 애틋함으로 가슴이 먹먹해졌다. 바빠서 안 된다며 애써 태연한 척하자니 마음은 더욱 무겁게 가라앉았다. 사람들에게 좀 더 잘 할 걸 하는 아쉬움이 밀려들었다. 어린 나이에 심장마저 얼어붙는 듯했던 결심을 홀로 품어야 하는 내 나라의 현실이 너무도 아팠다.

운전을 해야 하는 두 친구는 빌려온 자동차로 학교 주변을 돌며 운전연습을 했다. 나는 필요한 문서들을 작성하고 복사하는 일을 맡았다. 드디어 내일이다. 그런데 사정이 생겨 하루 연기되었다. 그 소식이 어찌나 반갑던지 이렇게 계속 연기되면 좋겠다고 생각했을 정도다. 갑자기 모든 사실이 꿈인 듯싶었다. 13일 아침, 사제 폭탄과 화염병, 쇠파이프 등 준비한 도구를 챙겨 들고 차에 올랐다.

'아, 진짜 가는구나.'

1989년 10월 13일은, '13일의 금요일'이었다. 원래 이런 진압은 공안부서에서 하는데 형사계가 담당했다. 형사계장이 계장실로 우리를 부르더니 친절하게 대해주었다. 경찰 생활 20년 만에 처음으로 청와대 민정수석에게 직접 보고하게 됐다는 것이다. 경찰을 하면서 쉽게 주어지지 않는 기회를 놓치고 싶지 않은 모양이었다. 시경, 안기부 등을 포함해 다섯 기관에서 우리 사건을 조사하고 있는데 자기에게만 제대로 협조해달라고 했다. 48시간이라는 시간 제약 때문에 안기부 조사를 한 시간 이상 못 하게 하는 등 기관들 사이의 신경전도 대단했다. 우리는 형사계장의 제안을 받아들였고 그의 도움 아래 큰 사고 없이 조사를 마쳤다.

곧 구속영장이 떨어졌고 국가보안법 위반에 해당하는 우리는 유치장에 갇힌 채 20일가량 조사받아야 했다. 어느 일요일인가는 형사계장이 아닌 조사계장이 들어와 나를 불러내더니 조사를 하겠다고 했다. 형사계에서 우리 신변을 인도했기 때문에 이 사람은 조사할 권한도 없었다. 게다가 이미 다한 이야기를 자꾸 물어보아 대답을 하지 않았는데, 대답을 하지 않는다며 2시간 동안이나 따귀를 때리는 게 아닌가. 한 대 때리고는 빨갱이라며 인격적인 모독을 느낄 말들을 내뱉고는 다시 때리기를 반복했다. 그런 부당한 대우에 난 한 마디도 대꾸하지 않았다.

조사를 마치고 검찰로 송치되었다. 구치소로 옮겨지기 전 형사계장에서 전화 한 통 하게 해달라고 했다. 건국대 학교 총학생회실로 전화를 걸었다. 지금 미국에서 유권자 운동과 위안부 소녀상 건립운동 활동을 열심히 하고 있는 김동찬, 당시 부총학생회장이 상기된 목소리로 전화를 받았다.

"건강하냐? 너 죽을지도 모른다는 소문이 났었다. 붕대 감은 사진이 신문에 나고 출혈이 심하다는 보도 때문에."

"괜찮아, 걱정하지 마라."

"지금 학교에서는 정청래 구출투쟁이 한창이다. 2,000명씩 막 모인다. 몸 건강하게 있어라. 너무 고생했다. 너희 투쟁은 성공했다."

무척이나 반갑고 기뻤다. 그러나 당시엔 그 투쟁이 어느 정도 사회적 파장을 몰고 왔는지 확실히 알 수 없었다. 위의 통화 내용과 딱 한 번 본 『중앙일보』 기사로는 그 전체를 실감할 수 없었다. 미 국무부에서 논평을 내고 외교문제로까지 번졌다는 사실은 한참 후에나 알았다. 미국이 한반도에 공관을 연 후 대사관저가 침범을 당한 것은 그때가 처음이라고 한다. 당연히 그 충격과 파장은 엄청날 수밖에 없었다.

—2003년 『사람만이 사람 사는 세상을 만든다』 중에서

길잡이학원 원장 선생님

결혼도 했다. 연애하면서 나의 결심을 모두 이야기했다. 애인은 흔쾌히 받아들였고 아내가 되었다. 주례는 정의구현사제단 문규현 신부님께 맡겼다. 훗날 아들 셋을 낳았는데 이름을 한백(한라에서 백두까지), 한결(그 마음 한결같아라), 한솔(늘 푸르른 소나무처럼)로 지었다. 학원 이름도 '민족을 생각하는 학원, 큰 꿈 작은 실천의 배움터, 길잡이학원'이었다. 학원에도 각층이나 복도에 그림이든 사진이든 '백두산 천지'만 걸었다. 당시 『한겨레』에서 주최한 '6·10항쟁 기념 마라톤'에 우리 학원 아이들 300명을 모두 데리고 가서 함께 달렸다. 나와 관련된 모든 것을 내 삶의 목표로 일원화시켰던 것이다. '네 시작은 비록 미약하여도, 네 나중은 심히 창대하리라.'

막상 학원을 시작했지만 참 힘들었다. 처음 1년 6개월간은 차비가

없어 아끼려고 대부분 학원에서 먹고 잤다. 3년 동안은 학원에만 전념하려고 친구도 안 만났다. 단 한 명도. 잠자는 시간 빼고는 오로지 학원에 올인 했다. 그 결과 학원은 자리 잡았고 돈도 벌었다. 10년이 지나 총선에 출마하려고 다른 사람에게 넘겨줄 때 학생이 1,500명, 교직원이 100명이었다. 정말 창대했다.

학원이 번창해도 그 자체가 목적이 아니었기에 돈에 혈안이 되지는 않았다. 나의 경쟁력을 입증하는 게 우선이었다. 사정에 따라 무료 수강도 많이 해줬다. IMF 시절에는 학원비도 덜 받았다. 엄마들이 학원에 찾아와 깎아달라고 하면 한 번도 '안 됩니다'라고 한 적이 없었다. 엄마들이 그게 얼마든 내는 만큼만 받았다. 다만 전화로 깎아달라는 경우는 봐주지 않았다. 원장실에 찾아와서 내 눈을 보고 깎아달라는 엄마들만 해당됐다.

10년 동안 학원을 해서 큰돈을 벌었다. 빌딩 몇 채도 살 수 있었다. 그렇지만 모으기보다는 썼다. 남몰래 기부를 많이 했다. 힘들게 사는 후배들이나 어려운 사람들이 재기하도록 도와줬다. 임대료도 제때 못 내는 시민단체들은 특히 더 신경 썼다. 대신 부동산 쪽은 눈도 안 돌렸다. 한 푼도 쓰지 않았다. 나는 지금도 내 명의의 땅이 없다. 부모님 돌아가시고 물려받은 시골 논밭도 일부러 받지 않았다. 다 형제들 몫으로 돌렸다. 장인, 장모님도 많은 땅을 남기고 돌아가셨다. 나는 아내에게 한 평도 받지 말라고 설득 중이다. 인생 어차피 공수래공수거 아닌가. 아무리 내 명의로 등기가 됐다 하더라도, 그건 내 것이 아니다. 잠시 내 이름으로 빌릴 뿐이다. 더구나 물려받는 게 내 것이라는 건 불공정하다고 생각한다. 대한민국 재벌들 다 대대손손 유산으로 유지되지 않는가. 이건 잘못된 문화다. 내가 큰돈을 벌어도 내 대에서 끝내고 자식은 스스로 새로 시작하게 만드는 게 맞다고 본다. 마라톤을 뛰는데 누구는 30킬로미터 앞에서 시작하면 그게 어떻게 공정한가.

나는 아들들에게 말했다.

"나의 부모도 공부는 도와줬다. 나도 너희들 공부는 끝까지 도와줄 것이다. 단, 거기까지다. 공부가 끝나고 나면 더 이상 기대하지 마라. 너희들이 알아서 돈 벌어서 장가를 가든 집을 사든 마음대로 해라. 난 물려줄 재산을 안 만들 것이다."

그래서 그런지 그때 가지고 다녔던 낡고 낡은 딱 하나의 지갑을 못 버리고 지금도 소중히 쓰고 있다. 평생 지갑 하나 나의 보물 1호다. 그 지갑을 보면서 마음을 다잡는다.

학원이 안정적으로 자리잡고 다소 여유가 생겨서 대학원에 진학했다. 서강대 북한정책학과. 처음부터 다시 북한에 대해 공부했다. 학생운동 시절 알았던 건 다 지웠다. 코피 쏟을 정도로 열심히 공부했다. 고등학교 3학년 때도 안 했던 짓이다. 필요하면 원전도 읽었다. 컴퓨터를 제대로 다루지 못하던 시절이라 논문도 원고지에 썼다. 결국 나는 북한통일정책학 석사 과정을 수석으로 마쳤다.

학원 운영 10년 동안 남북문제의 동향을 알기 위해 일간지·주간지·월간지 등 정기간행물을 무려 16종이나 구독했다. 나는 누구보다 이 사안에 대해 차근차근, 꾸준히, 심도 있게 접근하고 공부해왔던 것이다. 그래서 분단과 통일에 대해선 누구보다 전문가라 자신할 수 있다.

마침내 정치인으로

17대 국회의원 선거가 1년여 남은 2003년 3월 1일, 나는 선거 사무실을 오픈했다. 3월 1일로 날을 잡은 건 삼일절을 기리면서 정청래가 정치적으로 독립을 선언하는 날임을 알리려는 뜻이었다, 물론 아무도 주목하지는 않았지만 말이다.

이전에 학원부터 정리했다. 다른 사람한테 넘겼다. 사실 학원을 이용하면 매우 유리했다. 학원을 거쳐간 학생만 만 명이 넘었다. 연락처도 모두 있었다. 학부형들한테만 전화를 돌려도 참 수월했을 것이다. 더구나 나는 학원 운영을 잘해서 적어도 지역에선 꽤 짜하게 알려졌던 터다. 학원 원장으로 입지도 탄탄했고 학부형들의 신뢰도 대단했다. 그래도 학원을 이용하지 않았다. 내가 학원을 했던 순수성이나 진정성이 훼손되는 게 싫었다. 교육과 정치는 분리돼야 한다고 생각했다. 참으로 고지식한 놈이 따로 없었다.

그렇다고 선거운동의 노하우가 있었느냐, 당연히 없었다. 선거사무실도 차렸으니 이제 지역주민들한테 내년 총선에 나올 사람이라고 알려야 하는데 도무지 어떻게 해야 하는지 아는 게 하나도 없었다. 기존 선거 결과 통계 분석도 나한테 유리한 게 하나도 없었다. 마포구는 당시 한나라당 후보가 3선을 하던 지역이었다. 야당에게는 황무지였다. 이를 옥토로 만들어야 하는 게 내가 할 일이었다. 일단 부딪혀보자, 마음만 컸다.

여기저기 알아보니 내가 출마할 지역구인 마포을에서 사람들이 가장 많이 모이는 곳이 성미산이었다. 그래서 새벽에 일어나 거기부터 올라갔다. 내 얼굴을 알아볼까봐 쑥스러워서 모자를 깊게 눌러썼다. 그러나 악수도 인사도 못 하고 두어 시간 산만 오르락내리락하다가 그냥 사무실로 돌아왔다. 참 한심했고 자괴감마저 들었다,

'정청래 너 뭐하는 놈이냐. 그럴 걸 거긴 왜 올라갔는데? 이래서야 국회의원 되겠어?'

하루 종일 자책했다. 괴로웠다. 다음 날 또 올라갔다. 똑같은 짓을 반복했다. 사흘째 또 올라갔다. 단 한 명과도 대화는커녕 악수도 못 하고 하산했다. 극심한 좌절감이 몰려왔다. 이게 참 힘든 일이구나, 고민이 깊어졌다. 조기축구회 모임인 마포구축구연합회를 찾아갔다.

“제가 내년 총선에 출마하려고 합니다. 혹시 행사가 있으면 그 자리에서 저를 소개 좀 해주시겠습니까?”

며칠 뒤 연락이 왔다. 아주 큰 행사였다. 그런 만큼 내빈용 좌석 맨 앞줄에는 구청장과 지방의회 의원님이 앉았고, 두 번째 줄에는 연합회 간부들이, 세 번째 줄에는 지역유지들 차지였고, 나는 누군지 모르는 사람들과 마지막 줄에 앉았다. 축구연합회 모자를 썼는데, 어색한 것이 참으로 멍청해 보였을 것이다. 행사가 시작됐고 식순에 따라 내빈 소개 시간이었다. 30여 명을 일일이 소개했다. 나는 맨 끝찌라 5분 정도 기다렸는데 그 시간이 정말 어마어마하게 길었다. 나는 마구 가슴이 뛰었고 얼굴은 발개졌다. 소개받으면 어떻게 해야 할지 감도 안 잡혀서 미리 나눠준 팸플릿만 읽고 또 읽어서 다 외울 지경 즈음에 내 이름이 소개됐다.

“길잡이학원 정청래 원장님 오셨습니다.”

나는 어정쩡하게 일어나 어정쩡하게 인사만 했다.

“어? 원장 선생님, 여긴 어쩐 일이에요?”

나를 알아본 학부형들이 아는 체를 하고 물어봤지만 나는 입이 떨어지지가 않았다. 아무 말도 못했다. 이러다가는 죽도 밥도 안 되게 생겼다. 내가 이 정도로 부끄러움을 타는지 정말 몰랐다. 친하게 지내던 학부형들을 불러 조언을 구했다.

“제가 내년에 국회의원 선거에 출마하려고 합니다. 어떻게 생각하세요?”

“네? 그게 무슨 말씀이세요? 왜 그런 쓸데없는 생각을 하세요?”

“학원을 하다가 뜬금없이 국회의원이라니요. 가당치도 않아요.

송충이는 솔잎을 먹어야죠. 학원 좀 된다고 정치를 하는 게 말이 됩니까?"

"우리 아이들은 누가 책임지고요?"

혹을 떼려다 혹만 더 생겼다. 돌아버리는 줄 알았다. 10년을 준비했는데 포기할 수는 없었다. 결국 정당활동을 하던 분들을 찾아다녔다.

"지금처럼 하면 백날 해도 안 됩니다."

"그럼 어떻게 해야 하나요?"

"사무실에 직원부터 두세요. 그리고 마스터플랜을 만들고 일정을 짜요. 일정대로 동네도 돌고, 사무실도 돌고, 거리도 돌고, 막 돌아다녀야 해요."

"그렇게 하고 싶지 않은데요."

"그럼 출마하지 말아야죠."

답답하고 갑갑하기만 한데 돌파구는 안 보였다. 이를 어쩌나? 그러던 차에 '노사모(노무현을 사랑하는 사람들의 모임)'가 주축이 된 '국민의힘(생활정치네트워크 국민의 힘)'이 생겨서 그곳을 찾아갔다. 나는 '노사모' 활동을 해오고 있었다. '국민의힘'에서 핵심적으로 일하던 이상호라는 친구에게 부탁했다. 그는 '노사모'에서 미키루크라는 아이디로 매우 유명해진 인물이었다.

"제가 '국민의힘' 대표가 되게 해주세요."

"왜 그러시는 거죠?"

"제가 국회의원 출마하려는데 명함이 필요합니다. 그런데 딱히 내세울 게 없어요. 학생운동 하다가 징역산 게 다거든요."

"'국민의힘'대표가 뭐 대단하다고요."

농담처럼 내뱉은 말이지만 어떻든 대표가 됐다. 명함이 필요해서 대표직을 맡았지만 허투로 하지는 않았다. 내 성격상 뭐라도 하게 되면 열심히 하고 최선을 다했다. 의도하지는 않았지만 대표활동을 충실히 한 덕분에 정치수업도 됐고, 공부도 많이 했다. 그렇지만 지역활동은 그야말로 개점휴업 상태가 되고 말았다.

그러던 차에 KBS '100분 토론'에 나가게 됐다. 당시 '국민의힘'은 '금배지 그들이 알고 싶다'는 운동을 벌이고 있었다. 여야 가릴 것 없이 국회의원들에게 현안에 대해 질의서를 보내는 것이었다. 답변서를 보내는 의원도 있었고, 아예 무시하는 의원도 있었지만 사회적으로 큰 관심거리로 떠올랐다. 그래서 '100분 토론' 주제로 다뤘고, '국민의힘' 관계자도 패널로 초대를 받았다.

내가 나갔다. 맨땅에 헤딩하는 심정이었다. 땀을 삐질삐질 흘리면서 겨우겨우 토론을 마쳤다. 평가는 나쁘지 않았다. 아주 잘한 건 아니지만 중간 이상은 했던 것이다. 사람들에게 나를 알린 계기였다. 그때부터 '100분 토론에 나왔던 사람'이라고 명함을 파서 뿌리고 다녔다.

국회의원이 되는 과정에서 '노사모'의 도움을 많이 받았는데 특히 '마포 노사모'가 큰 힘이 됐다. 어느 날 '마포 노사모'가 속초로 워크숍을 간다기에 나도 뒤따라가겠다고 했다. 반신반의하는 눈치들이었다. 나는 일을 끝내고 막차를 타고 속초로 갔다. 새벽 4시가 다 돼서야 워크숍 장소에 도착했다. 그 자리에서 두어 시간 이야기를 나누고 아침 6시 첫차를 타고 서울로 돌아왔다. 그때의 진심과 진정성이 통해서 정청래를 돕자는 말이 나왔다.

다방면으로 사람들을 만나고 나니까 자신감도 붙었다. 더 이상 성미산에서 쭈뼛거리지 않았다. 새벽에 올라가 주로 아줌마들이 하는 에어로빅을 따라했다. 석 달 동안 아무 말 없이 열심히 춤을 췄다. 그러니까 뭐하는 사람이냐, 정치하느냐, 말을 붙여왔다. 그럴 때마다 말없이 그냥 웃기만 했다. 그랬더니 절로 말들이 돌았다.

"그 사람 출마한대."

나를 알아보는 사람도 늘어났다. 행사장 찾아다니는 발걸음도 가벼워졌다.

그렇게 6개월 정도 지나니까 정청래가 출마한다는 소문이 본격적으로 퍼져나갔다. 내 입으로 출마한다고 말을 안 했어도 말이다. 훨씬 편해졌다. 어디를 가든 사람들이 먼저 나를 소개시키고, 말 한마디라도 하게 했다. 그해 11월에 열린우리당이 창당했다. 나는 망설임 없이 입당 원서를 썼다. 마침 노무현 대통령이 정치개혁의 일환으로 계파 보스에 의한 낙하산 공천을 없애고 전 지역구에서 경선으로 후보를 결정하겠다고 발표했다.

나한테는 그야말로 희망이었다. 후보가 될 수 있는 기회가 생긴 것이었다. 부지런히 발품을 팔아 나를 지지할 경선 선거단을 모으면 됐다. 문제는 내 경력이 워낙 일천해서 경선 자격이 주어질지 의문이었다는 것. 그래서 열린우리당 중앙위원 선거에 나갔다. 열린우리당 중앙위원은 66명이었다. 당에서는 국회의원보다 힘이 셌다. 이 가운데 5명을 선출하는 청년 중앙위원으로 출마했다. 중앙위원이 되면 경선 자격은 주겠지, 오로지 그 생각뿐이었다. 청년 중앙위원에는 16명이 도전장을 내밀었다. 3 대 1의 경쟁.

"미쳤어요? 빽도 없고 연줄도 없으면서 중앙위원 선거에 나가다니, 뭘 믿고…….”

나는 ‘노사모’를 믿었다. 무작정 도와달라고 했다. 그들이 당원도 아니었는데 말이다.

열린우리당 중앙위원 출마

전국 중앙위원을 뽑는 것이니 전국을 돌며 유세를 했다. 두 달 동안 지역은 비우고 전국을 쏘다녔다. 그렇지만 무명의 용사가 표를 얻는 건 쉽지 않았다. 더구나 후보 중에는 허인회, 함운경 등 이름만 들어도 알 수 있는 쟁쟁한 인물들이 있었다. 처음에는 계속 하위권이었다. 16명 중 10등 밖. 어차피 무모하게 시작한 것, 혼신의 힘을 다했다. 조금씩 성과가 나타났다. 수도권에 오니 6등이었다. 그리고 서울 경선을 마치고 최종 4등으로 당선됐다. 이로써 명함이 하나 더 생겼다.

중앙위원이 된 건 큰 능선에 올랐다는 정도다. 앞으로 뾰족한 봉우리 몇 개를 더 올라야 최종 목표에 도달할 수 있었다. 지역구에 공천 신청을 했다. 6명이 신청을 했고, 나를 포함해 4명에게 경선 자격이 주어졌다. 나를 두고 말이 많았던 모양이다. 국회의원 감은 아닌데, 지역 기반이 좋아서 경선에서 이길 가능성이 높다는 이유에서다. 한마디로 예선은 잘 할지 몰라도 본선 경쟁력이 떨어진다는 뜻. 국내 예선은 어쩌다 1위 했어도, 올림픽 메달은 어려울 것이란 내용. 결국 중앙위원이 된 덕을 봤다. 중앙위원을 서류 전형에서 탈락시키기에는 부담이 컸던 것이다. 뜻밖에 난이도가 높았던 봉우리를 무사히 올랐다. 이제 남은 봉우리는 2개.

경선 100일 작전에 들어갔다. 지난 몇 달 동안 내 심장과 얼굴은 강철처럼 단련되어 창피하다거나 부끄러운 건 다 사라졌다. 미친놈처럼 지역을 쏘다녔다. 새벽 4시에 일어나 새벽 기도하는 교회를 죄다 찾아다닌 뒤, 성미산에 올라가 아줌마들과 춤추고 이후에는 지역구의 모든 거리와 골목과 공공장소를 샅샅이 훑었다. 100일 동안 하루도 빠짐없이 반복했다. 내 수행 비서가 6번이나 쓰러져 응급실에 실려 갔을 정도였다.

당시 선거법으로는 선거인단을 모집해 추첨을 통해 최종적으로 800명을 추려, 경선대회 당일 현장에서 투표를 하는 방식이었다. 그러니까 나를 알고, 지지하는 사람들이 선거인단 모집에 많이 참여해야 했다. 내 지지자들의 참여가 많으면 많을수록 최종 선거인단 추첨에 뽑힐 확률도 높아질 것 아닌가. 나는 천 명도 더 되는 지역주민을 선거단 모집에 참여시켰고, 그중 400명이 최종 경선 선거인단에 뽑혔다. 800명 중 400명 말이다. 이제 남은 건, 경선 대회 당일의 유세.

나를 뺀 나머지 경쟁자 3명은 매우 쟁쟁했다. 이력이든 경력이든 화려했다. 각각 15분씩 연설 시간이 주어졌다. 나는 좀 다르게 연설을 하고 싶었다. 어머니 이야기를 꺼냈다.

“저는 음력으로 1965년 4월 18일 충남 금산에서 태어났습니다. 평생 땅심만 믿고 사셨던 지금은 돌아가신 어머니가 마흔다섯에 낳은 열 번째 막내아들입니다. 며느리보다 다섯 달 늦게 저를 가져서 하마터면 세상에 빛을 보지 못할 뻔했던 위기도 있었습니다.

옛날에는 다 그랬듯이 나의 어머니는 열여섯 살에 한 살 어린 아버지와 얼굴 한 번 보지 못하고 혼인을 하셨습니다. 굽이굽이 돌고 돌아 돌로 사방을 막았다는 데서 유래된 석막리라는 지명을 가진 산골짜기로 시집을 오신 거죠. 어머니는 1921년생이시고 저희 큰형님이 1938년생이니 열여덟 살에 첫 아이를 낳고 막내인 나를 1965년에 낳았습니다. 첫째 형과 둘째 형 터울이 열다섯 살이나 되는데, 그 사이에 홍역으로 다섯을 잃었다고 한다. 한 많은 전통적인 한국의 어머니! 그분이 나의 어머니 박순분 여사이십니다.

자식 다섯을 먼저 보내고 일평생 가슴에 묻고 사셨습니다. 제 형제는 현재 5남매만 생존하고 있습니다. 일제 식민지와 한국전쟁, 보릿고개와 개발 독재의 한국현대사를 온몸으로 부딪치며 살아오신 억척스러운 한국의 여인입니다. 고비고비 어머니의 눈물이 마를 날이 없었습니다. 어디 저희 어머니뿐이겠습니까. 대한민국은 모든 어머니의 눈물이 있었기에 지금에 이르렀다고 생각합니다. 저는 그 어머니들의 눈물을 닦아드리려고 정치에 나선 겁니다. 아들이 좀 살 만하니까 돌아가신 저희 어머니……."

연설을 하다가 울컥하는 심정에 눈물을 쏟았다. 모인 사람들도 울었다. 8분 동안 어머니 얘기만 했다. 그리고 나머지 7분은 당시 노무현 대통령에 대한 탄핵 시도를 규탄했다.

"저는 노무현 대통령을 구하겠습니다. 저 같은 사람이 들어가서 싸워야 합니다."

공약은 하나도 말하지 않고, 하고 싶었던 말, 마음에 담고 있던 말을 토해냈다. 그게 인상적이었고 감동을 주었던 것 같다. 반응은 뜨거웠고 나는 경선에서 승리했다.

탄핵 그리고 국회의원 당선

그날이 2014년 3월 7일이었다. 그러나 노무현 대통령에 대한 탄핵소추가 국회에서 가결될 것 같은 분위기 때문에 거리에 나가 촛불을 들어야 했다. 공천을 받았으니 국회의원 선거운동을 해야 하지만, 그 생각은 아예 접고 며칠을 집회에만 참석했다. 집회에서 마이크 잡고 한 마디라도 하고 싶었는데 주위에서 무조건 못 하게 했다. 정청래 성격에 공천을 포기하고 싸우겠다고 말하지도 모른다고 우려를 했던 것이다.

거리에 수만 명의 시민이 몰려나와 촛불을 들고 탄핵을 반대했다. 극단적인 행동을 하는 분들도 있었다. 한 분은 거리에서 분신을 했다. 마침 옆에 있던 나는 코트를 벗어 불부터 껐다. 그분은 병원으로 옮겨졌고, 다행히 살았다. 3월 12일, 국회에서는 정말로 탄핵이 통과됐다. '국민의힘' 게시판에 탄핵이 되면 자살하겠다고 글을 올린 분이 있었다. 걱정이 됐다. 그분의 집이 있는 일산으로 달려갔다. 가자마자 마구 문을 두드렸다. 안에서 문 두드리지 말고 가라고 악에 받친 소리가 들렸다. 그래도 두드렸다. 30분 넘게 두드리니까 마음이 진정됐는지 죽지 않겠다는 말을 했다. 그분도 죽지 않았다.

국회의원 총선이 4월 15일이었는데, 나는 탄핵의 충격 탓에 3주 정도 아예 선거운동을 못 했다. 거리에서 싸웠다. 그러다 국회의원이 되는 게 탄핵을 막는 또 하나의 길일 수도 있다는 생각에 정신을 차렸다. 선거까지 보름이 채 안 남았지만 엄청난 속도전을 펼쳤다. 유권자를 모두 만나겠다는 일념으로 아주 휘젓고 다녔다. 명함만

25,000장 넘게 뿌렸다. 당시 슬로건은, '국민의 힘을 보여주십시오', '탄핵을 막아 주십시오'였고, 공약 1호는 '언론개혁'이었다.

마침내 파란만장했던 선거운동이 끝났다. 이제는 진인사대천명. 선거 당일 투표를 끝내고 아주 오랜만에 늘어지게 잠을 잤다. 그래도 조마조마한 마음은 가시지 않았다. 출구 조사 결과 '당선 유력'이었다. 오후 8시경 '당선 확실'이 떴다. 이겼다. 10년의 목표가 이루어졌다. 목포교도소에서 꾸었던 꿈이 마포에서 현실이 됐다. 내 인생의 챕터 하나가 지고, 새로운 챕터가 열린 것이다.

결,

나는 정청래다

기억 그리고 존재

그 시절

반장

"정청래, 반장해."

"싫습니다."

"잘 들어라. 정청래는 너희도 잘 알다시피 1학년 때 반을 잘 이끌어서 아주 모범반으로 만들었다. 우리 2학년 1반 반장은 정청래가 맡아서 하고……."

번쩍 손을 들었다.

"선생님, 반장 안 하겠습니다. 싫습니다."

"뭐? 선생님이 시키면 시키는 대로 하지 반항하는 거야?"

"싫습니다. 안 합니다."

"이놈이, 따라와. 엎드려!"

"악!"

중학교 2학년 때 반장을 거부했다는 이유로 교무실로 끌려가서 봉걸레 자루로 20대를 맞고도 끝내 반장을 하지 않았습니다. 눈물이 나고 억울했지만 끝내 반장을 거부하고 교실로 돌아와 엉엉 소리 내어 울었습니다.

1학년 입학하자마자 담임선생님이 아침 조례시간에 아이들 앞에서 제게 매 증정식을 했습니다.

"앞으로 정청래가 때리는 것은 선생님이 때리는 것과 똑같다. 알겠나?"

이후 나는 소설 『우리들의 일그러진 영웅』의 '엄석대'가 되었습니다. 아이들은 슬금슬금 내 눈치를 보고 다가오려고 하지 않았습니다. 지각하는 아이들은 손바닥을 때리고 결석하는 아이들은 다음 날 엎드려뻗쳐 해놓고 엉덩이를 때렸습니다. 수업시간에 떠드는 아이들은 변소 청소를 시켰습니다.

1학년 겨울방학 때 나의 이런 대리폭력이 참으로 부끄러웠습니다. 그리고 절대로 반장 같은 것은 하지 않겠다고 맹세했습니다. 졸업할 때까지 이 다짐은 지켜졌습니다.

30년이 지난 작년 6월, 중학교 동창회에 처음 나갔는데 그때 나에게 얻어맞은 친구들 중 복수하겠다고 덤비는 친구들이 없어서 참으로 고마웠습니다.

미안하다, 친구야! 고맙다, 친구야!

때리지 맙시다

"너 나와. 내 뒤꿈치 보이지? 요거 가는 대로 따라와."

불량 서클로 알려진 태권도부 가입에 아무도 손을 들지 않자 가장 험상궂게(?) 생긴 나를 지목한 것이다. 끝까지 가입을 거부한 이날 옥상에 끌려가 억울한 매를 수십 대 맞았다.

다음 날에는 밴드부에 끌려가 똑같은 절차와 과정을 거쳐 야구 방망이로 50대 맞았다. 전날 태권도부에서 나를 인수인계한 모양이었다. 태권도부에 안 들려면 밴드부에 들라는 것이었으나 끝내 매로 때웠다.

그 다음 날 문학반에서 신입회원을 모집하러 우리 1학년 4반 교실에 왔다. 검은 뿔테 안경에 못생긴 선배가 들어와서 손을 들라 했다. 나는 지체 없이 번쩍 손을 들었다. 그날 이후로 나는 억울한 매를 맞지 않았다. 지금 건국대학교에서 법학과 교수를 하는 그 선배가 3일 먼저 왔으면 고등학교 입학 당시 그 억울함에 치를 떨지는 않았으리라.

그런데 문학반에 들어가서 또 매를 맞았다. 일주일에 한 편씩 시를 써내지 않으면 매를 맞았다. '3多(다독, 다작, 다상량)' 죄에 걸려 무조건 일주일에 한 편씩 습작 시를 제출하지 않으면 매를 맞았다. 고등학교 1~2학년 때 2년간 토요일 오후면 문학실에 쭈그려 앉아 합평회를 했는데, 지금 생각해보면 이때 되지도 않는 말을 많이 했던 것이 인생에 많은 도움이 된다.

대학에 가서는 사실 가수 홍서범으로 유명한 옥슨80에 가입하려고 오디션을 보러 갔는데 그날 MT를 갔는지 문이 잠겨 있었다. 그래서 학보사 기자 시험을 보았다. 학보사 수습기자 때도 역시 많이 맞았다. 기사를 못 쓴다는 선배들의 트집에 걸리면 봉걸레 자루로 두들겨 맞았다. 가십기사 한 꼭지당 원고지 1.2매를 쓰는 게 제일 힘들었다.

이렇게 1년 수습 기간을 거쳐 2학년이 되면 정식기자 신고식을 하는데 이날은 더욱 고역이었다. 기자로서 깡을 길러야 한다며 한밤중에 건국대학교 일감호 호수를 한 바퀴 돌며 학보사 사가를 부르며 뛰어야 했다.

"김밥에 다꾸앙 원고 빠꾸 야간열차 왜 이리 뜨거우냐? 건대신문사 얏!"

이 노래를 수없이 목청껏 부르고 중국집에 가서 선배님들께 정식기자 신고식을 했다.

"네! 건대신문사 29기 정청래입니다. 열심히 하겠습니다!"

"복창 소리 봐라, 다시!"

"네, 건대신문사 29기, 네! 선배는 하늘이다!"

이걸 반복하면 다음 순서는 짬뽕 그릇에 소주 1병 반을 붓고 원샷을 했다.

"야, 정청래 저 새끼는 왜 이리 술이 센 거야. 벌주 한 번 더!"

으악, 나는 짬봉 그릇에 연거푸 두 잔을 들이키고 정신을 잃지 않으려고 이를 악물고 안간힘을 썼다.

이랬던 정든 학보사를 사퇴하고 조통특위 짱이 되어 학내 시위를 주도한 죄로 수배받다가 잡혀서 안기부에 끌려가 을지로 호텔방에서 세 시간 동안 눈 가리고 죽도록 맞았다.

'아, 어머니 왜 저를 낳으셨나요?'

우리 때리지 말고 말로 합시다.

장모님

점심 식사들 하셨나요?

저의 처갓집은 전라남도 강진군 작천면입니다. 처음 집사람과 인사를 드리러 갔을 때 왜 그리도 멀던지. 7시간 걸려서 갔는데, 명절 때면 18시간 걸려서 서울로 온 일도 있습니다.

영암군과 경계에 서 있는 월출산이 손에 잡힐 듯하고, 옛날에는 해남을 가려면 반드시 거쳐야 하는 곳 성전면이 제 처갓집입니다. 분지처럼 산이 에워싼 나름 넓은 평원이 펼쳐집니다. 지금은 탐진강 정비사업으로 그 맛이 사라진 큰 개울을 끼고 있는 평온한 마을입니다. 남도 문화유산 답사기가 시작되는 곳입니다.

저는 10남매 중 10번째, 제 아내도 10남매 중 10번째, 총 20남매 중 막내끼리 결혼해 살고 있지요. 제 부모님은 예전에 돌아가셨고, 장인께서는 결혼 전에 돌아가셔서 얼굴만 사진으로 압니다.

저희 부부의 부모님은 장모님만 살아 계십니다. 89세. 장인께서 한학과 동학사상 선비로 집안일을 등한시하셨답니다. 그러나 장모님께서 억척스럽게 10남매 중 여섯을 거의 혼자 힘으로 대학을 보내고 농토도 크게 이루셨습니다. 그래서 그 동네에서는 유복한 유지로 통합니다.

사리가 매우 분별하고 경우가 바르시고 정확하며 총명하신 분이라 7남매는 집 출타 시 항상 큰절을 올립니다. 저도 제 아이들과 찾아

뵐 때면 첫인사를 큰절로 드립니다. 아들이고 딸이고 손주가 태어나면 꼭 2주간 산후 조리하시고 시골로 내려가셨습니다.

처갓집에 가면 장모님께서 항상 저를 위해 준비하시는 음식이 있습니다. 그 비슷한 상차림으로 어젯밤 좋은 분들과 다섯 가족 모임을 가졌습니다. 정말 제 처남들처럼 순수하고 소탈하신 상암동 이발관 사장님 댁입니다. 정성스러운 상차림을 사진 찍어놓고 보니 장모님 생각이 났습니다.

지금은 치매가 오셔서 이제 이런 음식을 차릴 수 없게 되신 우리 장모님! 자식들도 잘 몰라보시고, 처남이 같은 터에 새로 집을 지어 잘 모시고 사는데도, 하루에도 몇 번씩 짐을 싸고 옛날 당신 집에 가자 하십니다.

고생만 하신 정말로 존경하는 우리 장모님…….

일기장

빛바랜 중학교 시절 일기장입니다.

1978년 3월 15일 수요일 날씨 맑음

아침 조회시간의 일이었다. 담임선생님께서 오시더니 실장, 부실장, 이병국 나오라고 하더니 벌을 주었다. 나는 이유를 알았다. 왜냐하면 우리 셋은 우리 반을 책임지고 조용히 시키라고 했는데 애들이 떠들었기 때문이다.

나는 아주 선생님이 원망스러웠다. 이렇게 섭섭하게 생각하고 있을 때 선생님께서는 우리 셋을 부르더니 섭섭한 마음을 풀어주며 "사실은 네

1978년 3월 14일 화요일 날씨 맑음
청소시간의 일이었다
청소를 깨끗이 마치고 오늘 종례를
하기위해 교실로 들어갔다
교실에는 아직 청소가 반질반질이 되어
있지 않았다 나는 실장을 돕기 위해
청소를 시켰다 그런 결과로 일찍
청소를 끝마쳤다
집에 가는 차가 오후 5시에 있는데 지금이
다섯시 5분전이었다 다른 애들은
종례도 안했는데 뻐스를 타려고
뛰어 나갔다 나도 도망 가고 싶었지만
부실장으로 입장으로 차마 도망 갈수는
없었다 이윽고 선생님 께서 오셔
종례를 마치고 진상에서 5시 40분
에 유근이, 승연이, 원정이, 나 넷이서
걸어 왔다

1978년 3월 15일 수요일 날씨 맑음
아침조회 시간의 일이었다
담임 선생님 께서 오시더니 실장, 부실장
이 앞으로 나오라고 하더니 벌을 주었다
나는 이유를 알았다. 왜냐하면 우리
셋은 우리반을 책임지고 조용히
시키라고 했는데 애들이 떠들었기
때문이라 나는 아직 선생님이 원망
스러웠다. 이렇게 섭섭 하게 생각하고
있을때 선생님 께서는 우리 셋을 부
르더니 섭섭한 마음을 풀어주며
사실은 네들이 미워서가 아니고 학급을
위해 혼냈다고 말씀 하셨다
나는 이제까지 섭섭한 마음을 갖고
섭섭하고 억울하게 생각했던 내
자신이 부끄러웠다

78년 3월 16일 목요일 날씨 맑음
이번주 환경 심사가 있다고 해서
선생님 께서는 환경 정리를 하라고
했다 우리는 우선 학급 조직 표
를 먼저 그리기로 했다
선생님 께서 우리가 어떻게
하는지 몰라 어쩔줄 모르는 우리
를 데리고 다니면서 다른 반의
환경 정리 한것을 구경 하였다
우리는 보고 왔어도 환경 정리
하기가 무척 어려웠다
오후 다섯시가 되도 그치고 할수 없이
8시 차로 가게 되어 환경을
많이 정리하기 위해 고생 하였다

78년 3월 17일 금요일 날씨 맑음
환경 정리를 하고 있는데 마이크
를 통해 애국가가 울려 퍼
지고 있었다
우리는 얼른 국기를 향해
돌아 섰다 국기 하강식이었기
때문이다 1반 3반 교실에도
떠들썩 하던것이 조용해지고
모두 국기를 향해 있는 모양
이었다 우리는 애국가가
끝날때까지 부동자세를 취
하고 서있었다

1978년 5월 31일 수요일 날씨 맑음
7교시 후 대의원 회가 새마을 교실에서
열린다는 소릴 듣고 새마을 교실에 가보니
이미 1반 대의원들은 와 있었다
대의원 회가 개최되었다 회장은 이번 달의
주제는 집안 일손 돕기라고 말하며 발표할 것을
바라고 있을 때 내가 제일 먼저 손을 들어
학교에서 학교를 일찍해서 부모님의 바쁘시는
일을 조금이라도 덜어주자고 발표했다
이날 정해진 내용은 모두 집안 일손 돕기에
대해서 발표했다
1978년 6월 1일 목요일 날씨 맑음
(5월달은 완전히 끝나고 6월이 시작되었다)
국민학교에서 축구시합을 하였다
중학생들은 4명밖에 없어서 국민학교 꼬마들로
시켜 주었다
승연이랑 상대가 되어 시합을 벌였는데
우리가 먼저 한 골을 먹었지만 패스
를 해가면서 차근차근히 한 결과 1:1로
동점이 되었다
승연네 편은 자기편끼리 욕설하면서
팀에 팀워크이 맞지 않아 자꾸 가면
갈수록 못하였다
우리는 이에 힘을 더 얻어 힘을
내어 더욱더 열심히 싸워서 한 골을
더 넣어 2:1로 이겼다
발이 더러워져 발을 씻고 방에
들어가니 저녁밥을 먹고 있었다
나는 아침자습시험 공부를 30분 정도
하다가 누웠다.

78년 6월 2일 금요일 날씨 맑음
오늘 일기검사를 했다
선생님께서 깜박 잊을 뻔 했는데 애들이
얘기를 해 검사를 받았다
자습장, 단어쓰기, 일기쓰기 등 세 가
것을 받았다
다른 아이들은 자습공책에다 단어도 쓰는
데 나는 그냥 각각 나누어 쓴다
검사가 끝나고 청소를 하고 버스를
타고 집에 왔다
78년 6월 3일 토요일 날씨 흐림
학교에서 청소를 마치고 천산국민학교에
가보았다 거기에는 오향리와 삼재리가
축구시합을 하고 있었다
두팀과 편이 나게 했다
구경을 하고 있는데 보슬비가 조금씩 왔다
후반전에 삼재리가 한 골을 넣어
1:0으로 이겼다 국민학교에서 모두
들 싸가라고 해 나는 얼른 나와
주차장으로 갔다
78년 6월 4일 일요일 날씨 맑음
아침 전에 TV 체조를 보았다
장학 퀴즈를 했다
나는 바로 앞으로 갔다 정신을
차리고 봤다
고등학생들의 월말 대회라서
그런지 매우 치열했다
1번 마이크가 장원을 했는데
모두들 잘 맞추었다
나도 이럴 하는 가운데 세 문제
를 맞추었다 앞으로는 더 많이 맞추겠다

79년 6월 26일 화요일 날씨 비
월요일 부터 내리기 시작한 비는 오늘도 그칠줄을 몰랐다
비가 많이 와서 버스도 못들어 온다고 했다
나는 할수없이 우산을 들고 학교에 가려고 나섰다
동네 어귀에 가보니 밤새내린 비로 도랑이 넘치고 있었다
순간 나는 겁이 났다
앞으로도 얼마나 더 쏟아질런지 모르는 소낙비가
폭포로 쏟아지고 있었기 때문이다
집에서 나올때 부모님들이 말했다 오늘같은 날은
공부도 공부지만 목숨을 생각하라는 것이였다 전화가 있는
가게로 가보았다 전화를 아무리 해보아도
중학교 에서는 전화를 받지 않는다는 것이다
거기에는 온학생들이 다 모여 있었다
제각기 발을동동 구르며 안타까와 했다
하지만 폭우는 그칠줄을 몰랐다
7시 36분 쯤에서 겨우 전화가 통화되었다
전화를 받으신 선생님은 저 삼주 선생님 이시었는 모양이다
학생들이 발이묶여 서곳에서 건너 왔다는 아저씨의 말에
선생님은 아직은 확실이 모르니 기다리라는 것이 였다
여덟시 가 되어 교장선생님께서 석막, 오향리 학생은 학교에
오지 말라는 말씀에 '후유' 하고 한숨을 내쉬었다
그러나 나는 다른애들한테 뒤떨어질것을 생각하면
가슴 아픈 일이 였다

79년 6월 27일 수요일 날씨 갬
어제 학교에 못갔기 때문에 오늘은 아침조반을 먹고 일찍 집을 떠났다
나올때의 시간 6시반 쯤에 찼다 오시는 아저씨들은 장마피해로
울상들이 였다. 하루도

79년 9月 21日 금요일 날씨 맑음

금요일은 나에게는 참으로 기분이 별로 좋은 날은 아니다
특별활동이 6시간째에 끼어 있기 때문이다
나는 올해 주산부이다
주산에는 우리의 생활에 많이 쓰이기 때문에 배우려고 들어 갔다고 한것이
이것은 결과 허망이 [illegible] 하다
처음부터 끝까지 나에게 벅찬 문제이다
그래서 여름방학때 주산학원에 다닐려고 했었다
학원비의 사정문제로 그렇게 하지도 못했다
참으로 유감 스러운 일이다
앞으로 남은 겨울방학에는 될수있는한 특별활동시간에 [illegible] 일은
없게 하하며 주산학원 다니면서 열심히 배워 나의 모든 나를 위하는
사람들을 기쁘게 해 주겠다

79년 10월 27일 토요일 날씨 맑음.

오늘도 여전히 아침일찍 조반을 들고 학교에 갔다
그런데 이 어찌된 말인가?
박 대통령께서 서거하셨다니. 우리민족의 위대한 영도자 각하께서
아침 교실에서 하는 소리는 [illegible] 비통한 마음 금할길이 없었다.
오늘의 이야기 [illegible] -----
나는 [illegible] 저녁때를 보냈다
어제 26일 7시30분경에 중앙정보부장 김 재규 가 고관 계획적으로
대통령각하를 [illegible] 김 재규 총으로 [illegible] 총으로 [illegible]
대통령각하 그리고 [illegible]
삼가 명복을 빕니다.

들이 미워서가 아니고 학급을 위해 혼냈다"고 말씀하셨다.

나는 이제까지 섭섭하고 억울하게 생각했던 내 자신이 부끄러웠다.

누나

"막내야, 네 앞으로 소포가 왔다."

"아버지, 누가 보냈어요?"

"글쎄다. 누가 보냈다고는 안 쓰여 있다."

내가 중학교 2학년 때 머리털 나고 처음으로 받아본 소포 꾸러미. 시골 깡촌에 있는 중학생에게 보내온 『세계명작선집』 64권.

소포를 뜯어보니 난생 처음 보는 꼬부랑 글씨의 외국인 작가들이 즐비했습니다. 톨스토이, 도스토예프스키, 스탕달, 괴테, 루쉰, 셰익스피어, 안데르센, 펄벅, 막심고리키 등등. 발음하기도 어려운 작가들의 작품이 산더미처럼 놓였습니다. 누가 보냈는지 알 수는 없어도 동서양의 고전을 읽고 또 읽었습니다.

영어시간에 선생님이 "혹시 로미오와 줄리엣 읽어본 사람?" 하면 "저요!" 하고 자신 있게 손든 사람은 나 하나밖에 없었습니다. 아이들의 부러워하는 시선을 받게 해준 책을 보내준 고마운 사람은 하나밖에 없는 누나였습니다. 책을 읽고 싶어도 없어서 못 읽었던 한을 막내에게 물려주고 싶지 않아서 보냈노라고 나중에 말했습니다.

아버지는 유난히 누나를 애지중지 했습니다. 초등학교 4학년 때 누나를 대전으로 유학을 보냈고, 누나가 중고등학교에 다닐 때 한 달에 한번 집에 오는 날이면 저녁 버스로 오는데도 아침부터 차부에 나가 기다리셨습니다.

누나는 인천에 살다가 내가 총선에 출마를 하자 긴급히 이사를 와서 우리 셋째 한솔이를 키워주며 집안일을 도와주셨습니다. 내가 서울에서 대학을 다닐 수 있었던 것도 누나 덕입니다.

집안 형편이 어려워 고등학교를 마치고 서울에서 직장을 다니면서도 억척스럽게 야간대학을 마쳤습니다. 제때 못 배운 한이 있었는지 두 아들을 반듯하게 키워 둘 다 카이스트에서 미래의 과학자의 길을 걷고 있습니다.

그런 누나가 세브란스병원에 입원했습니다. 담낭에 혹이 생겨 내일 제거수술을 하는데 99퍼센트는 양성이지만, 만에 하나 암일 수도 있다는 의사의 설명에 심각한 표정입니다.

"누나, 원래 쓸개 떼어내고 사는 사람도 많아. 내 비서 정현이도 쓸개 떼고 살아. 걱정 마. 아무 일 없을 거야."

말은 이렇게 하고 왔지만 은근히 걱정되고 우울합니다. 내일 수술이 잘 끝났으면 좋겠습니다.

축구

가을걷이가 끝난 후 논배미에서 축구를 했던 시절이 있습니다. 축구공이 없어 돼지 오줌보로 대신했는데 고무신이 더 많이 날아가 맨발로 뛰어다녔고, 패스를 하지 않는다고 서로 막 핀잔을 주기도 했습니다.

가죽 축구공이 아닌 고무 축구공은 멀리 날아갔지만 빗맞기 일쑤였습니다. 홍수환, 염동균, 유제두 등의 걸출한 선수 덕에 복싱이, 김일의 박치기로 프로레슬링이 인기가 많았지만, 우리의 놀이로는 단연 축구가 으뜸이었습니다.

축구를 못 하는 아이는 수비수를, 축구를 좀 하는 아이는 공격수였는데, 그리 잘하는 것도 아니면서 죄다 백넘버 11번을 달고 센터포드가 되어 뛰었습니다. 추억의 넘버가 되었지만 우리는 차범근이 신이고 영웅이었습니다.

이차만도 있고 골기퍼 이세연도 있고 헤딩의 명수 김재한도 있고 골게터 박이천 선수도 있었지만, 차범근을 따라갈 선수는 없었기에 우리 모두는 차범근이 되기를 원했습니다.

지금 생각해보면 차범근도 훌륭했지만 허정무, 조광래, 수비수 조영증, 악발이 이명무, 발발이 김진국, 그리고 김성남, 김강남 쌍둥이 선수도 훌륭했고 국민에게 청량제 역할을 했습니다. 최순호, 황선홍이 이들의 뒤를 이어 한국 축구가 발전을 했습니다. 이들이 있었기에 오늘의 박지성이 있습니다.

맨체스터 유나이티드 박지성 선수가 첼시와의 경기에서 멋진 결승골을 뽑았습니다. 기분 좋은 아침입니다. 조기축구에 가서 악수만 할 것이라 아니라 저도 공을 좀 차야겠습니다.

제가 초등학교 시절 공 좀 찼습니다. 저희 동네 위 모퉁이, 아래 모퉁이, 양지뜸, 세 팀 중에서 제가 양지뜸 백넘버 11번 차범근이었거든요. 믿거나 말거나…….

그때 그 시절 차범근 다 나오세요. 한판 붙읍시다.

시골 일

8월의 시골이 고달파서 눈물이 났습니다.

가보고 싶고 맨발로 흙을 밟아보고 싶은 어머니 품속 같은 충남 금산군 진산면 석막리 고향 마을. 대둔산 꼭대기를 경계로 남쪽은 전라북도 완주군, 북쪽은 충청남도 금산군으로 그 밑자락이 우리 깡촌 마을입니다.

토요일과 일요일을 만든 예수님을 원망했던 시절이 있었습니다. 월요일부터 금요일까지는 학교에 가서 편하게 놀거나 공부하면 되는데, 토요일 오후나 일요일은 아침부터 논과 밭, 산으로 일을 하러 가야 했습니다. 교회 다니는 아이들이 참 부러웠던 시절이었습니다.

소도 어린아이를 알아보고 무시를 합니다. "이랴이랴" 아무리 쇠고삐를 늦추었다 뺐다 하며 때려도 소는 요지부동입니다. 그래서 해보지 않은 일이 쟁기질입니다. 쟁기질 빼놓고는 시골 일은 안 해본 일이 없습니다. 8월이 오니 8월의 시골이 생각납니다.

고추 따기. 8월 이맘때면 고추를 따러 가야 합니다. 빨갛게 익은 고추만 따야 하는데 가끔 퍼런 고추도 섞어서 따게 됩니다. 이러면 어머니에게 엄청 혼났습니다. 작열하는 8월의 햇볕보다도 줄줄 흘러내리는 땀방울보다도 어머니의 눈초리가 더 따가웠습니다.

인삼 캐기. 우리 동네는 고려인삼의 고장 금산입니다. 우리 집에서도 인삼 농사를 했는데 여름방학이 오면 인삼을 캡니다. 인삼 딸기를 채취해서 씨를 뿌리고 종삼을 옮겨 심고 햇볕 가리개를 해주고 거름을 주고 4년간 키운 인삼을 수확합니다.

인삼 이삭줍기. 시골에서는 특별한 소득이 없기 때문에 인삼 이삭줍기가 우리의 가장 큰 알바였습니다. 당연히 인삼밭 주인집 아들은 위세를 부렸고, 우리는 그 인삼밭에 들어가기 위해 알랑방귀를 뀌어야 했습니다. 인삼을 캐는 특수 쇠스랑에 인삼이 찍히면 역시 아버지에게 불호령이 떨어졌습니다. 그러나 아이들은 찍혀서 떨어진 미삼을 캐는 희망을 안고 이삭줍기에 나섭니다.

무, 배추 심기. 인삼은 많은 퇴비와 거름을 필요로 합니다. 그래서 인삼 농사를 하면 향후 20년간은 다시 인삼을 경작할 수 없습니다. 인삼을 캐고 난 밭에는 바로 배추를 심고 무를 심습니다. 겨울철 김장 김치를 이때 준비하는데 인삼밭에서 나는 배추는 질이 좋고 고소하니 아주 맛이 좋습니다.

참깨 털기. 손대면 톡 하고 터질 것만 같은 그대는 봉숭아만 있는 것이 아닙니다. 참깨도 바짝 여물면 조심조심 깻대를 낫으로 베어서 멍석 위에 옮겨야 합니다. 다듬이돌 같은 것을 갖다 놓고 토닥토닥 때리면 깨가 쏟아지기 시작합니다. 재미있다고 세게 내리치면 멍석 밖으로 흩어져나가 어머니에게 깨처럼 맞습니다.

논 김매기, 장마 대비 논두렁 관리하기. 5월 말이나 6월 초에 모내기를 합니다. 한두 달이 지나면 약간 검불그스름하게 모가 땅에 뿌리를 내립니다. 그러면 허리가 끊어지는 고통을 참아가며 벼 사이로 난 풀을 뽑아주어야 합니다. 그 일이 대충 끝나면 이젠 장맛비에 논둑이

터질까 새벽 2시든 3시든 비가 오면 눈을 비비고 일어나 삽 들고 논 물꼬 터주러 가야 합니다. 곤한 잠에 눈이 떠지지 않지만 아버지 불호령에 뜀박질을 안 할 수가 없습니다.

감자 캐기. 우리 동네에서는 '하지 감자'라고 불렀습니다. 땅속에 알알이 박혀 있는 감자를 캐는 일은 그래도 힘들지 않은 노동이었습니다. 호미로 푹 파서 줄기를 잡아당기면 탐스러운 감자가 줄줄이 따라 올라왔습니다. 다른 일에 비해서 감자는 캐자마자 저녁 때 바로 맛있게 삶아 먹을 수 있는 기대감에 힘든 줄 몰랐습니다.

어제 행주산성에 밥 먹으러 갔다가 감자 캐는 남자를 보았습니다. 밭으로 내려가 만 원어치만 팔라고 했더니 가족들 먹기도 부족하다며 거절을 당했습니다. 뜻을 이루지는 못했으나 감자밭을 밟는 촉감만으로 편안하고 좋았습니다.

감자를 캐다가 땀이 나면 흙 묻은 손으로 땀을 닦습니다. 얼굴이 원숭이처럼 되었다며 깔깔대며 웃던 그 시절, 그 시골이 참 그립습니다. 불호령을 쳤던 부모님도 땅속에서 편안하게 잘 계시겠죠.

오늘 밤에는 옛날 생각하며 감자나 쪄 먹어야겠습니다. 그런데 감자 먹는 방법이 지역마다 다 다르더군요. 저희 동네에서는 고추장 찍어 먹었는데.

군것질

하늘을 그리라면 동그랗게 원형을 그렸던 내 고향은 산에 둘러싸인 충청도 금산 대둔산 밑자락입니다. 물이 귀해 붕어와 중태기 그리고 미꾸라지가 물고기의 전부라고 믿었던 산간벽지 마을의 땟물 흐르던 아이가 정청래입니다.

먹어도 먹어도 배가 고팠던 시절. 그래도 천지 사방의 군것질 거리가 있어서 참 다행이고 행복했습니다. 학교를 파하고 오는 길에 감자와 고구마를 캐서 흙을 털고 쓱쓱 문지르고 먹어도 배탈이 나지 않았습니다.

가을 산이 단풍으로 불이 나면 그곳은 군것질의 보물창고였습니다. 보리똥나무의 보리똥, 머루와 다래, 어쩌다 운이 좋으면 한국산 바나나 으름도 배터지게 먹었습니다. 우리 동네는 유달리 감나무가 많아 홍시를 많이 따 먹었습니다.

"많이 묵지 마라. 똥 안 나옹께."

어머니는 홍시를 먹으면 변소에서 고생한다고 감의 양을 조절했습니다. 사과나 배, 감귤은 정말 귀한 과일이어서 설날이나 추석날 제사가 끝나자마자 쟁탈전을 벌였습니다.

벼 타작이 끝나고 논두렁에 간혹 남아 있던 콩 줄기는 우리의 먹잇감으로 충분했습니다. 삭정이를 모아 모닥불을 피우고 그 위에 콩 줄기를 얹으면 타닥타닥 콩이 익고 그것을 주워 먹으면 우리의 얼굴도, 입 주위도 시커먼 숯 검정색이 됩니다. 서로 손가락질하며 깔깔깔 웃지만 서로 피장파장 같은 색깔입니다.

여의도에 다녀왔습니다. 은행나무 단풍이 절정을 이뤄 눈빛마저 노랗게 물들어버릴 것 같은 노랑 빛깔 천지입니다. 출출한 시간, 사무실 앞의 노란 계란빵을 보자 침이 꿀꺽꿀꺽 넘어갔습니다. 5,000원의 행복 참 달콤합니다.

어머니

막내아들

"어머니! 이러시면 아니 되옵니다. 저를 낳아주세요."

어머니는 열여섯 살에 열다섯 살 꼬마 신랑에게 시집을 갔습니다. 열여덟 살에 첫 아이를 낳고 마흔다섯 살에 열 번째로 저를 낳았습니다. 큰 형수의 첫 임신 5개월 되던 때 덜컥 며느리보다 5개월 늦게 저를 가졌습니다.

동네 부끄럽고 며느리 보기 민망하다고 저를 떼러 대전에 있는 산부인과에 3개월째, 4개월째 두 번이나 갔지만 차마 못 떼고 저를 낳았습니다. 산부인과에 가기만 하면 배 속에서 아기가 마치 "살려달라"는 것처럼 요동을 쳤답니다.

어머니는 첫째를 낳고 내리 다섯을 홍역으로 잃었습니다. 큰 형님과 둘째 형의 나이 차이는 열다섯 살, 나와 큰 형님과의 나이 차이는 스물일곱 살입니다. 일곱 번째로 태어난 아이인 둘째 형님은 어릴 적 이름이 '소쿠리'입니다. 또 죽을지 몰라서 소쿠리(광주리)에 담아 선반에 올려놓았다 해서 붙여진 이름입니다. 어머니는 아이를 낳으면 몸이 뚱뚱 붓는 희귀병 때문에 1년씩 고생했습니다. 열 명의 아이를 낳았으니 최소 10년은 이 희귀병에 시달려야 했습니다. 그래도 악착같이 아이를 낳았습니다.

무학이지만 머리가 영민하셔서 스스로 한글과 한자를 깨우치시고 살아남은 5남매의 뒷바라지를 하느라 고생만 하시다 20년 전 돌아가셨습니다. 숫자는 초등학교 입학하기 전의 저를 가르치시려고

독학으로 배웠습니다.

"어머니, 저 낳으신 것 잘 하셨지요?"

"아이고, 내가 그때 왜 그랬는지 모르겠다. 하마터면 큰일날 뻔했지."

"'어머니! 이러시면 아니 되옵니다. 저를 낳아주세요.' 이 소리 들으셨어요?"

"암 듣고 말고. 그래서 너를 낳았잖아."

어머니는 추운 겨울날이면 새벽에 운동화를 부뚜막에 올려놓았다 주셨습니다. 제가 고등학교 3학년 때 아팠을 때 어머니는 금반지를 팔아 저를 병원에 데리고 가셨습니다. 어머니는 제가 감옥에 갔을 때도 한 번도 질책을 하지 않으셨습니다. 당신이 충격으로 쓰러지셨으면서도…….

오늘 제 생일이라고 축하해주시는 페이스북 친구 여러분! 정말 감사합니다. 오늘 같은 날 어머니가 살아 계셨다면 여러분의 축하 메시지를 보여드렸을 텐데, 아쉽습니다.

"어머니, 저를 낳을 때 얼마나 힘드셨어요?"

"어머니, 저를 낳아주셔서 감사합니다."

"열심히 살겠습니다."

그곳에서도 이 말 들리세요?

회초리

막내인 저는 부모님으로부터 많은 사랑과 귀여움을 받고 자랐습니다. 일곱 살 때 아이들과 싸웠다고 싸리 빗자루를 꺾어 만든 회초리로 어머니께 매를 맞았습니다. 처음 맞아보는 매라 꼼짝 않고 서서 종아리에 피가 날 때까지 맞았습니다.

한참을 회초리로 때리시던 어머니는 회초리를 내던지며 우시면서 말씀하셨습니다.

"이놈아, 왜 도망가지 않고 계속 매를 맞는 거야? 얼른 도망가지 못해!"

그 말씀이 무슨 뜻인지 몰라 도망을 못 가고 그냥 서 있으려니 어머니께서는 더 큰 소리로 울부짖으시며 외쳤습니다.

"얼른 도망가! 얼른 도망가란 말이다. 얼른 도망가지 못해."

어머니는 종아리 대신 땅바닥을 때리며 우셨습니다.

그제야 저는 도망을 쳤습니다. 그런데 웬일인지 어머니가 제 뒤를 계속 뒤쫓아 오시면서 제가 안 잡힐 만큼 뛰시는 겁니다. 동네 한 바퀴를 돌며 고래고래 소리를 치셨습니다.

"너 거기 안 서! 이놈의 자식, 어디서 쌈질이야. 거기 안 서. 누구한테 배운 버르장머리야. 또 싸울 거야, 안 싸울 거야. 너 거기 안 서! 다시는 안 싸운다고 어서 말해. 잘못했으면 매를 맞아야지, 어디서 도망질이야. 이 못된 놈."

저는 혹시 어머니께 잡힐까봐 검정 고무신이 벗겨져도 맨발로 '걸음아, 나 살려라' 하고 죽을힘을 다해 동네를 몇 바퀴 돌았는지 모릅니다.

"아이고, 청래 엄마. 이제 그만 해요. 애들이 클 때는 다 그렇지, 뭐. 애들끼리 그럴 수도 있는 거지."

"아니여, 어릴 때 버르장머리를 싹 고쳐놔야지. 애들하고 쌈질이

나 하고 그러면 못 써요. 말리지 마요."

동네 어머니들이 계속 말리자 어머니의 뛰는 속도는 점점 줄어들었고 숨이 턱까지 찬 나의 뜀박질 속도도 점점 줄어들어서 어느새 빠른 걸음으로 걷고 있었습니다. 힐끔힐끔 뒤를 돌아보자 어머니는 이제 뛸 기세가 아니셨습니다. 안심하고 저는 계속 걸었고 어머니는 계속 소리를 치며 천천히 걸으셨습니다.

"또 싸울 거야, 안 싸울 거야? 어서 말을 해! 또 싸울 거야, 안 싸울 거야? 어서 말을 안 해! 이놈의 자식 네 애비가 가르치더냐, 니 어미가 가르치더냐? 어디서 그 못된 버릇을 배웠어? 어서 잘못했다고 말 안 해?"

"엄니, 잘못했어요. 다시는 안 싸울게요. 다시는, 다시는 안 그런당께요. 엉엉엉. 안 그런당께요."

해가 저물어 어둑어둑해지자 어머니는 그제야 작은 목소리로 저만 들릴 정도로 말씀하셨습니다.

"이제 됐다. 그만 집으로 들어가거라. 얼른 씻고 밥 묵자."

그러시더니 제 앞을 홱 지나서 종종걸음으로 집으로 먼저 들어 가셨습니다. 그래도 저는 불안해서 싸리문 앞에서 서성거리는데 이제는 어머니가 다정스러운 목소리로 저를 부르셨습니다.

"막내야! 힘들었제? 얼른 들어와서 씻고 밥 먹어라. 아이고 우리 막내. 앞으로는 애들하고 싸우지 말고 엄마가 회초리를 들면 얼른 도망쳐야 한다. 알았제. 멍청하게 맞고 있는 놈이 어딨어? 엄마가 우리 막내를 을매나 사랑허는디 피가 나도록 때리겄냐? 얼른 밥 묵고 자거라."

목이 메었지만 어머니가 차려준 밥상에 바짝 다가가 밥을 열심히 먹었습니다. 어머니가 꼭꼭 씹어 먹으라며 못 보던 생선도 밥숟갈에 올려 주셨습니다. 국도 떠서 입에 넣어주시고 반찬도 이것 먹어라 저것 먹어라 하시며 물끄러미 제 얼굴을 바라보셨습니다.

얼마 동안 잠들었을까. 종아리가 가렵고 후끈거려서 살짝 눈을 떠 보니 어머니께서 빨간 아까징끼와 안티프라민을 발라주시며 숨죽여 우셨습니다. 어머니 눈물이 제 종아리에 떨어져도 저는 모르는 체하고 잠을 잤습니다. 어머니는 알랑알랑한 목소리로 우시면서 말씀하셨습니다.

"아이고, 이놈의 자식. 아이고, 이놈의 자식. 고집은 세가지고. 아이고, 이놈의 자식. 아이고, 이놈의 자식. 그 매를 그냥 맞고 서 있네. 아이고, 아이고……."

어머니, 오늘따라 어머니가 보고 싶습니다.

제 어머니는 박순분입니다

저는 충청남도 금산군 진산면 석막리 115번지에서 막내로 태어났습니다. 저를 마흔다섯에 낳으셨으니 제가 아는 어머니는 오십을 넘긴 주름진 얼굴의 할머니입니다.

제가 여섯 살 되던 해 어머니는 웬일인지 한글을 독학으로 배우셨습니다. 그러더니 아라비아 숫자까지 깨치셨습니다. 그리고 제가 일곱 살 되던 해부터는 저에게 한글을 가르쳐주셨습니다. 호롱불 밑에서 연필에 침 발라가며 어머니한테 한글을 배우고 숫자 1부터 1,000까지 읽고 쓰는 것을 배웠습니다. 그때는 몰랐습니다. 어머니가 왜 갑자기 그 어려운 한글을 오십이 넘어서 배우셨는지를.

나중에 알았지만 저를 초등학교 1학년 반장을 시키고 싶었답니다. 1960년대 그 시절, 하늘만 빼곡히 보이는 그 시골 깡촌에서는 모두 한글을 모르고 초등학교에 입학했습니다. 어머니는 저를 돋보이게 하고 싶었던 것입니다. 어머니의 바람대로 저는 제 이름 석 자를 쓸 수 있고 국민교육헌장을 읽을 수 있는 유일한 아이였고, 그 덕분에 담임선생님으로부터 반장을 지명받았습니다. 1학년 2학기 때는 해, 구름, 우산 등 날씨를 게시판에 붙이는 것이 귀찮아서 반장을 사퇴했지만……. 으이구, 이 못난 자식!

여기 계신 어머니들을 보면 저희 어머니가 생각납니다. 못 배워서 느꼈던 그 한과 서러움을 저희 어머니도 갖고 계셨을 겁니다. 나이 칠십이 넘어 양원초등학교를 졸업하고 일성여자중고등학교로 진학해서 대학까지 가시는 만학도 어머님들, 여러분이 인생의 승리자이십니다.

마포에는 때를 놓쳐 배움의 기회를 갖지 못한 주부들을 대상으로 한 대한민국 유일한 학력 인정 학교 양원주부초등학교, 일성여자중고등학교가 있습니다. 개교 59주년을 맞은 이곳을 거쳐간 만학도들이 총 46,000여 명. 현재 재학생이 3,670여 명이나 있습니다. 어제 이 학교 졸업기념 출판기념식에서 축사를 했습니다. 그리고 70세가 넘은 할머니 초등학생들이 쓴 문집을 보았습니다. 한 자 한 자 연필로 써내려간 이분들의 귀여움이 이분들의 한과 고통입니다. 제 어머님도 50세까지 얼마나 한이 맺히고 고통스러웠을까요? 저는 언제 어디서나 존경하는 인물이 누구냐고 물으면 주저 없이 '박순분' 이렇게 씁니다. 독학으로 한글을 깨우쳐 저에게 가르쳐준 제 어머니입니다.

지금은 제 눈물 속에서 사시는 어머니입니다.

어머니의 금가락지

"청래야, 너 걷는 게 왜 그러냐?"

"어머니, 아무것도 아녀요. 암시렁토 안 해요."

"막내야, 너 앉을 때 왜 그러냐?"

"어머니, 왜요? 이상해요? 괜찮은데……."

"청래, 너 아무래도 이상해. 이리와 봐."

어머니는 이내 반강제로 내 엉덩이를 깠습니다.

"아이, 참 어머니는 다 큰 아들 엉덩이를……. 아이, 참. 창피하게."

"그럼 그렇지. 아무래도 내가 이상타 했어. 당장 수술해야겠다."

고등학교 3학년짜리 다 큰 아들이 영 이상했던지 어머니는 내 엉덩이를 극구 보자고 했습니다. 의자에 오래 앉아 있는 고등학교 3학년 아들의 속 깊은 아픔도 어머니의 예리한 눈을 피할 수는 없었습니다. 나는 당시에는 병명조차 몰랐던 치질 수술을 했습니다. 대전에 올라오셔서 아들의 심각한 항문 상태를 보신 어머니는 나를 당장 병원으로 데리고 갔고, 치질 수술을 성공적으로 마친 다음 날 곧바로 고단한 시골 일터로 가셨습니다.

여름방학 한여름 농촌이 다 그렇듯이 소득이 없었던 그때 어머니는 갑작스러운 수술비를 어떻게 마련하셨을까? 나중에야 알았습니다. 어머니의 보물 1호로 애지중지 보관하시던 유일한 금가락지를 팔았다는 사실을…….

내가 배웠으면 느 아부지하고 안 살았다

광복절입니다. 우리 어머니는 3·1 만세운동이 벌어진 다음다음 해인 1921년 음력 시월 열여드레 날 전라도 완주에서 태어나셨습니다. 보고 자란 것은 아마 일본군 순사가 칼을 차고 다니거나 애써 지은 곡물을 공출하고 나서 깊은 한숨 속에 곰방대에서 뿜어져 나오는 외할아버지의 깊은 설움이었을 겁니다.

예닐곱 살이 되어 어머니는 동네에서 제법 똘똘한 아이였답니다. 천자문을 익히고 나서 『동몽선습』을 배울 때 어머니는 두각을 나타냈다고 합니다. 외할아버지께서 딸자식은 『동몽선습』까지만 배우면 된다고, 여자는 너무 배우면 차고 넘친다고 장학생인 어머니의 교육과정을 중단시켰다고 합니다. 어머니는 이때가 두고두고 아쉬웠나 봅니다.

언제부터인가 나하고 대화가 될 때부터 "『사서삼경』 배우고 신식학문을 배웠다면 느 아부지하고는 안 살았고, 석막리 이 골짜기에서 요로코롬 생고생하며 살지는 않았을" 거라고 말씀하시곤 했습니다. 어린 마음에 나는 그 말이 그렇게 듣기 싫었습니다. 우리 아부지에게 시집 안 왔으면 나는 이 세상에 태어나지 못했을 거라는 나름대로 과학적인 분석을 했기 때문입니다.

어머니는 당신이 열여섯 살 때인 1936년, 한 살 연하인 건장한 소년에게 가마 타고 시집을 갑니다. 굽이굽이 산골짜기를 돌아 40~50리 길을 쉬고 또 쉬며 불안과 설레임을 안고 충남 금산군 진산면 석막리 115번지를 향해 허우적허우적 시집살이를 하러 왔을 겁니다. 얼굴 한 번 본 적이 없고, 목소리 한 번 들어본 적이 없고, 연정을 담은 글 한 줄 읽어본 적이 없는, 부모가 정해준 생면부지 남자에게 평생 몸과 마음을 의탁하고 순종하려고 그 먼 길을 달려온 것입니다.

마당에 차려진 혼례식장에서 어머니는 아버지를 처음 봤다고 합니다. 처음 본 순간 어머니는 속으로 탄성을 질렀다고 했습니다. 말에서 내리는 신랑이 정말 눈부시게 잘생겼더랍니다. 키도 크고 체격도 건장하더랍니다. 어머니는 이를 두고 '삼당'이 쪽 고르다는 표현을 하셨습니다. 아버지 칭찬은 이때 말고는 거의 없었던 것 같습니다.

열다섯 살 신랑과 열여섯 살 신부가 만들어낸 첫날밤은 한 번도 들어본 적이 없습니다. 일제강점기에는 초등학교 수업이 늦게 끝났는지 어머니가 아버지 도시락에 꽁보리밥과 단무지, 김치를 싸줬다는 말이 내가 들은 어머니와 아버지의 유일한 신혼 일기입니다. 나는 단 한 번도 부모님이 결혼기념일을 챙기거나, 결혼기념일이 부부 싸움의 이유가 되는 것을 기억하지 못합니다. 두 분은 항상 인삼은 어느 쪽 산이 잘 되느냐, 말거리 밭에는 호밀을 심느냐 보리를 심느냐, 콩은 언제 팔아야 제 값을 받느냐 이런 문제로 다투셨습니다. 그래서 그런지 늦둥이인 저는 부모님의 결혼기념일을 모릅니다. 결혼기념일이란 용어는 고등학생 때 TV를 통해 처음 알았습니다.

옛날에는 우리 집도 대가족을 이루고 한집에서 옹기종기 살았습니다. 세 살 많은 큰아버지가 아버지를 일 안 한다고 게으르다며 어머니 앞에서 때렸답니다. 아버지는 어머니를 힐끗힐끗 보면서 맞다가 쏜살같이 도망가곤 했답니다. 어머니도 힐끗힐끗 볼 것은 다 보면서 못 본 척하다가 아버지가 도망가면 맘이 놓이곤 했답니다.

그러다가 이 어린 부부에게 아이가 태어났습니다. 어머니가 열여덟 살 때니까 큰 형님은 1938년생입니다. 내가 1965년생이니까 스물일곱 살 차이가 나는 아버지 같은 형님입니다. 어머니는 27년간 열 명의 아이를 낳았지만 다섯을 잃었습니다. 어머니 표현대로 젖살 빠지고 복슬복슬해지고 예뻐질 만하면 홍역으로 열꽃이 피고 시름시름 앓다가 죽었답니다. 그중에는 쌍둥이도 있었다고 했습니다. 듣고만 있어도 숨이 턱턱 막히고 참 미칠 것만 같았습니다.

1945년 해방이 되었을 때 아버지는 홋카이도로 징용 가 있었습니다. 해방이 되어 돌아온 아버지는 몇 년간 일한 월급을 한 푼도 가져오지 못해 빈털터리였다고 합니다. 징용에 끌려가지 않으려고 소주 대병을 서너 병쯤 마시고 술병을 가장했지만 결국 끌려갔다가 빈털터리로 돌아온 것이지요. 어머니는 그래도 너무 기뻤답니다. 살아서 돌아온 것이.

나는 어렸을 적에 어머니가 천재인 줄 알았습니다. 우리말도 잘하는데 일본 말도 막힘없이 너무너무 잘해서 말입니다. 그때 어머니가 가끔씩 맛보기로 가르쳐준 단어들이 생각납니다. '오까상'은 '어머니', '센세이'는 '선생님', '아리가또 고자이마쓰'는 '감사합니다', '사요나라'는 '안녕히'.

지금 생각해보면 그 말을 배웠을 당시의 암울함이 밀려옵니다. 머리 좋고 똑똑한 막내딸이었던 나의 어머니. 여자라서 배우면 안 되고 고작 배운 것이 『천자문』과 『동몽선습』, 일본 말이었으니. 대충 시집이나 가서 애 낳고(그것도 열 명씩이나) 몸조리도 못 하고 사흘 만에 콩밭 매러 허리춤 추스르며 오르던 명막골 사시랑골 골짜기.

화롯불에 고구마를 구워 내거나 모깃불을 켜놓고 부채로 부쳐가며 옛날 이야기하듯 담담하게 풀어내던 이야기 속의 주인공 어머니! 슬픈 한국 현대사가 그렇게 흘러갔듯이 어머니는 지금 이 세상에 안 계십니다.

하필이면 오늘 광복절, 어머니가 사무치게 보고 싶습니다.

어머니의 마지막 말씀

초등학교 5학년 5월 5일. 학교 운동장에서 왁자지껄 요란하게 축구하는 성일이, 희탁이와 한 약속을 지키지 못하고, 그 신나는 어울림과 함께하지 못한 채 지게를 지고 재래식 화장실 왕겨에 묻어 있는 똥내 가득한 거름을 한가득 짊어지고 앞산을 오를 때면, 시골생활의 고달픈 운명이 서러워서 눈물이 났습니다. 초등학교 6학년 때 복숭아처럼 뽀얀 얼굴을 한 교회 전도사 댁 딸아이가 우리 반으로 전학을 왔습니다. 마침 그날 전달에 본 월례고사 시험성적을 발표했는데 내가 1등을 했습니다. 그 아이는 확실히 나를 주목했습니다. 우쭐했습니다.

그러던 어느 일요일, 그 친구는 예배를 보고 나오는 길이었습니다. 나는 지게에 콩 줄기를 잔뜩 짊어지고 가는 중이었습니다. 지게는 자꾸 기울어지고, 나는 지게가 넘어가지 않도록 안간힘을 썼고, 얼굴에는 땟국물이 줄줄 흘러내렸습니다. 그 친구가 나의 얼굴을 봤습니다. 쥐구멍에라도 들어가고 싶은 마음이었습니다. 자존심이 구겨진 얼굴 위로 주르륵 눈물이 번지고 있었습니다.

중학교 때까지 토요일 오후와 일요일이 너무 싫었습니다. 하필이면 이날을 골라 차범근이 축구를 했고 홍수환과 염동균이 권투시합을 했습니다. 김일의 박치기 레슬링도 꼭 내가 논밭에 나가 있는 그 시간에 했습니다. 월요일 학교에 가면 친구들이 차범근이 몇 골을 넣었고, 김일의 머릿속에는 아무래도 쇠가 들어 있는 게 분명하다며 시끄럽게 떠들 때 속이 끓고 화가 나서 눈물이 났습니다.

제법 공부를 열심히 한 중학교 3학년 때 시상식 조회가 있는 날이면 내 대신 주번을 내보내고 교실을 지켰습니다. 우등생 수상자 명단에 어김없이 내 이름이 불리고, 수상자 대표에 내 이름이 한 번 더 불리지만 나는 그 자리에 없습니다. 대표로 상을 받는 그 자리에 정말 서고 싶지 않았습니다. 중학교 1학년 때 맞춘 교복 바지가 다 해져서 엉덩이 쪽을 재봉틀로 누볐는데, 그걸 여학생들에게 보여주는 것이 여간 창피한 일이 아니었습니다. 마이크를 통해 내 이름이 여러 번 불릴 때 교실에서 소리 없이 울었습니다.

가끔 부모님을 원망했습니다. 그렇게 못 사는 것도 아닌데 일요일에 남들처럼 일 안 하고 찬송가 끼고 교회에 가서 예배 본 뒤 오후에는 신나게 배구를 하고 싶었습니다.

그렇게 세월이 흐르고 내가 조국과 역사가 만들어준 감옥에 들어가고, 그 충격 때문에 어머니가 중풍으로 쓰러졌습니다. 6년간 어머니를 간병하다 화병이 난 아버지가 먼저 돌아가시고, 적막강산 같은 방에서 외톨이로 투병생활하시던 어머니는 오랜만에 찾은 막내아들의 손을 꼭 잡고 이렇게 말씀하셨습니다.

"아이고, 얘야. 내가 너를 중학교 때 일을 안 시키고 공부를 시켰으면 더 크게 됐을 텐데……. 미안하다, 청래야."

이것이 내가 들은 어머니의 마지막 음성입니다.

2주 후 어머니는 의식을 잃고 한 마디 말씀도 못 하시고, 5남매와 손자들이 지켜보는 가운데 돌아오지 못할 곳으로 떠나셨습니다. 추석이 왔습니다. 보고 싶은 어머니를 만나러 아이들 데리고 산소로 갑니다. 거기서 어머니의 마지막 말을 다시 듣습니다. 그럴 때마다 정말이지 목이 메어 눈물이 납니다.

임종

"아이고, 막내야! 뭐 이리 큰돈을 주냐? 너도 힘들 텐데."

"엄마! 막내가 그래도 돈을 벌잖아요. 맛난 거 사드세요."

6년째 중풍으로 몸져누워 계신 어머니에게 10만 원짜리 수표 한 장을 담요 밑에 넣어드렸습니다. 1989년 10월 13일 미대관저 점거투쟁에 막내가 들어간 줄도 모르고, 어머니는 추석과 설날이면 마을 차부에서 막내를 기다렸습니다.

형수님은 TV뉴스에서 막내 시동생이 붕대를 칭칭 감고 나오는 모습을 차마 시어머니께 보여드릴 수가 없어 일주일 동안 TV를 꺼놨다고 합니다. 아무것도 모르는 어머니는 결국 다음 해 설날이 지나서야 서울구치소로 특별면회를 오셨습니다. 50분 내내 우시다가 딱 한마디 말씀만 하시고 보안과 앞마당을 비척비척 걸어 나가셨습니다.

"막내야! 밥은 꼭꼭 챙겨 먹어라"

보안과 앞으로 걸어가시던 어머니의 모습이, 내가 본 어머니의 마지막 걸음걸이였습니다. 사흘 후 어머니는 도라지 밭에서 쓰러지셨습니다. 저는 몇 달 후 목포교도소로 이감을 갔고, 네 살 위의 형이 결혼식 청첩장을 보내왔습니다.

"막내야! 네가 석방되면 결혼식을 올리려고 했는데, 2년이나 기다릴 수가 없어서 식을 올리기로 했다. 미안하다. 그리고 너한테는 아직 알리지 않았는데 사실 어머니가 너 면회하고 오셔서 쓰러지셨다. 걷게 해달라고 하시며 우신다."

이 편지를 받고 담요를 뒤집어쓰고 남몰래 일주일을 울었습니다. 2년간 감옥살이를 하면서 제일 힘들었던 시간이었습니다. 첫 번째 손자와 5개월 차이로 저를 임신하고 어머니는 저를 떼려고 두 번이나 병원에 갔다가 차마 떼지 못하고 낳은 막내아들입니다. 제가 감옥에 가고 나서 아버지는 곧잘 동네 아저씨들과 싸움을 하고 들어와 술을 드셨습니다.

"어이, 자네 막내는 이제 끝났어. 취직도 못 해. 빨갱이를 누가 받아주겠어?"

"우리 아들 잘 먹고 잘 살 테니까 네놈들 아들들이나 걱정해."

아버지는 어머니 간병을 하느라 속상하고 동네에 나가면 또 속상하고, 그래서 그런지 아버지는 식사 대신 막걸리로 끼니를 해결하셨고, 그렇게 6년을 지내시다 어머니보다 8개월 먼저 세상을 떠나셨습니다.

"아이고, 막내야! 이리 와 봐라. 내가 너한테 미안한 게 하나 있다. 중학교 때 일 안 시키고 공부를 시켰으면 우체국 집 딸 영심이도 이겼을 것이고 더 크게 되었을 텐데 미안하구나."

"엄마! 왜 그런 말씀을 하세요. 대학 잘 가고 이제 돈도 벌기 시작했는데 왜 그러세요. 그럼 말씀 절대 하지 마세요."

중학교 때 시험공부 기간조차 늘 논밭에서 일을 시켰던 어머니는 그것이 큰 짐이 되었나 봅니다. 우체국 집 딸 영심이에게 밀려 항상 2등밖에 못했던 제가 "일 안하고 공부하면 안 되냐"고 어머니를 졸랐던 것이 걸렸을 겁니다.

어머니의 "미안하다"는 이 말씀이 제가 들은 어머니의 마지막 음성입니다. 그 말씀을 남기고 2주일 후 어머니는 혼절을 하셨습니다. 몸이 마른 가지처럼 말라갔어도 정신은 또렷했던 어머니셨습니다. 그 고통의 순간에도 다른 사람은 못 하게 하고 저에게만 시켰던 일이 대소변 받아내고 아래를 닦아주는 일이었습니다. 막내에게만 부끄럽지 않으셨나 봅니다.

"어머니! 눈 뜨세요. 진짜 아들, 막내 왔어요."

큰 형님이 몇 번인가를 귀에 대고 소리치자 기적같이 어머니가 눈을 뜨셨습니다. 천근만근 무거웠을 눈꺼풀을 올려 눈물이 뚝벙뚝벙 떨어지는 막내아들의 눈을 쳐다보셨습니다. 어머니 볼 위로 눈물이 흘러내리고 제 눈물이 어머니 볼에 떨어졌습니다.

그리고 잠시 후, 어머니는 속에 있는 한을 다 내뿜는 듯 하얀 거품을 내뿜으시고 제 눈을 쳐다보신 채 눈을 감지 못하고 돌아가셨습니다.

"어머니, 편하게 가세요."

큰 형님이 눈을 쓰다듬었습니다. 그러나 어머니는 막내인 저를 응시하고 계셨습니다.

제 얼굴은 눈물범벅이 되어 어머니 얼굴과 눈에 눈물이 떨어지기 시작했습니다. 한참을 그러다 제가 "어머니, 이제 눈을 감으세요. 자, 감으세요" 하자 어머니는 그제야 스르륵 눈을 감으셨습니다.

어머니 기일

어제 어머니 기일이었습니다. 대전 큰 형님 댁에 가서 제사를 지내고 새벽에 귀경했습니다. 돌아가시고 지내는 제사가 무슨 의미가 있느냐는 말씀도 있을 수 있으나 평소 어머니가 즐기던 음식을 준비했습니다.

어머니는 억척스럽게 논밭에 나가 일하시면서도 저녁에는 늘 허리가 아프다고 하셨습니다. 회갑 이후에는 치아도 시원찮아서 딱딱한 음식은 못 드시고 물렁물렁한 음식만 드셨습니다. 시골생활이 다 그렇지만 육류는 없고 현재 웰빙 음식으로 찾는 푸성귀가 전부였습니다. 제 기억으로 설날과 추석을 손꼽아 기다렸던 가장 큰 이유가 아마 쇠고기국 때문이었을 겁니다.

제사상을 준비하신 일흔두 살이신 큰 형수님께 여쭈어보았습니다.

"시집살이 많이 시키시던가요?"

"아이고, 서방님. 그때는 다 그랬시유. 시집살이는 무슨 시집살이예유."

그러면서 "어머님이 요것 좋아하셨는데" 하면서 옆에서 혼잣말을 하십니다. 저는 예를 올리고 시접을 하고 나서 어머님께서 평소에 제일 좋아하셨던 닭고기와 무, 홍합탕에 젓가락을 올려 놓았습니다. 하늘나라에서도 치아가 안 좋아서 딱딱한 것은 못 드실 것 같아서요.

어머니! 잘 살게요. 그곳에서 맛난 음식 많이 드세요.

치과에 가셔서 이도 고치시고요. 그곳에도 임플란트가 있나요?

아버지

새마을 지도자

아버지 잘 계셨어요? 그 시절이 눈물 나게 그립습니다.

"엄마, 나도 학교 보내주세요. 나는 키도 크고 글자도 쓰고 읽을 줄 아는데 왜 학교 안 보내주는 거야? 장우, 병철이 애들을 내가 다 이기는데, 걔들은 다 학교 가고. 나도 학교 보내줘. 엉엉."

일곱 살이 되던 해 나는 두 살 위 아이들과 덩치가 비슷해서 한 살 위는 형으로 보지도 않았습니다. 그런데 이 녀석들이 골목대장인 나를 두고 학교에 입학을 했습니다. 도서벽지라서 오전 수업이 끝나면 애들은 보리빵 하나씩 타 가지고 집으로 돌아왔는데, 나는 빵을 먹을 수가 없었던 것이 여간 억울한 일이 아니었습니다.

"야, 너희들 빵 내놔."

급기야 우리 집 앞에서 잠복근무하던 나는 집 앞을 지나던 1년 선배들을 뒤져서 기어코 빵 반쪽을 빼앗았습니다. 지금의 실정법으로 보면 무슨 법에 저촉될까요? 끝내 그 아이들의 밀고로 더 이상 빵을 빼앗아 먹을 수 없게 되자 어머니한테 떼를 썼던 것입니다.

"청래야! 너는 명년에 학교를 갈 거야. 대신 학교 가서 공부를 잘 해야 쓴다. 반장도 하고……."

어머니는 원래 무학입니다. 그랬던 어머니가 내가 여섯 살 때부터 한글을 익히고 숫자를 공부하셨습니다. 어머니는 독학으로 한글을 익히고 내가 일곱 살이 되자 어머니는 호롱불 아래에서 연필심에 침을 발라가며 저에게 한글을 가르쳐주셨습니다.

"자기 이름 쓸 줄 아는 사람 손들어 봐."

초등학교 입학식이 끝나고 교실에 들어가자마자 백충기(우리는 백돼지로 불렀다) 선생님이 손을 들라고 해서 나는 가장 먼저 손을 들었습니다. 나 말고 '고난수'라는 여자아이도 손을 들었습니다. 내가 칠판에 나가 백묵으로 '정청래'라고 썼더니,

"정청래가 반장하고 고난수가 부반장을 해라. 박수."

간부 임명이 너무도 손쉽고 간단했습니다.

이 모든 영광이 한글을 삐뚤빼뚤 독학으로 익힌 어머니 덕분이었습니다. 반장으로 뽑히고 "오늘이 있기까지 나를 낳아주고 길러준 한글을 독학으로 깨우쳐주신 어머니께 이 영광을 돌립니다"라고 하며 맡은 바 반장 역할을 충실히 해야 할 내가 2학기 때 그만 사고를 쳤습니다.

모든 아이가 집에 돌아간 후 '오늘의 날씨' 판에 맑은 날은 해를 붙이고 비 오는 날에는 우산을 붙이고 흐린 날에는 구름을 붙이는 것이 여간 귀찮은 일이 아니었습니다. 반장을 한다고 빵을 두 개 주는 것도 아니고 아침저녁이면 어김없이 일어나 "차렷, 선생님께 경례" 하는 것도 어쩐지 귀찮고 싫어졌습니다.

"선생님, 저 반장 안 할래요."

"아니, 왜 그러냐? 정청래, 너 엄마한테 허락 맡고 와서 내일 다시 말해. 알았지?"

그날 어머니께 반장을 사퇴하겠다고 하니 어머니는 기가 막혔나 봅니다. 달래고 혼내고 했지만 나의 고집을 꺾지는 못하셨습니다.

초등학교 1학년 2학기 반장을 그만둔 그해에 아침이면 요란하게

새마을 노래가 울려 퍼지기 시작했습니다. 반장도 그만두었겠다 학교에서 빵도 하나씩 타서 먹겠다, 그 신나는 유년의 시절을 만끽할 때 눈을 비비고 쳐다봐야 할 일이 우리 동에서 벌어지고 있었습니다.

"새벽종이 울렸네. 새 아침이 밝았네. 너도 나도 일어나 새마을 가꾸세. 살기 좋은 내 마을 우리 힘으로 만드세."

지금도 기억하는 새마을 노래입니다. 박정희 대통령의 정치적 의도가 어디에 있었던 간에 새마을 열풍은 내가 살던 깡촌에도 어김없이 불어왔습니다. 우리 동네에서 말발깨나 있고 힘깨나 썼던 인물이 새마을 지도자로 뽑혔는데 초대 새마을 지도자가 우리 아버지였습니다.

이미 동네 이장을 거쳤던 경력이 있었던지라 아버지가 자연스럽게 투표 없이 새마을 지도자로 뽑혔는데 아무도 이의를 제기하는 사람이 없었습니다. 어린 나는 아버지가 어찌나 자랑스러웠는지 아버지가 벗어놓은 '근면, 자조, 협동' 슬로건의 새싹 마크가 그려진 녹색 모자를 쓰고 으스대며 동네를 돌아다녔습니다.

"야, 우리 동네는 새마을 지도자가 제일 높은 짱이야."

그도 그럴 것이 군수나 경찰서장이 동네를 찾아오면 항상 아버지가 근접수행을 하면서 지휘봉으로 동네의 새마을운동 진척상황을 보고하고는 했습니다. 나도 졸졸 따라다니며 아버지의 멋진 브리핑을 주워듣느라 여념이 없었습니다. 그 주워들은 정보로 나는 우리 동네아이들을 훈계하였습니다.

"애들아, 지금 있는 초가지붕은 몇 년 안에 다 없어지고 쓰레트(슬레이트) 지붕으로 다 바뀔 거야. 매년 짚으로 엮어서 지붕을 만들고 하는 것이 얼마나 힘들겠냐? 그리고 말이야, 희천이 아저씨 집 앞에는 시멘트 다리가 놓일 것인데, 그럼 우리가 학교 갈 때 장마철 홍수가 나도 물 안 건너고 학교에 가니까 편해질 거야.

그리고 너희 그거 알아? 이제 우리 호롱불 안 켜도 돼. 전깃불이 들어온대. 저 점빵집(구멍가게)에서 빳데리(배터리)로 발전시켜 텔레비전 봤잖아. 이젠 안 그래도 되고 30촉 불이 들어오는데 밤에도 대낮같이 밝아진대. 그리고 어쩌면 우리 동네에 버스가 들어올지도 몰라."

금산군 진산면 '석막리 새마을운동 5개년 계획'은 내가 예상한 대로 순조롭게 착착 진행되었습니다. 내가 농담처럼 하는 말이지만 "나도 유신 72학번"이라고 말합니다. 초등학교 72학번. 그해가 바로 우리 동네 새마을운동이 시작된 해입니다. 아버지가 새마을 모자를 쓰고 진두지휘했던 새마을운동의 시작은 우리 집 지붕 개량부터 시작되었습니다.

굼벵이가 평화롭게 살던 초가지붕이 뱀 허물 벗듯이 내려온 자리에 하얀색 예쁜 슬레이트 지붕이 올라갔습니다. 매년 가을 추수기가 끝나면 짚으로 엮어 올려서 지붕을 씌우던 수고를 하지 않아도 됐습니다. 비가 오거나 눈이 오면 불안하기만 하던, 그래서 위험하고 불편했던 지붕이 하얗게 단장된 것입니다.

내 땅이 도로에 들어갔네, 어떻게 됐네, 말도 많았고 싸움도 잦았습니다. 그런 분쟁이 있을 때마다 아버지는 모범적으로 먼저 우리 땅을 길 내는 데 내놨습니다. 그리고 밀어붙였습니다. 한 집 두 집 초가지붕이 없어지자 이제는 도로를 넓히고 다리를 놓기 시작했습니다. 넓혀진 도로 양 옆에 코스모스를 심고 새로 만들어진 다리 표석에는

4H 글자가 새겨졌습니다.

"청래야! 저 도락구에 실려 오는 저 기다란 것이 뭐야?"

"자식들, 내가 저번에 말했잖아. 저건 말이야, 전깃줄을 땅바닥에 늘어뜨려놓으면 전기에 감전돼서 죽어. 그래서 전깃줄을 매야 하는데 그럴려면 기둥이 필요하잖아. 저게 그 기둥인데 전봇대라고 하는 거야. 알았지?"

트럭(우리는 도락구라고 했다)에는 기름칠한 전나무 전봇대도 있었고, 시멘트와 철근이 들어간 하얀 전봇대도 트럭에 실려 우리 동네로 들어오기 시작했습니다. 전봇대를 실은 트럭이 들어오면 방향 틀기가 어려웠고 그때마다 아버지가 제일 먼저 달려 나갔습니다.

"오라이, 오라이. 뒤로 빠꾸, 모도시로 핸들 팍 돌리고 그렇지, 그렇지."

깜깜한 시골 깡촌에 밤에도 대명천지 별들 날이 이렇게 밀려들고 있었습니다.

짜장면

1960년대 말부터 1970년대 초, 충남 금산군 진산면 돌메기골. 전기도 없고 버스도 없고 TV는 동네에 1대(소형 발전기를 이용)밖에 없고 라디오만 있던 시절이 있었습니다. 산으로만 둘러싸여 큰 개울도 없고 실개천 둠벙에서 멱 감던 시절. 산과 들과 흙과 놀던 깡촌 산동네.

유일한 세상 구경이라고는 금산 장날에 아버지 따라가는 일이었습니다. 1년에 한 번 빡빡 머리를 비누로 씻고 검정 고무신 신고 십리를 걸어 면 소재지 차부에 가면 터덜터덜 먼지 나는 버스가 시커먼 매연을 내뿜으며 장날 보따리를 싣고 있었습니다. 버스운전사 아저씨의 까만 선글라스가 그렇게도 멋있던 시절.

시골 장터지만 지금 명동 입구만큼이나 붐볐던 금산 장터. 아버지는 웬일인지 꼭 우시장을 필수 코스로 돌았습니다. 그러고 나서 아버지는 순대 국밥집으로 가자 하시고, 저는 장에 따라온 유일한 목적인 짜장면 집으로 가자 울고불고. 중국집이 아닌 짜장면 집으로 알고 있던 그 옛날 짜장면 집.

그때 그 시절 쇠똥 냄새나는 골목길 짜장면이 그립습니다.

검정 고무신

아버지는 열다섯 살 때 얼굴 한 번 보지 못한 한 살 위 연상의 여인과 결혼을 했습니다. 열다섯 살이지만 장가를 들 당시 초등학교 4학년이었습니다.

학교를 졸업하자 할아버지는 초가집 한 채와 100평 남짓 밭뙈기와 보리 세 말을 주며 분가를 시켰습니다. 아버지는 이때부터 10대 가장이 되어 가족 부양의 의무에 시달렸습니다.

아버지는 6척 장신에 체중 85킬로그램의 장사였습니다. 금산군 진산면 동네에서 가장 무거운 돌을 들어 옮기는 데는 당할 사람이 없었다고 합니다. 힘이 장사였어도 아버지는 어머니가 보는 앞에서 큰아버지에게 볼기를 맞기도 하고 호랑이 같은 할아버지에게 매를 맞기도 했습니다. 그런데 아버지에게는 역성을 들어주는 어머니가 계시지 않았습니다. 아버지가 네 살 때 할머니가 돌아가시고 할아버지는 개가를 하셨기 때문입니다.

형편이 어려웠던 아버지는 제 큰형을 중학교 3학년 때 자퇴를 시켰습니다. 전교 1등을 하는 큰아들이었지만 납부금을 낼 수 없었기 때문에 선생님의 만류를 눈물로 뿌리쳐야 했습니다. 학교를 그만둔 큰 형님은 이때부터 아버지와 함께 지게를 지고 산으로 갔습니다. 그리고 장작을 팔아 연명했습니다. 그렇게 몸뚱이 하나 믿고 무일푼으로 시작한 독립생활은 내가 태어날 무렵에는 논 열 마지기, 밭 5,000평을 소유한 밥은 굶지 않을 정도의 동네 부자(?)로 성장했습니다.

아버지는 평생 270밀리미터 검정고무신을 신었습니다. 구두는 금산 장날에만 신고 가셨습니다. 바랜 군복이 당신의 평상복이자 고달픈 시골생활의 일복이었습니다. 안경 하나에 낡은 시계 하나. 무엇이든 두 개가 없었습니다.

우리 밭은 산꼭대기를 개간해서 만들었습니다. 어머니가 일꾼들의 밥을 광주리에 목이 휘도록 날랐다면, 아버지는 벗겨지는 고무신을 신고 지게에 가득 농기구와 수확물을 짊어지고 나르느라 허리가 휘었습니다.

지금도 고무신을 신고 바지를 걷어 올리면 지렁이 몇 마리가 꿈틀대는 듯했던 아버지의 종아리가 생각납니다. 검정 고무신 신고 왔다가 검정고무신 신고 돌아가신 아버지의 검정 고무신. 아버지 기일을 맞아 아련히 떠오르는 아버지의 모습입니다.

나는 검정 구두 신고 검정 양복 입고 KTX 타고 아버지 만나러 갑니다.

아버지 저도 이제 아버지가 되었습니다. 아버지!

아버지, 아버지, 아버지, 아버지

내가 대학 입학을 하자 아버지는 잠을 못 자고 고민하셨습니다. 등록금을 댈 일이 여간 걱정이 아니었습니다. 그 시골 깡촌에서 내가 처음으로 서울로 대학을 갔지만 정작 등록금이 없었습니다. 결국 아버지는 농협에 사정사정을 해서 70만 원 빚을 내고 서울로 올라 오셨습니다. 제 등록금을 내러 처음 대학 교정을 밟아보셨습니다.

그 이후로 아버지는 한 번도 서울에 오지 못했습니다. 내가 두 번씩이나 서울구치소에 갇혔을 때도 아버지는 어머니만 한 번 올려 보냈습니다.

아버지는 옛날 분치고는 178센티미터 장신이었습니다. 그런데 아버지의 키가 차츰 줄어들었습니다. 해소천식이 심해져서 기침도 달고 사셨습니다. 6년째 중풍으로 누워 있는 어머니와 말다툼을 하고는 대문 앞에 쪼그려 앉아 담배를 더 태웠습니다.

내가 대전 집에 가던 날 아버지는 고속버스 터미널 근처 내과에 간다고 하셨습니다. 아무래도 오래 못 살 것 같다는 말씀을 하셨습니다.

"청래야, 의사가 아무 이상이 없단다. 그런데 나는 왜 이리 숨이 가쁘지? 참 내가 한창 때는 몸무게가 85킬로그램이었는데 오늘 보니 58킬로그램밖에 안 나간다."

나는 설마 이 말이 내가 들은 마지막 아버지의 음성일 줄은 몰랐습니다. 내가 서울로 올라온 지 3일 후 아버지는 한 마디 유언도 못 남기시고 다시는 돌아오지 못할 곳으로 떠나셨습니다.

장례식 날 새벽 2시부터 6시까지 네 시간 동안 아버지 시신 앞에서 방바닥을 치며 울었습니다. 그냥 아무 말 없이 "아버지, 아버지, 아버지, 아버지" 하며 울었습니다. 어머니가 걱정한다고, 큰 형님이 말려도 듣지 않고 계속 울었습니다. 서울에서 내려온 친구들도 어떻게 저를 달래지를 못했습니다. 이내 고개를 들어 올려도 계속 눈물만 났습니다.

"아버지, 아버지, 아버지, 아버지."

아무리 불러도 일어나지 않는 아버지가 참 야속했습니다.

오늘은 17년 전 그 서러운 날, 아버지 기일입니다.

아버지 만나러 대전에 갑니다.

자전거

돌로 둘러막았다 하여 붙여진 돌메기골이 내가 태어난 고향입니다. 독일의 문호 괴테가 말했던가요? 태생은 깡촌에서, 유년 시절은 덜 깡촌에서 성장하는 것이 좋고, 성장할수록 도시로 가는 것이 정서상 좋다고.

그러나 나는 모든 것이 힘들고 고달픈 시골이 참으로 싫었습니다. 초등학교 3학년 때부터 지게 지고 산에 나무를 해야 했고, 장마철이면 단잠에 빠져 있을 새벽 3~4시에도 일어나 논에 물꼬를 트러 가야 했습니다. 반공일이나 공일이면 어김없이 논밭에 나가 일을 해야 했습니다. 그래서 토요일, 일요일이 제일 싫었습니다.

중학교에 입학해서야 검정 고무신이 검정 운동화로 교체되었습니다. 고무신 신세를 면하기 전 초등학교 시절에는 항상 맨발로 축구를 했습니다. 중학교 3년 내내 교복 한 벌로 버티다 보니 2학년 때부터는 엉덩이에 헝겊을 댄 재봉틀 자국 때문에 여학생 앞을 지나가지 못하기도 했습니다.

중학교 2학년 때 자전거를 사달라고 아버지에게 백 번 이상을 졸랐습니다. 그러던 어느 날 금산 장날에 아버지께서 중고 자전거를 사 오셨습니다. 5킬로미터 통학 길을 이제 콩나물 버스를 타지 않고 등교를 할 수 있게 되었습니다. 천하를 얻은 듯했던 기분에 신바람이 났습니다. 털털대는 비포장 길을 콧노래 부르며 달릴 수 있었습니다.

그러나 이것이 웬 청천벽력입니까? 값싼 중고 자전거는 3개월을 넘기지 못하고 여지없이 결정적 순간에 사고를 치기 시작했습니다. 여학생들이 재잘거리며 등교하는 정문 앞을 멋지게 지나려는 순간에는 꼭 사고가 났습니다. 교문을 통과해 비스듬한 경사 길을 엉덩이 들고 열심히 페달을 밟는 순간 체인이 벗겨지면 정말 그 창피함에 얼굴은 홍당무가 됩니다.

한번은 여학생들 옆으로 쌩 하고 달리는 순간 자전거 바퀴가 자갈밭을 통과하지 못하고 그만 자전거와 함께 보기 좋게 나동그라졌습니다. 킥킥대며 지나가는 여학생들 앞에서 아픈 척도 못 하고 저만치 달아난 책가방을 집어 들자 참을 수 없는 슬픔이 온몸을 파고들었습니다.

"아부지! 쌤삥이 자전거 사주면 안 돼요?"

쌤삥이(새) 자전거를 사달라고 조르는 나에게 아버지는 항상 몽키 스패너를 들고 오셔서 닦고 조이며 "이젠 됐다, 한번 타봐라" 하셨습니다. "안 탈 거예요" 하고 토라지다가도 아버지가 안 보이면 슬쩍 타고 나갔다가 또다시 낭패를 봤던 나의 중고 자전거.

이제 쌤뺑이 자전거도 살 수 있고 그보다 더한 자동차도 타고 다닙니다. 그러나 나의 투정을 웃으며 받아주었던 그 아버지는 안 계십니다. 내 자동차를 한 번도 못 타보시고 말입니다. 저 세상에 계신 아버지를 한 번만이라도 제 자동차에 태워드리고 싶습니다.

위대한 거목, 김대중과 노무현

김대중

김대중 대통령은, 50이 넘은 나이에 영어를 공부했고, 감옥에 있으면서 책을 읽고 썼으며, 70이 넘은 연세에도 영화, 문화콘텐츠 산업과 IT를 공부했다. 아마 지금쯤은 하늘나라에서 SNS를 하고 계실 것이다. 페이스북, 트위터에서 그분의 글을 한번 보았더라면 얼마나 좋았을까?

내 마음속의 존경하는 대통령! 그 분을 떠나보내며 눈물로 썼던 추도사입니다. 당신을 만나 행복했습니다.

—김대중 대통령을 떠나보내며

김대중!

당신은 저보다 정확하게 40년 먼저 이 땅에 오셨습니다. 당신께서 태어난 그해는 5천 년 역사 속에 최초로 나라의 주권을 잃고 전 국민이 신음하던 일제치하였습니다. 제가 태어난 해는 박정희 군사독재가 둥지를 틀었던 1965년이고 당신께서 독재와 치열하게 맞서 싸우던 해였습니다. 제가 태어난 해에 당신께서는 팔팔한 40대였고, 당신께서 세상을 떠난 올해는 제가 팔팔한 40대가 되었습니다.

제가 언제부터 당신의 존재와 이름을 기억하기 시작했는지는 저도 잘 모릅니다. 제 고향은 충남 금산군 진산면입니다. 당신의 정치적 선배였던 유진산 선생의 고향 마을이 제 고향이기도 합니다. 유진산 선생이 돌아가셨을 때 여섯 살의 나이였던 꼬마인 제가 부모님 손에 이끌려 문상을 갔던 기억이 납니다. 아마 그때 당신께서도 저희 마을에 문상을 오셨을지 모르겠다는 생각을 합니다.

기억하시나요? 그해 진산초등학교 작은 야산 꼭대기에 유진산 선생 무덤에 많은 어른들이 계셨는데 그때 거기에 계셨나요? 당신께서 계셨다면 그때 맷물 흐르며 울던 아이가 접니다. 그랬다면 아마 그때 당신을 처음 만났는지 모릅니다. 그렇지만 저는 그때를 기억하지 못합니다. 다만 그때 그 아이가 성장해 지금은 당신의 서거를 애도하며 서울 마포구 합정동에 분향소를 차려놓고 조문객을 맞이하는 당신의 상주가 되었습니다.

그러나 저는 당신과의 두 번째 만남부터 당신을 기억하고 당신을 존경해왔습니다. 1987년 6월 항쟁의 과정에서 숨진 이한열 열사 장례식에서 당신을 보았습니다. 연세대 교정에서 만장을 앞세우고 '호헌철폐 독재타도'를 외치며 시청으로 향하는 신촌 로터리에서 저는 분명히 제가 존경하는 김대중 당신의 뒤를 따르며 걸었습니다. 어렸을 적 아무것도 모르는 꼬마의 모습이 아니라 민주화를 열망하는 열혈 청년학도로 당신의 뒤를 따랐습니다.

당신과의 두 번째 만남 직전에 저는 전두환 군사독재의 '호헌철폐 독재타도'를 외치다가 경찰에 잡혀 최초로 5일간 유치장 신세를 진 운동권 대학생이었습니다. 이것을 시작으로 저는 그 후로 세 번 더 경찰과 안기부에 잡혀 2년간 감옥살이도 했습니다. 공교롭게 마지막 감옥살이는 당신의 고향인 목포교도소였습니다. 그러고 보니 저는 당신의 감옥살이 후배이기도 하고, 경찰과 안기부에 끌려가 두들겨 맞고 고문도 당한 피해자 동지이기도 합니다.

저는 똑똑히 기억합니다. 제가 선거권을 획득한 후 치러진 세 번의 대통령 선거에서 모두 당신을 찍었던 기억이 납니다. 세 번째 찍은 제 한 표가 당신의 대통령 당선의 마지막 한 자리 득표 숫자입니다.

1992년 대통령 선거 때이던가요? 제 감옥살이 충격으로 중풍이 와 몸져누우신 어머니를 업고 투표장에 들어서자 많은 사람이 박수를 쳤습니다. 제 등에 업힌 어머니께 "어머니, 3번입니다. 3번 김대중!"이라며 기표소 안에서도 말씀을 드렸습니다. 막내아들 등에 업혀 떨리는 손으로 3번을 찍던 저희 어머니도 당신의 지지자였습니다.

당신은 제15대 대한민국 대통령이십니다. 그냥 대통령이 아니라 대한민국 유사 이래 최초로 평화적 정권교체를 이룬 민주정부 최초의 대통령이셨습니다. 5천 년 역사 이래 왕권세습이 아니라 민중의 손으로 권력을 세운 최초의 국민의 정부 대통령이셨습니다. 도올 김용옥 선생을 비롯한 석학들은 국민의 손에 의해 세워진 김대중 정부를 보며 한때 일본 자민당 정부보다 더 큰 발전 가능성을 엿볼 수 있다고 했습니다.

그렇습니다. 당신은 대통령으로 재임하던 5년 동안 대한민국의 틀을 바꾸어놓았습니다. 당신이 1997년 대통령 선거 공보에 새겼던 '든든한 대통령, 준비된 대통령'은 헛된 구호가 아니었습니다. 당신께서 영국에서 돌아오신 1995년, 저와의 세 번째 만남인 아태평화재단 아카데미 특강에서 당신은 〈쥬라기 공원〉 영화를 예로 들며 지식정보산업과 함께 문화산업의 중요성을 강조하셨습니다. 저는 그때 당신의 해박한 지식에 놀라고 당신의 열정에 놀랐습니다. 언론을 통해 전해 들은 그 이상으로 당신은 위대했고 그 믿음은 지금도 변함이 없습니다.

당신은 민주주의와 인권을 위해, 남북통일을 위해 온갖 고초를 마다하고 평생을 싸웠습니다. 당신은 당신의 이익이 아니라 대한민국의 역사의 이익을 위해, 국민의 행복한 삶을 위해 마치 고난받는 예수처럼 형극의 길을 걸어왔습니다. 군사독재에 의해 들씌워진 빨갱이의 십자가를 짊어지고 남북분단의 언덕을 넘어 온몸에 못이 박히기도 했습니다. 당신은 대한민국 민주주의를 지키려다 동해 앞 바다에 수장될 뻔했습니다. 1980년 광주항쟁의 한복판에서 군사정권에 의해 사형선고를 받고 죽음의 공포에 떨기도 했습니다.

그러나 당신은 죽지 않았습니다. 당신의 육체만 죽지 않은 것이 아니라 어떠한 불의와도 타협하지 않고 꿋꿋하게 당신의 정신도 살아남았습니다. 민주주의와 인권, 남북통일에 대한 열망은 당신이 죽음의 문턱을 넘나들 때 오히려 당신의 신념과 집념으로 더욱 거세게 살아났습니다. 저는 압니다. 당신은 탄압의 고통 속에서 더욱 빛났고 감옥살이를 하면서 더 많은 지식과 식견을 넓혔습니다. 당신의 해박한 지식과 탁견은 당신의 성실함의 소산일 뿐만 아니라 고난 속에 핀

꽃, 인동초라는 사실을 국민은 압니다.

당신은 대통령이 되기 전에도, 대통령 재임 시절에도 그리고 대통령을 퇴임한 이후에도 지워지지 않는 많은 업적을 남겼습니다. 당신이 대한민국의 국민이 아니었다면, 당신이 탁월한 정치인이 아니었다면 대한민국의 민주주의와 인권이 이만큼 발전할 수 있었을까요? 당신이 대한민국의 대통령이 아니었다면 대한민국의 지식정보화산업의 근간이 된 초고속 인터넷망을 구축할 수 있었겠습니까? 당신이 아니었다면 사전검열 철폐로 영화산업을 필두로 한 문화산업의 한류가 이처럼 불처럼 융성할 수 있었겠습니까?

저는 행운아입니다. 당신과 40년을 넘게 대한민국 국민으로, 운동권 동지로, 정치 후배로 살았습니다. 저는 운명적이게도 당신이 사셨던 동교동을 지역구로 둔 국회의원이었습니다. 제가 국회의원이 되어 동교동 사저를 방문했을 때 당신은 2004년 총선 때 저를 찍었다고 말씀해 신문에 난 적이 있습니다. 저는 대통령 선거에서 세 번 당신을 찍었고, 당신은 제 국회의원 선거 때 저를 찍었습니다. 저의 총선 득표수 끝자리 숫자는 당신께서 찍은 표입니다. 이처럼 당신과 저의 만남도, 끝내 한길을 함께 동행했던 40년도 저로서는 영광이고 행복입니다.

당신은 개인적으로도 참 고마운 분입니다. 몇 번의 기회가 있어 동교동 사저에서 당신과 마주앉아 특별강의와 특별과외를 받던 기억을 하면 참 소중하고 행복합니다. 연세가 많으신데도 당신은 명석한 기억력으로 한국 현대사를 세세히 복원해 말씀해주셨고 대한민국의 민주주의와 남북관계사를 말씀해주셨습니다. 6·15 정상회담과 미국 클린턴 대통령과의 외교활동과 노벨평화상을 받은 의미 그리고 북미 정상회담과 북일 정상회담을 통한 북한의 핵무기 해법을 말씀하셨습니다. 금강산과 개성공단이 통일로 가는 징검다리라는 사실도 역설하셨습니다.

당신은 이제 세상과의 작별을 고했습니다. 이제 당신의 해맑은 웃음과 좌중을 웃기는 유머도 들을 수 없습니다. 당신의 대중을 압도하는 사자후와 당신의 신념에 찬 당당한 모습도 이제 영상을 통해서만 볼 수 있습니다. 저는 내일 당신과 이별을 하러 국회로 갑니다. 그 자리에는 2000년 평양에서 북미 정상회담의 사전 정지작업을 했던 올브라이트 전 미국 국무장관이 미국 조문단 대표로 옵니다. 당신은 조지 부시가 미국 대통령이 아니라 엘 고어가 대통령이 되었다면 한반도 평화정착이 실현되었을 것이라며 박복한 일이고 천추의 한이라고 말씀하셨습니다.

보이십니까? 당신께서 마지막 순간까지 그토록 역설하셨던 남북 공존공영의 길이 열리고 있습니다. 꽁꽁 얼어붙었던 남북의 빗장이 당신의 서거로 일단 풀렸습니다. 당신께서 손잡았던 김정일 위원장의 손으로 만든 조화가 당신의 영결식장에 도착했습니다. 김정일 위원장의 조화를 미국의 올브라이트도 볼 것입니다.

당신은 "행동하지 않는 양심은 악의 편이다"라며 독재와 맞서 싸울 것을 유언하셨습니다. 당신은 죽음의 순간까지 민주주의와 남북 통일에 대한 열정을 불태우셨습니다. 당신의 민족과 역사 그리고 국민에 대한 헌신과 봉사에 고개를 숙입니다. 당신은 이제 국회에서 이승과의 이별을 합니다. 당신께서 사셨던 동교동을 지나 국립현충원에서 영면을 하십니다. 저는 오늘까지 합정동에서 당신을 그리워하고 슬퍼하는 국민을 맞이합니다. 그리고 국화꽃 장식을 한 당신의 자동차를 따라 한강을 건너겠습니다.

1987년 당신을 따라 시청으로 향하던 그 마음을 간직하고 당신이 누워 있는 영구차를 따라가겠습니다. 6월 항쟁 때는 당신의 걸음을 따라 걸었지만 이제 당신께서 누워 있는 영구차의 뒤를 따라가겠습니다. 그러나 걱정 마십시오. 당신의 육신은 저승으로 가지만 당신의 정신은 이 땅에서 영원히 살아 숨 쉴 것입니다. 저희 후배들이 당신이 그토록 열망하며 지켜왔던 민주주의와 인권, 남북통일과 지식정보화산업, 문화산업의 꽃을 피우겠습니다. 이제 고난과 고통이 없는 곳에서 행복하게 사십시오.

김대중 대통령님! 자랑스러운 이 땅 대한민국에서 당신과 40년을 함께 살아온 것이 영광이고 행복이었습니다. 당신과의 첫 만남부터 이별까지 당신은 나의 스승이고 동지였습니다. 아니, 저뿐만이 아니라 당신과 함께한 대한민국 국민 모두의 행운이었습니다. 이제 당신의 유지를 따르는 국민들이 당신을 애도하며 당신을 영원히 기억할 것입니다. 아무 걱정 마시고 그곳에서 행복하게 사십시오. 이제 당신과의 행복했던 추억을 간직한 채 당신을 정말 떠나보내야 합니다. 당신의 정신을 계승하겠습니다.

안녕히 가십시오. 당신의 절룩거리는 아픈 다리 덕분에 대한민국 국민이 똑바로 걸을 수 있었습니다.

그동안 감사했고 앞으로도 감사할 것입니다.

2009년 8월 22일 정청래 올림

노무현

노무현, 당신이 그립습니다.

노무현, 당신은 당찬 집념입니다.
가난한 농부의 아들로서 삶을 사랑했고
떵떵거리던 주류에 굴하지 않은 당참이었고
성공해서도 눈물 마르지 않는 변호인이었습니다.

노무현, 당신은 분통터지는 울분입니다.
국회의원일 때 당신은 울분이었습니다.
독재자 전두환에게 울분의 명패를 던졌고
3당 야합 땐 울분에 차서 "아니오"를 외쳤습니다.

노무현, 당신은 지치지 않는 기관차입니다.
국회의원에 떨어지고 또 떨어져도
지치지 않고 지역감정에 대항했습니다.
당신은 지역의 벽을 넘는 기관차였습니다.

노무현, 당신은 서민의 벗입니다.
부산에서 국회의원에 떨어지던 날
서민의 가슴에 슬픔의 소낙비가 내리고
당신을 사랑하는 사람들이 노사모로 모였습니다.

노무현, 당신은 요동치는 바람입니다.
끝까지 참고 기다린다는 노란 리본을 타고 오는
남녘부터 북녘까지 거세게 휘몰아치는 바람
노란 노풍을 타고 대통령 후보가 되었습니다.

노무현, 당신은 흔들리며 피는 꽃입니다.
이 세상 그 어떤 빛나는 꽃들이 그러하듯이
대통령 후보직을 흔들어대던 사이비들이 쓰러지고 난 후
당신은 보란 듯이 대통령의 꽃을 피웠습니다.

노무현, 당신은 미움입니다.
대통령이 되기 전에도, 대통령이 된 후에도
당신을 미워했고 증오했던 사람들이
지금도 당신의 영정 앞에서 모욕을 합니다.

노무현, 당신은 사무치는 그리움입니다.
살아생전에도, 부엉이 바위에서 바람 타고 가신 후에도
이런 대통령을 다시 만날 수 있을까?
아, 당신은 그리움이 꾹꾹 쌓여 흐르는 눈물입니다.

노무현, 오늘 당신이 서럽게 보고 싶습니다.
『조선일보』 없는 아름다운 세상에서
종북 타령 없고 반칙 없는 그 세상에서

당신이 그토록 사랑했던 대한민국을 생각하십시오.
대한국민도 당신을 그리워합니다.

노무현, 당신을 사랑합니다.

(2014년 5월 23일)

정청래 의원이죠? 저 강금원입니다

"정청래 의원이죠? 저 강금원입니다. 지금 텔레비전 보고 있는데 생각보다 훨씬 심각하군요. 노무현 대통령님과 같이 보고 있는데 봉하에 한 번 내려오랍니다. 노무현 대통령께서 같이 대책을 논의하자고 하시네요."

2008년 총선 시 『문화일보』와 『조선일보』가 허위기사로 나를 정치보복 테러한 사건을 KBS 〈미디어 포커스〉에서 방영하는 그 시간에 강금원 회장으로부터 전화가 왔다. 총선 3일 뒤 〈미디어 포커스〉에서 다룬 적이 있지만 가짜 학부모까지 동원된 충격적인 사실이 밝혀지자 KBS에서는 이례적으로 내 사건을 6월에 다시 한 번 폭로했다.

이 방송을 봉하마을에서 강금원 회장과 노무현 대통령께서 함께 보고 계셨던 것이다. "네에." 짧게 대답하고 날짜를 잡다가 엇갈려서 나는 봉하마을에 못 가고 9월 초에 중국행 비행기에 올랐다. 1년 코스로 중국 유학을 하던 중 2009년 5월 23일 국내 지인으로부터 충격적인 서거 소식을 들었다. 갑자기 먹먹해지고 눈물이 쏟아지기 시작하는데 마음을 주체할 수가 없었다. 봉하에 가지 않고 중국에 온 것이 참으로 후회막급이었다.

항공사에 연락해 내일 첫 비행기를 티켓팅하고 중국 교수님께 전화를 했다.

"교수님, 노무현 대통령께서 돌아가셨습니다. 일주일간 수업을 못 들어올 것 같습니다."

전화를 거는 도중에도 눈물이 앞을 가렸다. 그곳 중국에서도 학생들이나 교수들도 한국의 김대중, 노무현대통령을 제일 좋아한다고 했다.

첫 비행기를 타고 인천공항에서 서울로 오자 민주당 당직자들이 타고 갈 버스가 대기하고 있었다. 집에 들를 시간도 없이 봉하에 내려가 울고 또 울다 올라왔다. 당일에는 다들 경황이 없었는지 지역별로 분향소를 차릴 엄두를 내지 못했는데 마포에라도 분향소를 차려야 했다. 이튿날 합정동에 분향소를 차리자마자 사람들이 밀려들었다.

어머니 아버지가 돌아가셨을 때보다 정말 더 많은 눈물을 흘렸다. 처음 보는 사람인데도 분향을 마치자마자 나를 붙잡고 울기 시작했다. 나는 마르지 않는 눈물샘의 깊이를 가늠할 수 없었다. 일주일간 그렇게 분향소를 지키면서 내내 들었던 후회가 있었다. 봉하에 내려오라고 할 때 내려가지 못한 회한이 밀려들었다.

"대통령님! 아는 사람을 보면 아는 척 좀 하세요."

2006년도인가 언젠가 아일랜드 대통령이 방한을 했을 때 청와대 연회장 입구에서 내가 던진 농담이었다.

"밥은 잘 먹고 다니냐, 애들은 잘 크냐, 이렇게 물어보셔야죠? 하하."

"정 의원! 밥은 잘 먹고 다녀요? 애들은 잘 큽니까?"

대통령께서 곧바로 물으셨다. 순간 좌중은 폭소를 터뜨렸다. 짐짓 놀라 움찔하며 뛰어오던 경호원과 의전 비서관들도 빙그레 웃고 있었다. 그런 인간적이고 소탈한, 그러면서도 원칙과 상식을 강조하셨던 대통령을 다시 만날 수는 없다. 그러나 그분께서 남긴 역사적 발자취와 생생한 영상은 영원히 기억될 것이다.

노무현 대통령님 하늘나라에서는 부디 편안하시고 행복하십시오.

옷깃을 여미며 삼가 명복을 빕니다.

베이징에서 노무현 대통령 서거 소식을 듣다

어찌하면 좋을까요? 이 심정을!

그동안 너무 힘들었다.

그동안 너무 많은 사람들을 힘들게 했다.

책을 읽을 수도 없다.

원망하지 마라.

삶과 죽음이 하나가 아니겠는가.

화장해라.

마을 주변에 작은 비석 하나 세워라.

유서는 끝으로 "돈 문제에 대한 비판이 나오지만 이 부분은 깨끗했다"며 "나름대로 깨끗한 대통령이라고 자부했는데 나에 대한 평가는 먼 훗날 역사가 밝혀줄 것이다"라고 덧붙였다.

눈물만 나옵니다.

어떻게 이럴 수 있나요?

믿어지지 않습니다.

정치보복에 목숨으로 항거하시다니.

정녕 님은 가셨습니까?

우리는 아직 님을 보낼 마음의 준비가 되어 있지 않습니다.

가진 것 없고 학벌이 없어도 대통령이 될 수 있다는 것을 보여준 당신!

오직 맑은 영혼과 건장한 몸뚱이 하나로 서민의 벗이었던 당신!

대통령이 되기 전에도, 대통령이 된 후에도 그리고 대통령을 마친 후에도

대한민국의 정의와 역사의 진실을 바로 세우고자 서민의 눈물샘을 자극했던 당신!

대통령이 되기 전에도, 대통령이 된 후에도 그리고 대통령을 마친 후에도

부당하게 공격해오는 무리와 당당하게 맞서 싸우던 당신!

끝내 정치보복에 죽음으로 항거하며 생을 마감한 당신!

살아남은 자들에게 너무나 큰 슬픔과 아픔을 남기고 떠난 당신!

권위주의 타파와 깨끗한 정치의 모범을 보이고자 부단히도 노력했던 당신!

주변 사람들을 너무 힘들게 했다며 모든 것을 떠안고 떠난 당신!

삶에서 너무도 당당하게 살아온 당신도 주변을 힘들게 하는 그 정치보복의 고통은 참 힘드셨나 봅니다.

화장을 하고 작은 비석이나 하나 세워달라는 그 말씀이 더욱 가슴을 저미게 합니다.

그동안 받으신 그 고통의 무게가 정녕 죽음보다 무거우셨습니까?

살아온 날이 그러하셨듯이 앞으로도 가시밭길 헤치며 서민의 벗이 되는 길이 순탄하지 않을 것임을 정녕 모르셨습니까? 역사는 모든 진실을 드러나게 하거늘.

우리의 삶은 무엇이고 역사와 진실의 실체는 무엇입니까?

잠시 강성한 무도한 세력도 역사와 국민 그리고 진실을 이길 수 없거늘 정녕 님은 이렇게 떠나시렵니까?

애통하고 비통합니다. 눈물만 나옵니다.

더 큰 잘못을 저지르고도 대로를 활보하는, 정작 죽음으로 사죄할

사람들은 따로 있는데

이렇게 홀연히 떠나시면 남아 있는 자들은 무엇이고, 또 저 무도한 무리들은 또 무엇입니까?

몰랐습니다. 연일 계속되는 모욕과 과도한 정치보복이 목숨보다 더 무거운 고통이셨다는 것을.

죄송합니다. 님을 따라 배우며 정치를 시작했던 후배로서 정말 부끄럽고 죄송합니다.

괴롭습니다. 님을 어떻게 떠나보내야 하는지 정말 괴롭고 고통스럽습니다.

어찌할 바를 모르겠습니다. 눈물만 납니다. 명복을 빌어 드리고자 하는데 입술이 움직이지 않습니다.

아! 이제 어떻게 해야 하나요? 남아 있는 우리는 이제 어떻게 해야 하나요? 눈물을 닦고 거리로 나가야 하나요? 눈물을 닦고 님의 영전에 국회 꽃 한 송이를 올려야 하나요?

노무현 대통령님!

님은 정녕 떠나시렵니까?

님은 정말로 떠나시렵니까?

노무현 대통령님!

삶과 죽음이 어떻게 하나일 수 있나요?

저는 아직 그 말씀을 받아들일 수가 없습니다.

사랑이 있기에 분노하고 분노하기에 투쟁하는 것 맞죠?

거짓이 판을 치기에 진실의 방패를 들고 싸우는 것 맞죠?

역사의 진실이 있기에 반역과 싸우는 거 맞죠?

부당하게 서민의 고혈을 짜 먹는 불로소득자가 있어 서민의 벗이 되는 거 맞죠?

대통령님!

가지 마세요. 못 보냅니다. 가시면 안 됩니다.

님께서 가고자 하는 목적지가 아직 많이 남아 있거늘 어찌 그렇게 가시렵니까?

애통하고 절통합니다. 참 많이 아픕니다.

언제 님을 보낼 수 있을지 지금은 알 수 없습니다.

지금은 그냥 국민과 눈물만 흘릴 뿐입니다.

이렇게 보내기 싫습니다. 죄송합니다. 죄송합니다.

님은 이 세상이든 저 세상이든 살아 계셔야 합니다.

국민은 보내지 않을 겁니다. 당신과 함께할 것입니다.

저도 함께 하겠습니다.

이대로 여기서 멈출 수는 없습니다.

가시면 안 됩니다. 명복조차 빌기 어려운 이 심정을 헤아려주세요.

아! 정말로 죄송합니다. 눈물만 나네요.

노무현 대통령 서거일

중국 베이징에서 정청래 올림.

노무현의 양심고백

오늘 노무현 대통령이 양심고백을 했습니다.

권위주의 타파와 도덕성을 생명으로 삼았던 권력이었습니다. 본인께서도 참 난감하셨겠지만 이 소식을 접한 저도 참 난감합니다. 본인께서도 사과를 했듯이 저도 그 일원이었던 한 사람으로서 국민에게 머리 숙여 사과드리고 싶은 심정입니다.

전두환 대통령이나 그 누구처럼 아랫사람에게 책임을 전가하고 모르쇠로 일관했던 것보다는 진일보한 태도이지만, 그렇다고 해서 이번 고백사건의 비본질적인 태도와 자세 때문에 옹호할 생각은 없습니다. 양심고백의 태도와 자세는 그것대로 평가하고 또 본질적인 내용에 대해서는 또 그것대로 평가를 받을 일이라 생각합니다. 검찰에서 한 점 의혹이 없이 잘 수사해주기를 바랍니다.

어떻게 하다가 일이 이 지경까지 되었는가? 한 번 곰곰이 생각해 봅니다. 정치란 권력이란 원래 이런 것인가? 정치는 원래 개인과 개인이 대결을 하기도 하지만 집단과 집단, 세력과 세력이 겨루기도 합니다. 정치적 반대자가 있는 엄연한 현실 속에서 어쩌면 진실이 왜곡되어 오해를 받고 공격을 당하기도 합니다.

저 또한 『조선일보』와 한나라당의 보수진영으로부터 근거 없는 공격을 받기도 했습니다. 그것은 그러려니 하고 견딜 만합니다. 그러나 내부의 진영에서 정치적 목적의 수단이 되어 근거 없는 음해와 모욕을 당할 때는 참 견디기 어렵습니다. 어쩌면 정치영역은 덫을 쳐놓고 사소한 실수라도 놓치지 않고 낚아채려는 사냥꾼들의 집합소인지도 모르겠습니다.

앞으로 검찰의 수사를 좀 더 지켜봐야겠지만 어떤 형태로든 법적인 절차는 진행될 것으로 보입니다. 어떤 기사를 보니 소위 친노라는 분들이 모두 연락이 두절되었다고 합니다. 이러면 진정한 친노가 아니지요. 비겁한 것이지요. 저는 2004년부터 친노 세력임을 자처했고 그러다가 2007년 정동영을 지지했다는 이유로, 강제로 반노로 찍혀 온갖 공격을 받았지만 참고 견뎠습니다.

심지어 『조선일보』와 외롭게 싸우는 저를 보고 쇼를 한다느니, 『조선일보』와 붙어먹었다느니 음해도 심했습니다. 특히 예전에 같은 진영이었던 동지들이 더 집요하게 공격했습니다. 저는 그것을 참고 견뎠습니다. 옳고 그름의 영역을 벗어나 자신의 정치적 판단에 따라 경쟁을 한 일을 두고 너무 과도하게 공격을 하는 것이 참 서글펐습니다.

분명히 말하지만 저는 노무현 대통령의 옳은 부분을 좋아했습니다. 부당하게 공격하는 『조선일보』와 정치적 반대자들을 향해 앞장서 싸우면 싸웠지 노무현 대통령을 비판하지 않았습니다. 노무현 대통령이 재임 시절 가장 어려운 문제였던 기자실 문제와 헌법개정 문제가 불거졌을 때 아무도 나가지 않으려는 TV토론에도 나가서 열심히 싸웠습니다.

저를 가장 많이 음해하고 공격하던 세력들의 주된 메뉴는 "노무현 대통령을 배신했다"는 근거 없는 공격이었습니다. 같은 진영이면서도 참 그 뿌리와 앙금은 그렇게도 깊었습니다. 그래도 참고 참으며 언젠가는 진실을 말할 날이 오겠지 하며 참고 기다렸습니다. 한편으로는 『조선일보』와 힘겹게 싸우면서…….

노무현 대통령의 양심고백은 괴롭지만 저는 있는 그대로 받아들입니다. 검찰의 부당한 압박수사라고 말하지 않겠습니다. 있는 사실 그대로 수사를 통해 밝혀지기를 바랄뿐입니다. 노무현 대통령의 말씀처럼 법적인 평가는 평가대로 받으시겠지만 그분이 이루고자 했던 세상의 철학까지 부정하지는 않겠습니다. 의도가 좋았고 진행도 괜찮았지만 기존 정치의 먹이사슬을 극복하지 못한 그 부분은 그 부분대로 객관적으로 평가를 하고, 받을 생각입니다.

언젠가 노무현 대통령께서 이런 말씀을 하셨습니다.

"새 시대의 첫차가 되기를 원했지만 구시대의 막차를 타야 할 것 같다."

정확하지는 않지만 대략 이런 요지였던 것 같습니다. 이런 말을 할 정도로 정치권에는 물리적으로 해결하기 어려운 일들이 있나 봅니다. 노무현 대통령은 그토록 청산하고자 했던 구시대 정치문화를 말끔히 해소하지 못하고 되레 그 덫에 걸려든 셈입니다.

그렇지만 노무현 대통령을 공격하고 싶은 마음이 전혀 없습니다. 실정법을 어긴 부분이 있다면 그에 상응하는 법적 평가를 받으면 됩니다. 그러나 참여정부 시절 이루었던 모든 업적들이 법적 평가로 매도될 수는 없는 일입니다. 참여정부가 이룩했던 큰 덩어리의 성과들이 깡그리 부정되는 일은 너무나 부당합니다.

이 글을 쓰면서도 참으로 난감합니다. 그냥 누구들처럼 침묵하면 좋으련만 이렇게 글을 쓰고 있습니다. 저에게 아무런 정치적 이익이 없는 글을 이렇게 주절주절 쓰고 있습니다. 어느 진영에서든 칭찬보다는 또 공격을 하겠지만 감수를 하고 글을 씁니다. 노무현 대통령을 생각하면서 말입니다. 많은 고심을 하셨을 노무현 대통령에게 진심으로 위로를 드리고 싶습니다.

"힘내십시오."

이제 쏟아질 비난을 막아줄 사람 없이 어떻게 견뎌내실까 생각하니 그저 가슴이 미어집니다. 지금은 이 정권의 무도함과 맞서 싸워야 하는데, 몇십 배 더 많은 부정과 더 많은 결함이 있는 이 정권에 맞서 싸워야 하는데 참으로 안타깝습니다. 아니, 역사의 영역 안에서 진보를 이루어야 할 시점에서 곤혹스러울 따름입니다.

그러나 말입니다. 갈릴레오 갈릴레이가 말한 "그래도 지구는 돈다'라는 심정으로 마음을 추스러야겠습니다. 옳은 길을 가는 여정인데 신발에 진흙 좀 묻었다 하여 그 길을 포기할 수는 없는 일이니까요. 저는 노무현 대통령이 추구했던 그 정신이 언젠가는 올곧게 재평가받을 날들이 올 것이라 확신합니다.

자세히 보면 보입니다. 노무현의 눈물……. 자신의 몸을 태워 세상에 빛을 비추는 촛불처럼 노무현 대통령의 양심고백과 희생이 우리 진영에 또 하나의 빛으로, 세상을 밀고 나가는 의미로 자리매김되

길 기원합니다. 장자연 리스트와 박연차 리스트. 두 사건이 공평하게 다뤄지지 않는 이 엄연한 현실도 이제 가슴에 묻고 힘을 길러야 함을 결심으로 남깁니다.

노무현 대통령님, 힘내세요. 끝내 역사가 승리하는 한길에서 다시 만납시다. 이번 일을 계기로 같은 진영의 대동단결의 중요성을 새삼 실감합니다. 대선에서 패배한 후 작은 차이로 다투는 게 얼마나 부질없는 짓인지, 충분히 깨달았습니다.

죄송하고 감사합니다. 우리 모두 용기를 냅시다. 슬픈 가슴 서로 위로하면서 그래도 가야할 길이 있습니다. 역사 앞에 두려움 없이 뚜벅뚜벅……. 누가 뭐라 해도 이 정권은 아니니까요.

기죽지 말고 전진 앞으로!

노무현 대통령 돌아가시기 얼마 전, 베이징에서

This is 정청래

눈물 많은 남자 1 (2013년 7월 30일)

수많은 날을 노심초사하며 끊길 듯 이어질 듯 위태위태하게 진행돼오던 국정원 국조특위에 불길한 먹구름이 몰려오고 있습니다.

그동안 고생하며 기울였던 노력이 새누리당의 막무가내 꼼수와 몽니로 좌초될 위기에 처했습니다. 최후의 통첩을 말하고 기자회견장을 나오는데 기자들이 이것저것 물어보자 갑자기 주책 맞게 눈물이 나오는지 모르겠습니다. 다행히 잘 참아 눈물을 흘리지는 않았는데…….

사람들이 제 얼굴이 강인해 보인다던데 사실 저는 눈물 많은 남자예요. 제가 더 많은 눈물을 흘려서라도 국조특위가 정상화되면 좋으련만 그럴 것 같지가 않습니다.

아무래도 마이크를 접고 촛불을 들어야 하지 않을까 생각됩니다. 국민과 어깨 걸고 직접 규탄 투쟁에 나서야 하는 시간이 점점 다가오고 있는 것 같습니다.

눈물 접고 웃으며 투쟁!

눈물 많은 남자 2 (2013년 6월)

1965년 음력 4월 18일 충남 금산군 진산면 석막리 115번지에서 10남매 중 막내로 태어났습니다. 너무 늦둥이라 어머니도 저를 떼려고 산부인과 수술대에 두 번이나 올라가셨습니다. 살려달라고 낳아달라고 배 속에서부터 눈물 흘렸습니다.

초등학교와 중학교 때 토요일 일요일이면 똥지게 지고 논밭에 나가서 일을 했습니다. 일요일 교회 앞을 지날 때마다 눈물 흘렸습니다.

학생운동 하다가 두 번 감옥에 갔습니다. 두 번째 감옥에 갔을 때 서울구치소로 면회를 오신 어머니가 1시간 동안 '밥은 꼭꼭 챙겨 먹어라'는 말씀만 하시고 우실 때 저도 많이 울었고 마당을 빠져나가실 때 한 번도 뒤돌아보지 않으시는 어머니의 쓸쓸한 뒷모습을 보며 눈물 많이 흘렸습니다.

어머니가 막내아들 구치소 면회 후 사흘 뒤 도라지 밭에서 쓰러지신 후 6년 동안 중풍으로 고생하시다 돌아가셨을 때도 눈물 많이 흘렸습니다.

17대 총선 당선되고 기쁨의 눈물도 흘렸습니다. 18대 총선에도 당선되려고 지역 의정보고 147회, 초등학생 국회 견학 220회 등 많은 땀을 흘렸으나 『문화일보』와 『조선일보』의 조작질로 낙선했을 때, 억울해서 참 많은 눈물을 흘렸습니다.

1년 6개월간 재판 투쟁을 통해 승소하고 4,700만 원의 보상을 받았지만 국회의원 금배지는 돌아오지 않았습니다. 낙선 4년간 남몰래 많이 울었습니다.

19대 국회 들어와서 대통령선거 문재인 선대위에 그 흔한 명함 하나 못 얻었지만 마포을 지역에서 정말 많은 땀을 흘렸습니다. 영하 14도에 눈보라가 휘몰아쳐도 유세차를 타고 거리를 누볐습니다. 제 입으로 '문재인' 이름을 부른 것이 최소 잡아도 하루에 8,000번 합 20만 번은 될 겁니다. 그런 문재인 후보가 낙선한 날 밤, 새벽 1시부터 2시간 동안 내 방 서재에서 소리 내어 꺼억, 꺼억 울었습니다.

땀은 자신을 위해 흘리고, 눈물은 이웃을 위해 흘리고, 피는 조국을 위해 흘려라. 저는 인생을 살면서 참 많은 눈물을 흘리고, 제 삶을 개척하기 위해 많은 땀도 흘렸고, 조국을 위해 혈서도 써봤고 감옥에도 갔습니다. 앞으로 저에게 피도 눈물도 없는 놈이라 욕하지 마십시오. 저요, 눈물 많은 남자입니다. 앞으로는 '을'의 눈물을 닦기 위해 더 많은 눈물을 흘리겠습니다.

의원워크숍 '소소한 이야기, 깨알 같은 국민 생각' 자기소개 시간에 제가 저를 3분간 소개한 발언입니다.

저요, 정말 눈물 많은 남자입니다. 눈물 흘리던 순간들을 떠올리니 또 눈물 납니다.

정청래, 당신 지금 똑바르게 올바르게 살고 있는 거야? (2013년 4월 28일)

어머님들 아버님들, 우선 큰절 받으세요. 오늘 같이 어버이날이 돌아오면 마음 한편이 우울하고 쓸쓸합니다. 제가 막내이기 때문에 부모님과 그리 오래 같이 살지 못하고 부모님은 모두 20년 전에 돌아가셨습니다.

오늘 아침에 출근을 하면서 제 서재에 모셔둔 사진 속의 어머니와 대화를 나눴습니다. "어머니, 오늘 마포 노인종합복지관 어버이날 카네이션 축제에 가서 뭐라고 인사 말씀 드릴까요?" 했더니요, 저희 어머니께서 이런 말씀을 하시더군요.

"다른 건 땡겨 불고 어떻든 '아프지 않고 건강하게 오래 사세요'라고 말씀 드려라"라고 말씀하시데요. 여기 계신 어머님, 아버님들 오래 사시는 게 중요한 게 아니라 아프지 않고 오래 사시는 게 더욱 중요합니다. 저희 어머니도 중풍으로 쓰러져 6년 동안 고생하시다가 돌아가셨습니다. 아프지 말고 오래오래 건강하게 사셔요.

오늘이 어버이날입니다. 지역 경로잔치에 다녀왔습니다. 어머니와 아버지에게는 코흘리개였던 저도 어느덧 아들 셋 낳고 가장으로 살아갑니다. 시간은 정말 유수처럼 흘러 어느덧 중년의 나이가 되었습니다.

인생의 반환점을 돌아 이제 저도 살아온 날보다 앞으로 살아갈 날이 더 짧을지도 모릅니다. 제가 인생을 잘 살아왔는지 한번 되돌아볼 시점입니다. 새처럼 훨훨 날아가는 저 시간의 기계, 시계를 보며 저의 인생을 성찰합니다.

어이, 얼짱 정청래, 당신 지금 똑바르게 올바르게 살고 있는 거야?

내가 요즘 잘 쓰지 않는 말 (2013년 4월 28일)

1. 진정 국민의 아픔을 함께하자.

→ 늘상 그러면서 안 했기에.

2. 우리 이러면 다 죽는다.

→ 목숨과 상관없는 말이라서.

3. 소통과 화합을 통해.

→ 상투적이라서.

4. 지역과 나이와 국회의원 선수와 이념을 떠나 기득권을 버리고.

→ 한 번도 실천하지 않아서.

5. 리모델링이 아니라 재창당의 수준으로.

→ 너무 많이 써와서 신뢰가 없으므로.

6. 국민 속으로 들어가 현장에서 답을 찾자.

→ 그걸 아직도 몰랐나?

7. 뼈를 깎는 혁신을 통해.

→ 너무 많이 깎아서 더 깎을 뼈가 남아나지 않아서.

8. 386, 486.

→ 6월 항쟁 세대라면 족할 것을!

9. 계파를 해체하고 정파 모임을 하자.

→ 그것을 위해 또 모이는 게 결국 또 계파라서.

10. 사즉생의 각오로.

→ 그냥 웃음이 나와서.

진정한 마이크 체질 (2013년 3월 4일)

1. 마이크만 잡으면 우울하고 복잡한 생각을 잊어버리는 남자.
2. 듣는 사람이 많을수록 주눅들기는커녕 더 신나서 떠드는 남자.
3. 평소 수줍어하다가도 얼굴 빳빳이 들고 주절주절 말하는 남자.
4. 연설하다가 필요하면 노래에 춤까지 추는 남자.
5. 요즘에는 도종환의 '흔들리며 피는 꽃' 암송하고 다니는 남자.
6. 주위가 산만할 때 마이크 잡고 집중시키는 남자.
7. 박수를 치지 않을 수 없게 만드는 남자.
8. 가끔씩은 청중의 웃음과 눈물을 반복시키는 남자.
9. 혼자 일방적으로 떠드는 것이 아니라 문답하는 남자.
10. 지루하거나 졸릴 때 과감히 마이크 던질 줄 아는 남자.

얼짱인 제가 꿈꾸는 진정한 마이크맨의 모습입니다.

바보 같은 사람 (2012년 12월 24일)

제가 좋아하는 어떤 의원이 제게 말했습니다.

"모난 돌이 정 맞는다고 왜 나서서 바보같이 직설적으로 있는 그대로 말하냐? 진정성과 열정은 알지만 다칠까 걱정된다. 그런다고 민주당이 뭐가 달라질 것 같지도 않고……." 그래서 제가 "그래도 바보의 길을 가겠습니다"라고 말했습니다.

그 의원이 또 말했습니다. "그 흔한 선대위 자리하나 못 차지했으면서 선거운동 제일 열심히 하고 다들 뒤로 빠져 있을 때 문재인 지킴이 선봉에 서냐? 바보같이." 그래서 또 제가 말했습니다. "그래도 바보의 길이 옳기에 그 길을 가겠습니다."

바보같이 말했습니다.

제 성격이 워낙…… (2012년 1월 12일)

제 성격을 말씀드리자면
워낙 수줍음을 많이 타고
워낙 웃음도 많고 눈물도 많고
워낙 정도 많고 솔직담백하고
워낙 이것저것 관심도 많고
워낙 급하고 잘 참는 성격이고
제 자랑을 절대 못하는 편이지만
가끔 이렇게 1등한 것은 또 숨기지 못하는 성격이어라.
좋은 성격 맞죠?

보문고등학교 (2011년 5월 10일)

"아, 보문산 밑에 있는 학교요?"

"아니고요, 보현보살과 문수보살을 뜻하는 보문고등학교 나왔어요."

내가 졸업한 대전 보문고등학교를 말하면 흔히들 대전 시내에 위치한 보문산 밑에 있는 학교로 안다.

불교의 가장 유명한 보살님인 보현보살과 문수보살을 상징하는 교명이다. 보문고등학교는 불교교단 학교다. 4월 초파일이 되면 쉬는 다른 학교와 달리 우리는 학교에 출석해서 제등 행렬을 한다. 우리 학교만의 특징으로 대형 코끼리와 연등을 앞세워 대전 시내 한 바퀴를 돈다. 일주일에 두 시간 불교 수업도 받고 부처님의 자비를 배우고 불교 노래도 배운다. 〈삼귀의〉, 〈룸비니 꽃동산〉 등은 지금도 반주 없이 부를 정도이다.

오늘은 '부처님 오신 날'이다. 부처님의 자비가 온 누리에 퍼지길 바란다. 종교간 반목과 질시가 아니라 종교가 온 인류의 화평에 기여하길 바란다. 종교가 권력의 악취를 정화하는 샘물이길 바란다.

특히, 살생을 금하는 부처님의 대자대비(大慈大悲) 정신이 이 장로님의 귀에 전달되기 바라며.

나무아비타불관세음보살.

이 세상에서 내가 가장 못 하는 일 10가지 (2011년 3월 6일)

1. 갓난아기 울음 그치게 하는 일.

2. 옷 다림질하는 일.

3. 칫솔질 오래하기.

4. 필 받아 술 마실 때 안주 먹기.

5. 노래방 갔을 때 노래 안 하기.

6. 꼬박꼬박 약 챙겨서 먹기.

7. "나 몰라요? 몰라?"하는 사람에게 아는 척하기.

8. 악수 거절하는 유권자에게 말 걸기.

9. 아무 일 안 하고 멍하니 있기.

10. 웃으며 사진 찍기.

오! 그대 카메라 앞에만 서면~ 왜 이리 경직되는가?

그대 렌즈에 얼굴을 대고 아~ 웃고 싶어라.

대한민국 남성 표준 (2011년 10월 11일)

요즘 가는 데마다 그럽니다.

"얼굴 좋아졌어요."

"노니까 그렇죠?"

"왜 놀아요? 얼른 일해야지."

국회의원 똑 떨어지고 저에게 특이한 신체의 변화가 몇 가지 있습니다. 가장 눈에 띄는 것은 흰머리가 한 개 두 개 들기 시작했고 머리카락이 한 올 두 올 빠지기 시작했습니다.

가장 눈에 띄는 변화는 15년간 없었던 체중의 변화입니다. 그전에는 백화점에 양복을 사러 가면 제 아내가 종업원의 말에 항상 기분 좋아서 왔습니다.

"완전 대한민국 남성의 표준입니다. 아무 양복이나 딱 맞네요. 어쩜 이리 관리를 잘하셨어요?"

우엑! 사실 저는 채식주의자라서 체중의 변화가 없었거든요. 아니, 그런데 이게 웬일입니까? 보통 여름철에는 입맛이 없어 1~2킬로그램 빠지는데 올여름에는 오히려 3킬로그램이 늘어서 허리띠를 졸라매면 배가 아픕니다. 그래도 표준 범위에서는 벗어나지 않지만. 히히.

그런데 요즘은 얼굴에 광채까지 난대요. 남들이. 낙선 체질인가?

솔직히 말씀드려서, 힘듭니다 (2013년)

여의도 정가에는 대한민국 국회의원은 부고란에 자기 이름 나는 것 빼고는 다 괜찮다는 말이 있습니다. 언론에 어떤 기사든 나오는 것이 인지도를 높이는 데는 좋다는 뜻이겠지요. 일부러 언론 플레이를 하거나 노이즈 마케팅을 하는 정치인도 많이 있고요.

이런 세태에 특정 언론과 척을 지고 사는 것은 모자라도 한참 모자란 바보라 할 것입니다. 그것도 대한민국의 언론시장 70~80퍼센트를 차지하는 거대 언론 조·중·동과 그리고 『문화일보』까지 인터뷰나 취재에 응하지 않는 것이 정치인으로서 엄청 손해일 것은 뻔하고 또 그렇게까지 할 필요가 있냐는 주문이 있는 것도 사실입니다.

요즘 부쩍 조·중·동에서 저의 이런 신념을 무너뜨리려 각종 공작(?)과 유혹을 합니다. 인터뷰를 하지 않았는데도 마치 그런 것처럼 꾸며서 보도를 하는 경우가 있습니다. 또 꼭 출연해달라는 읍소도 있습니다. 살살 꼬드기는 경우도 많습니다.

그러나 지금까지 10여 년 동안 제 신념을 바꾸지 않고 있습니다. 2000년도인가요? 한때 『중앙일보』는 논조가 괜찮아서 스스로 해금을 하고 인터뷰를 한 적이 있는데 지금은 안 하고 있습니다. 어제 『중앙일보』 기자가 전화를 했기에 거절하고, 그래도 인간적으로는 잘 지내자는 취지로 문자를 남기기도 했습니다.

제가 왜 이런 어려운 길을 선택했을까요? 저는 이들 보수신문이 정론직필해야 할 언론의 본래 기능을 내팽개치고 정치에 개입하고 이제는 버젓이 정권 창출의 앞잡이들이라 생각하기 때문입니다. 국민의 알 권리를 위한 언론사가 아니라 선출받지도 심판받지도 않는 정치집단이라 생각하기 때문입니다. 한마디로 언론이 아니라 정치 집단이라는 것이지요.

일제 때는 극악한 친일을 했고 군부독재 시대에는 정권의 나팔수를 했고 민주화 이후에는 넓어진 정치적 자유의 공간을 악용해 언론을 팔아 사주의 이익을 채우는 부도덕한 악덕 기업이라 생각하기 때문입니다.

주지하다시피 백범 김구 선생은 광복 후 환국하면서 극악한 친일을 했던 앞잡이들을 처형해야 한다며 살생부 명단을 작성해 들어왔습니다. 이 살생부 명단에 『조선일보』 방응모, 『동아일보』 김성수의 이름이 적혀 있습니다. 프랑스는 나치 치하 기간 동안 부역한 자들을 법의 심판대에 올렸는데 제일 먼저 처벌한 것이 부역 언론인들 이었습니다. 언론이 보통 시민보다 악영향이 그만큼 컸다는 것이지요.

프랑스의 경우와 달리 우리는 반민특위의 좌절과 김구 선생의 암살로 친일파를 청산하지 못했고, 그 결과 『조선일보』와 『동아일보』 같은 반민족지들이 떵떵거리고 지금도 기고만장하게 언론입네 하며 행세를 하는 것입니다. 그러니 설령 제가 인터뷰에 응해도 자기들 입맛에 맞게 왜곡기사를 쓰는 데 악용될 뿐입니다.

이런 이유들로 보수신문들과는 상대를 하지 않습니다. 언제까지 그럴 거냐고 많이들 묻습니다. 저는 간단합니다. 이들이 지난날의 친일과 독재 미화에 대해 반성하고 언론으로서 공정보도를 하고 제 기능을 한다면 저인들 왜 거절하겠습니까? 주변의 많은 분이 왜 그렇게 힘들게 사느냐, 적당히 잘 지내라, 너무 강하면 부러진다 등등 많은 조언을 하십니다. 솔직하게 말씀드려서 이 원칙을 지키며 살고 있는 저도 힘듭니다.

그러나 아무리 힘들어도 저라도 이 원칙을 지키고 있는 것이 그나마 김구 선생 같은 분들에게 죽어서라도 면목이 설 것 같아서 그럽니다. 힘들어도 이 길을 가겠습니다.

정청래를 너무 사랑한 조중동 (2015년 7월 21일)

• **국회의원 정청래 언론 보도 횟수(제19대 국회 3년 동안)**

(단위 : 건)

방송		신문		기타	
TV조선	631	조선일보	161	스포츠조선	20
채널A	475	온라인 조선일보	541	조선비즈	119
JTBC	195	동아일보	195	주간동아	12
		온라인 동아일보	387	스포츠동아	48
		중앙일보	157	데일리중앙	182
		온라인 중앙일보	218	중앙SUNDAY	14
				일간스포츠	27
				월간중앙	3
합계	1,301		1,659		425
총합			3,385		

혹시 기억하시나요? 제가 2004년 17대 초선 국회의원 시절 소위 4대 개혁입법이란 것이 있었습니다. 국가보안법, 사학법, 과거사법 그리고 언론개혁 차원에서 벌의된 신문법(신문의 자유와 기능에 관한 법률)이 그것입니다.

이중 제가 대표 발의한 제정법(개정법이 아니고)이 신문법이고 이 법은 다른 법과 달리 당시 열린우리당과 한나라당의 유일하게 합의해서 통과된 법이었습니다.

법안의 핵심 골자는 신문사의 경영자료(전체 발행부수, 유가부수, 구독료 수입, 광고료 수입) 공개의무화, 신문시장의 독점화되어 있는 상태에서는 방송겸영금지(종편불가), 편집자율권 확보, 신문신고포상금제(자전거 돌리는 것 금지) 등의 법안의 주요 골자였습니다. 그런데 이 법이 이명박정권 출범 이후 언론장악 시나리오에 의해 미디어 악법 날치기 처리과정에서 제가 만든 법이 휴지조각이 되면서 탄생한 것이 종편 방송이었습니다.

저는 당시 『조선일보』-『문화일보』의 악의적 보복기사로 낙선을 했고 낙선한 상태에서 제 법이 산산이 찢겨나가는 과정을 안타깝게 지켜보아야 했습니다. 야당의원들이 몸에 밧줄을 묶고 저항했지만 한나라당의 불리적 폭력과 날치기로 결국 날치기 처리 되었습니다. 그리고 탄생한 것이 종편(종일편파방송) 입니다. 이런 저간의 사정이 있었기에 종편들은 저를 좋게 볼 리 없었겠지요. 더군다나 지금도 조중동 종편에는 일절 출연을 하지 않고 있습니다.

제가 출연을 화지 않는데도 조중동 종편들과 신문, 인터넷 판 자매지들은 열심히 저를 보도 했더군요. 19대 국회 들어와서 7월 21일

엊그제까지 저를 보도한 횟수를 조사해보았습니다.

네이버와 다음의 검색에 걸린 언급횟수를 중심으로 살펴보니 지난 3년간 TV조선은 631회, 채널A는 475회, JTBC는 195회 제 이름을 언급보도 했고 종이신문과 인터넷 판도 열심히 보도했더군요.

지난 3년간 조중동에서 저를 언급한 보도횟수가 무려 3,385건인데 하루 날짜로 계산해보았더니 3년 내내 하루에 3.09번 언급했습니다. 저의 의정활동을 예쁘게 보도해 주었을 리 만무하고 결국 하루에 3번씩 조중동에서 열심히 저를 띄워준 셈입니다. 잊지 않고 보답하겠습니다.

정청래를 너무도 사랑한 조중동님들,

특히 조중동 종편님네들 감사합니다.

페이스북의 페이스 (2011년 6월 15일)

페이스북, 이 바닥에서 논 지도 어언 200일이 지났다. 페이스북의 페이스(pace)를 대략 알게 되었다.

- 인기글 유형

  짧고 재미있을 것.

  눈물 나게 감동적일 것.

  시골 정서와 향수가 있을 것.

  못된 정권 풍자와 해학.

  본능을 상징으로 보여줄 것.

잘난 체하지 말 것.

• 비인기글

가르치려 하는 글.

잘난 체하는 글.

재미없이 긴 글.

다 아는 내용의 글.

이명박을 사랑하는 글.

재미 봤다고 또 올리는 글.

• 진짜 인기 없는 글

별것도 아닌데 이렇게 분석한다며 사람 눈 피곤하게 하는 글.

죄송합니다.

그렇다고 뭘 그렇게 째려보십니까?

페이스북을 잘하는 방법 (2011년 7월 3일)

(매일 해야 하는 기본적인 일)

1. 아침에 일어나면 신문 대신 태블릿PC를 들고 화장실에 간다.
2. 먼저 쪽지에 빨간 표시등이 켜지면 확인하고 반드시 답장을 쓴다.
3. 친구 신청이 와 있으면 확인하고 담벼락에 감사의 인사말을 쓴다.
4. 왼쪽 상단에 생일을 맞은 친구에게 축하 꽃다발과 축하 글을 쓴다.

5. 뉴스피드에 떠 있는 친구의 글을 읽고 '좋아요'를 누르고 간단한 댓글을 쓴다.

(내 글이 널리 읽혀지려면)

1. 절대 가르치려는 자세를 버리고 겸손과 공유의 자세로 글을 쓴다.
2. 유쾌, 통쾌, 상쾌한 글을 솔직담백하게 쓰되 천박하면 안 된다.
3. 동감을 거꾸로 읽으면 감동이다. 동감의 글을 쓰면 감동이 온다.
4. 공감의 키워드, 공감의 주제(예: 어머니) 이야기를 눈물 나게 쓴다.
5. 비판은 하되 미래지향적 희망의 메시지를 담고 있는 글을 쓴다.

('좋아요'와 댓글이 많이 붙는 글의 공통점)

1. '쉽고 편하고 재밌고'의 3가지 공통점이 동시에 있는 글.
2. 웃긴 사진이나 희한한 장면이 순간 포착되어 웃음을 자아내는 사진.
3. 인생의 희로애락은 누구에게나 있는 공통점, 심적 동의를 끄는 글.
4. 인간은 본래 착한 심정이 많다. 축하 글, 쾌유를 비는 댓글이 많다.
5. 이명박 정부의 실정을 날카롭게 촌철살인으로 꼬집는 글.

세상에 공짜는 없습니다. 시간 투자를 해야 합니다. 무엇보다 중요한 것은 한 사람의 친구를 소중히 여기고 품앗이 댓글이나 '좋아요'를 많이 누르고 공유하고 공감하며 그것을 글로 표현하는 것이 중요합니다. 한 사람이 천하이고 우주입니다. 한 사람을 귀히 여기면 많은 친구가 생기겠죠.

페이스북 댓글 유형분석 (2011년 9월 1일)

제가 말이죠. 페이스북, 이 바닥에서 논 지도 이제 어언 9개월이 넘었는데요, 요즘은 참 페이스북 때문에 산다고 해도 과언이 아니죠. 페북에서 만나는 사람들은 참 좋고 배울 점도 많아 그들에게 정보도 많이 얻고 있어요.

사람 사는 재미도 있고 훈훈한 인정도 있고 응원과 격려도 많이 받아요. 이 세상에서 제일 좋은 정당이 페북당이라는 말도 있더군요. 페북의 여러 기능 중에서 단연 으뜸은 아마 댓글이지 않을까 싶습니다.

그래서 댓글 유형 분석을 해봤는데요, 여러분은 어떤 유형일까요?

1. 응원 격려형 : 어떤 글이든 관계없이 덕담을 하며 용기는 준다.
2. 교훈 교수형 : 간단한 교훈적인 문구로 사람에게 감동을 준다.
3. 돌출 흥분형 : 굳이 오해를 해서 열을 내다가 폭격을 맞고 사라진다.
4. 억하 심정형 : 사물을 삐뚤게 보고 어떻게 하면 속을 긁을까 고민한다.
5. 광신도형 : 무조건 만세 삼창을 하며 칭찬으로 일관한다.
6. 개그콘서트형 : 무조건 재미 위주로 쓰지만 그 속에 교훈도

있다.

7. 엉뚱생뚱형 : 대개 글을 끝까지 읽지 않고 엉뚱한 소리를 한다.

8. 체면 영업용 : 댓글을 단다는 표시로 아무 글에나 '좋아요' 한다.

9. 잿밥 낚시용 : 예쁜 여자라면 한번쯤 찝쩍거려본다.

10. 창의적 생산형 : 원래의 글보다 더 의미 있는 댓글로 승부한다.

11. 욕지거리형 : 존재감을 과시하기 위해 무조건 욕부터 한다.

12. 죽기 살기형 : 웃자고 한 말에 죽자고 덤빈다.

13. 말장난형 : 사진과 글의 의미보다는 오로지 말의 성찬을 차린다.

14. 연구위원형 : 친절하게 많은 자료를 올려놓는다.

15. 노발대발형 : 풍자와 해학으로 넘어갈 일도 꼭 시비를 건다.

저는 개인적으로 5번 광신도형이 참 좋습니다.

정청래 만세! 만세! 만만세! 참고하세요!

'정청래 페이스북', 그것이 알고 싶다 (2011년 9월 23일

안녕하세요? 추석 명절은 잘 보내셨는지요. 저도 어젯밤 대전에서 올라와 푹 자고 지금은 사무실에 나와 정국 구상 중입니다. 그런데 참 페이스북 대단해요. 정국 구상 첫 번째가 페북 열어보는 것이네요.

페이스북이 참 대단하다는 것을 여러 가지 느낍니다. 여의도에 가나 동네를 돌아다니나 페이스북에 대한 질문을 많이 받습니다. 어제 고속도로 휴게소에서도 어떤 분이 저를 알아보시고 대뜸 물어보십니다.

"페이스북 그거 진짜 본인이 직접 쓰는 거 맞아요?"

그래서 결심했어요. 이참에 '정청래 페이스북'에 대한 수많은 억

측과 루머, 각종 배후설과 연루설 등의 의혹을 말끔히 해소해야겠다고 말입니다.

첫 번째 의혹입니다.

질문 진짜 직접 혼자 쓰는 거 맞느냐?

대답 맞습니다, 맞고요. 저 혼자 다 쓰지 누가 대신 써준답니까? 제 배후에 진짜 아무도 없고 저 혼자 다 씁니다.

두 번째 의심입니다.

질문 아무래도 도와주는 작가군이 있는 거 아니냐?

대답 아닙니다. 일단 그런 분을 구하기도 어렵고 지금 실업자라 그분들 봉급 줄 돈도 없습니다.

세 번째 루머입니다.

질문 정청래는 밥도 안 먹고 페이스북만 한다?

대답 밥 잘 먹습니다. 요즘은 식욕이 너무 왕성해 살도 쪘습니다. 먹는 일, 싸는 일 다 잘하며 합니다.

네 번째 궁금증입니다.

질문 도대체 하루에 몇 시간이나 페북을 하냐?

대답 하루에 네 시간 정도 합니다. 자정부터 새벽 2시까지 웹서핑하고 자료 찾아 저장합니다. 그리고 아침 회의 끝나고 글 올리고, 페친들 생일 축하글 쓰고, 댓글 달고, 틈틈이 짤막짤막 글 올립니다. 일명 소통의 시간입니다. 내 글만 올리는 얌체족은 안 됩니다.

다섯 번째 의구심입니다.

질문 도대체 그 많은 기발한 사진은 어디서 구하나?

대답 인터넷에 다 있습니다. 말하다 보면, 글 쓰다 보면 키워드가 다 있습니다. 그 키워드를 검색어에 넣고 쳐보면 이미지 게시판에 좋은 사진들이 다 있습니다.

여섯 번째는 칭찬입니다.

질문 당신 정말 대단하다. 책으로 내봐라.

대답 하나도 대단하지 않습니다. 누구라도 자기가 관심이 있는 분야는 열심히 하게 되어 있습니다. 저도 그냥 열심히 페이스북을 할 뿐입니다. 특별한 재능이 있는 것은 아닙니다. 책이요? 글쎄요.

일곱 번째는 '왜?'입니다.

질문 당신은 왜 그리 페이스북을 열심히 하나?

대답 여기에 길이 있기 때문입니다. 너무도 쉽고 편하게, 정답게 친구를 사귀고 만날 수 있어 좋습니다. 그리고 많은 페친들로부터 정말 알토란 같은 지식과 정보를 많이 배웁니다.

여덟 번째는 걱정입니다.

질문 페이스북 하다 보면 악성 댓글로 마음을 다칠 텐데 괜찮나?

대답 괜찮습니다. 이런 말 저런 말 다 들어야지 어디 달콤한 말만 듣고 살 수 있습니까? 좋은 약은 입에 쓰나 병 치료에 좋고, 충언은 귀에 거슬리나 행하는 데 유익하다고 했습니다.

아홉 번째는 테스트형입니다.

질문 페이스북 친구들 다 아나?

대답 아는 사람은 알고, 모르는 사람은 모릅니다. 5,000명의 페친들을 다 알기는 불가능합니다. 그러나 댓글이나 생일 축하

글이나 쪽지 주고받은 페친들의 이름은 기억합니다. 한 절반 정도.

'정청래 페이스북', 그것이 알고 싶다. 어찌 답변이 되었나요? 저는 원래 별다른 취미가 없습니다. 그저 사람들과 어울려 대화하기, 글 쓰기, 책 읽기, 노래방에서 함께 노래하기 등이 취미입니다. 그런 면에서 페이스북은 저의 이런 취향에 딱 들어맞는 것이라 할 수 있습니다. 거기다가 금상첨화로 페친들로부터 많은 도움과 배움을 받고 있습니다. 감사할 따름이지요.

페친 여러분! 감사해요. 앞으로도 잘 지내요.

정 담은 이야기

바지의 선전포고 (2013년 6월 15일)

〈1980년대 어느 바지 회사의 유명 카피〉

1. 바지가 치마에게 선전포고 했다.
2. 바지는 물구나무서기도 가능하다.
3. 바지는 바람 부는 날에 육교를 오르내리기도 편리하다.

〈요즘 카피〉

1. 검찰, 법무부는 국민을 핫바지로 봤다.
2. 핫바지들이 주름을 잡기 시작했다.
3. 날선 바지들이 정부에게 선전포고 했다.

온도계와 온도조절기 (2013년 5월 13일)

온도계는 날씨가 추우면 수은주가 내려가고 날씨가 더우면 기계적으로 수은주가 올라갑니다. 이와 달리 온도조절기는 날씨가 추우면 더운 바람을 내보내고, 날씨가 더우면 추운 공기를 내보내 온도를 조절합니다.

우리네 인생도 이와 같습니다. 기분 나쁘면 기분 나쁜 소리를 내고 화가 나면 목소리가 거칠어지는 온도계와 같은 사람이 있습니다. 이와 반면에 열을 받아도 성질이 나도 차분하게 주위를 신경 쓰며 분위기를 조절하는 사람이 있습니다.

자기감정을 조절하지 못하고 냉랭하고 쌀쌀맞게 남을 대하는 온도계 같은 사람이 있고, 자기감정이 좋지 않아도 주위를 배려하며 훈훈한 분위기를 이끄는 온도조절기 같은 사람이 있습니다.

여러분은 온도계 인생입니까, 아니면 온도조절기 인생입니까?

깊은 사색, 아픈 반성 (2013년 3월 19일)

아침에 신문 들고 스마트폰 챙겨서 화장실에 들어가노라면 어제의 일들이 주마등처럼 스쳐갑니다. 배 속의 요란한 고동 소리의 고통을 달래며 깊은 사색과 아픈 신음을 합니다.

어제의 일을 반성하고 오늘의 스케줄을 예상하며 신문에 올라온 어제의 역사를 만납니다.

신문의 편집처럼 하루하루의 뉴스를 취사선택하여 어떤 일은 톱기사가 되고 어떤 일은 편집에서 의도적으로 빠지듯이 역사란 그렇게 공평한 선택권을 갖고 있지 않습니다.

자신이 독자적으로 써내려가는 하루하루의 일기장이 자신의 인생 역사입니다. 어제의 잘못을 가장 처절하게 아프게 반성하는 것이 보다 나은 내일을 열어갈 수 있습니다.

아프게 반성하자는 의미에서 아픈 좌변기를 준비했습니다.

자신의 잘못을 가장 처절하게 아프게 반성합시다.

아아, 으으윽!

산이 좋아 산이 된 사람 (2013년 3월 7일, 8일)

박영석 대장은 1980년 동국대학교 마나슬루 원정대가 등정에 성공한 TV중계 장면을 보고 운명처럼 산악인이 되었고, 재수 끝에 1983년 동국대학교에 진학해 산악부에 가입했다고 합니다. 그의 산악 인생은 이처럼 운명처럼 찾아왔습니다.

산악인으로서 부와 명예 이룰 것은 다 이룬 박영석 대장의 마지막 등정 또한 드라마틱합니다. 몇 년 전 자신의 후배와 히말라야 안나푸르나를 오르다 그 후배가 사고를 당했는데 늘 그것이 그의 마음을 짓눌렀다고 합니다.

정의감과 의리가 강한 박영석 대장은 그의 한을 풀어주고자 그 후배가 사고를 당한 코스를 개척해 후배인 고(故) 오희준 대원에게 '희준 루트'를 선물하려고 2011년 10월 마지막 등정에 올랐으나 끝내 돌아오지 못했습니다.

마지막 등정을 앞두고 그는 그의 운명을 예감했을까? 무뚝뚝하고 말이 없던 그 사내는 마지막 등정을 앞두고 사랑하는 아내와 그의 삶의 터전이었던 마포구 상암동 하늘공원에서 마지막 데이트를 합니다.

"여보, 꼭 가야되겠어요? 이제 당신 나이도 있고."

"이제 마지막이야. 희준이의 한을 풀어야지. 잘 다녀올게."

그것이 마지막이었습니다. 산에 오를 때면 한 번도 풀지 않았던 수호신처럼 그를 지켜주었던 팔찌를 어째 아들에게 물려주고, 그는 홀연히 깊고 높은 산속으로 걸어갔습니다.

박영석도 그의 아내도 서로 첫사랑입니다. 중학생 때 만나 사랑을 키워 결혼하고 아이를 낳고 지금껏 살아왔습니다. 그의 아내는 말합니다.

"박 대장은 죽지 않았어요. 히말라야 어느 곳에 살아 있을 겁니다. 저는 그 사람이 언제든지 여보, 하고 문을 열고 들어올 거라 믿습니다."

그는 등정이 없을 때면 학생들과 도전정신과 개척정신을 일깨우고자 해마다 국토순례를 함께했습니다. 학생들에게 도전정신과 꿈을 심어주기에 가장 적합한 모범이 탐험가라고 말하곤 했습니다.

새로운 세상을 보여줘서 고마워요, 박영석 대장!

우리가 당신의 정신을 살리겠습니다.

인간이 느끼는 고통 순위 (2013년 3월 3일)

1위 : 작열통. 몸이 불에 탈 때.

2위 : 절단. 신체가 절단되었을 때.

3위 : 출산. 아기를 출산할 때, 초산 때 더 아픔.

4위 : 고환 통증. 남성이 고환을 맞았을 때.

5위 : 만성 요통. 허리 통증.

6위 : 암. 암으로 인한 통증.

7위 : 환상지통. 잘려나간 부위에서 느끼는 통증.

8위 : 타박상. 근육 손상으로 인한 통증.

9위 : 생리통. 여성의 생리 때 느끼는 통증.

10위 : 신경통. 대상포진 때 느끼는 신경통.

어느 의학 전문지가 뽑은 인간이 느끼는 고통의 순위입니다. 인간은 몸이 불에 탈 때 가장 큰 고통을 느낀다고 합니다. 그러나 이것은 어디까지나 인간의 평균치에 따른 객관적 순위일 뿐입니다.

사람은 각자 느끼는 고통의 순위가 모두 다르지 않을까요? 나의 고통이 최고의 고통이고, 나의 아픔이 최고의 아픔이요, 나의 슬픔이 최고의 슬픔이라고 느끼지 않을까요?

이렇듯 각자의 환경과 사정에 따라 고통의 크기는 지극히 주관적입니다. 진정 나의 고통이 가장 크고 남의 고통은 별것 아니라는 이기적인 생각에서 벗어날 때 남의 고통도 보이지 않을까요.

그런 뜻에서 우리는 흔히 투쟁의 수단으로 단식 투쟁을 합니다. 저도 감옥에서 8일을 굶는 고통스러운 단식 투쟁을 한 적이 있습니다. 아홉 끼째 굶었을 때 가장 고통스럽더군요. 이것도 사람에 따라 다릅니다. 누구는 다섯 끼째, 누구는 열 끼째.

그런데요, 못 먹고 안 먹는 단식의 고통은 누구나 이해하지만 잘 먹고 못 싸는 고통은 간과하기 쉽습니다. 잘 먹을 수 있는데도 변비로 고생하시는 분들, 관장을 해야만 볼일을 보실 수 있는 말 못 할 고통에 휩싸여 있는 분들도 많이 있습니다.

못 먹고 안 먹는 단식의 고통도 크지만, 먹고도 못 싸는 고통 또한 크다는 숨겨진 사실도 주목하는 폭 넓고 속 깊은 배려가 있어야겠습니다. 먹기 위한 투쟁도 싸기 위한 투쟁도 다 우리 주변의 고통입니다. 부디 잘 먹고 잘 쌉시다.

달려라, 대한민국 (2013년 3월 1일)

오늘은 삼일절입니다. 민족대표 33인이 대한민국의 독립을 선언하고 조선 민중이 일제히 일제의 강점을 규탄하고 만세를 부른 날입니다. 아우내 장터에서, 종로에서 충청에서, 전라에서 경상도·강원도·경기도·함경도·평안도 전국 방방곡곡에서 모두 일어났습니다.

숨겨진 사실 하나, 민족대표 33인이 태화관에 모여 독립선언문을 낭독할 것이란 것을 일본 고등계 형사가 정보를 입수하고 덮칠 예정이었습니다. 이 일제 고등계 형사는 대한민국 국민 '신철'이라는 사람이었습니다.

과연 피는 물보다 진할까요? 일본 앞잡이로 온갖 악행을 거듭했던 이 고등계 밀정 형사에게도 조국이 있었을까요? 태화관을 덮쳐 이 거족적 행사를 무산시키면 자신은 혁혁한 공로를 인정받아 탄탄대로 인생이 풀리겠지요.

고민에 고민을 거듭하던 이 고등계 형사는 끝내 자신의 잘못을 인정하고 용서를 비는 뜻에서 이 사실을 상부에 보고하지 않고 종로 바닥에서 권총 자살을 합니다. 죽음을 선택함으로써 지난날 자신의 과오를 참회하고 생애 마지막 순간에는 민족의 대열에 동참합니다.(KBS 방영)

지금도 청산되지 않은 친일의 역사를 오늘 되새겨봅니다. 독도가 자기네 땅이라고 우기며 다케시마의 날을 제정하고 국제분쟁화 하려는 일본의 야욕은 계속되고 있습니다. 위안부 할머니들에게 진정한 사과와 보상은커녕 오히려 이분들의 희생을 '돈 벌기 위한 매춘 행위'로 모욕하고 있습니다.

일제의 만행도 나쁘지만 그에 빌붙어 자신의 영달을 꾀했던 영혼 없는 친일 앞잡이의 후예들을 오늘도 우리 땅에서 봅니다. 꺼지지 않는 민족혼과 친일의 짐승 같은 야욕은 지금도 계속되고 있습니다.

일본의 신군국주의 야욕을 뚫고
아직도 청산하지 못한 친일의 치욕스런 반역을 뚫고
달려라, 대한민국!

진정성이란 무엇인가? (2013년 2월 8일)

1. 물에 빠져 허우적거리는 아들을 보고 1초의 망설임도 없이 물에 뛰어드는 어머니의 마음이 아닐까? 불이 났는데 방에서 못 빠져나온 딸을 구하러 불구덩이로 뛰어드는 아버지의 심정이 아닐까?
2. 전쟁터에서 전우가 적군에 포위되어 있을 때 죽음을 무릅쓰고 적진에 돌진하는 병사의 마음이 아닐까? 졸병의 잘못을 덮어쓰고 자신이 징계를 받는 소대장의 심정이 아닐까?
3. 먼저 사랑하고 나중까지 사랑을 놓지 않는 청순한 그 마음이지 않을까? 사랑하는 이를 위해 장기를 내놓고 교통사고로 불구가 된 그 사랑을 끝까지 지키는 그 청초한 마음이지 않을까?
4. 폭설이 내린 한겨울 강추위에 빙판길 사고 날까봐 새벽잠을 깨워 눈을 쓸고 있는 그 마음이지 않을까? 급커브길 미끄럽다고 헤드라이트 반짝거려주는 운전사의 마음이지 않을까?

5. 슬픈 영화를 보면 그 주인공이 되어 눈물 흘리고 악당을 쳐부수는 정의의 사도에게 체면 안 차리고 박수 치는 그 관객의 마음이 혹시 진정성이 아닐까?
6. 명절 때면 더 가난한 어머니가 더 부자인 아들에게 바리바리 싸주면서 멀어져가는 아들의 자동차가 보이지 않을 때까지 손 흔들며 눈물 흘리는 그 마음이지 않을까?

설 명절이 찾아왔습니다. 부모님 정정하게 살아 계신 분들이 참 부러운 때입니다. 막내로 태어난 제가 조금은 슬픈 때이기도 합니다. 진정성에 대해 많은 생각을 해보았습니다.

명절 때만 되면 돌아가신 부모님이 참 너무도 많이 그립습니다. 동네에 새로 만난 부모님 같은 분들이 많이 계십니다. 저는 이분들께 효도하는 정치하려고 합니다.

진정성이란 무엇인가? 아무리 생각해도 자식에 대한 어머니 같은 마음, 아버지 같은 마음이 진정성을 가장 잘 설명해주는 마음이지 않을까 합니다. 부모님께 잘하는 효자 효녀들 되시길 바랍니다. 설 잘 쇠시고 새해 복 많이 받으세요. 큰절, 넙죽!

결혼기념일 (2011년 11월 10일)

17년 전 오늘 결혼을 했다. 많은 것이 변했다.

1. 조각 같은 꽃미남에서 두루뭉술 꽃중년이 되었다.
2. 불알 두 쪽 밖에 없던 내가 부자가 되었다.(아내+아들 셋)
3. 데이트 비용 쓰느라 썼던 카드 빚은 16년 전 청산했다.

4. 집도 절도 없어 동가숙 서가식 하던 내가 잠잘 집이 생겼다.
5. 속만 썩이던 자식이 이제 자식 걱정하며 산다.
6. 밀림처럼 많던 검은 머리에 흰 꽃이 피기 시작했다.
7. 나는 그대로인데 동창들 얼굴 보면 세상이 겁난다.
8. 결혼식 주례였던 문규현 신부님이 정년퇴직하셨다.
9. 국회의원이 돼보기도 하고 떨어져보기도 했다.
10. 알아보는 사람이 많아졌다. 얼짱이라서 그런가?

나도 오늘만큼은 축하를 받고 싶다.

당신이 애국자입니다 (2011년 11월 16일)

저승에 갔다 온 사람이 이 지구에 있을까? 여기 저승에 갔다 왔다고 주장하고 믿고 있는 사람이 있다.

"저를 튤립 광장에서 백합 광장으로 끌고 다니던 천사가 장미꽃 광장에서 놓아주더라고요. 그때 정신이 깨어나고 살았어요."

홍금순. 한국 나이로 63세, 신체 나이 40세. 그의 직업은 생활체육체조지도사이다. 그가 2000년 불의의 교통사고로 정신을 잃고 3일간 혼수상태에 빠져 삶과 죽음의 문턱에서 오락가락하고 있을 때 그는 저승을 다녀왔다고 했다. 대형 교통사고로 3일간이나 깨어나지 못했으니 그럴 만도 했다.

뇌출혈과 허리 압박골절, 복사뼈를 심하게 다쳐 그녀는 1년간 병원 신세를 졌고 퇴원 후 3년간 고통스러운 재활 기간을 가졌다. 우울증까지 겹쳐 정신과 치료를 받던 그가 지금의 '생활체조 건강 전도'를 하리라고는 본인 스스로도 몰랐을 것이다.

타고난 낙천적인 성격이 있었기에 가능했다. '건강을 되찾고 지키자'는 일념으로 우연히 찾은 노인복지관에서 라인댄스 강사를 만난 것이 인생의 전환점을 만들었다. 그 강사의 권유로 연세대 사회교육원 노인체육지도사 1년 과정을 이수했다. 문광부에서 인증하는 생활체육지도사 과정도 이수해서 그는 현재 노인체육, 생활체육지도사 자격증을 가지고 있다.

2007년 체육지도사 자격증을 딴 그는 자신의 건강도 지킬 겸 노인들의 건강도 보살필 겸 왕성하게 체조 강사로 맹활약을 했다. 그의 타고난 밝은 성격에 부지런함까지 더해 시너지를 일으키며 그는 일약 마포구 생활체조의 대명사가 되었다. 그는 현재 마포구 생활체육협의회 생활체조연합회장이다.

매일 새벽 5시에 일어나 6시부터 하루도 빠짐없이 월드컵경기장 한편에서 80여 명의 주부를 대상으로 생활체조를 가르친다. 나도 몇 번 가보았는데 체조에 맞는 음악을 틀어놓고 마이크도 없이 육성으로 "하나둘셋넷, 돌고! 하나둘셋넷, 앞으로 돌고 뒤로 돌고……"를 반복하며 신나게 춤을 춘다.

저녁 운동 시간도 마찬가지이다. 이제 자신이 맡은 체조팀뿐만 아니라 체조 강사를 가르치는 강사의 강사가 되었다. 물론 무료봉사이다. 그가 바라는 것은 아주 소박하다. 마포구에 있는 400여 명의 체조인들이 아침저녁으로 안정적으로 운동할 수 있는 뒷받침만 있으면 참 좋겠다고 웃는다.

마포에 실버타운이 설립되고 웃음치료를 겸한 치매센터에서 두 번(?) 죽을 때까지 체조를 가르치고 봉사할 수만 있다면 여한이 없다는 홍금순 회장. 당신의 그 건강한 웃음이 바로 대한민국을 활짝 웃게 할 것입니다. 감사합니다. 당신이 애국자입니다.

'꼰대'가 되지 않기 위한 십계명 (2011년 11월 9일)

1. 많이 듣고 적게 말하라.
2. 같은 말을 두 번 이상 되풀이해 말하지 마라.
3. 영화 감상이나 공연 관람 등의 문화 체험을 통해 감수성을 키워라.
4. 신문은 두 종류 이상 읽어라.
5. 음악과 문학을 가까이 하라.
6. 젊은이들은 한심하다는 생각을 버려라.
7. 쉽게 반말을 쓰지 말라.
8. 규칙적인 운동을 통해 체중을 관리하라.
9. 과식과 과음을 피하라.
10. 유머 감각을 키워라.

한 식당에서 25년 동안 종업원 (2011년 11월 8일)

마포구 망원동에 사는 분들이라면 '청기와 숯불갈비'를 모르는 분이 없을 것이다. 망원 우체국 사거리를 자나다 보면 목 좋은 사거리 한 귀퉁이에 지글지글 고기 굽는 냄새가 발걸음을 잡아끈다.

1982년에 문을 연 '청기와 숯불갈비'는 한 번도 이사를 하지 않고, 30년 동안 바로 그 자리를 지켰다. 50여 평 남짓 되는 이 식당에는 항상 사람들로 북적거린다. 지나가던 사람들은 식당에 사람들이 많아서 한 번쯤 호기심을 갖고 찾기도 한다.

도대체 이 집의 영업 비결은 무엇일까? 궁금할 것이다. 고깃집이니 당연히 육질이 좋고 맛있는 것은 기본이리라. 나도 이곳에 가끔 가서 식사를 하곤 하는데 참 궁금해졌다. 왜 이리 손님이 많을까?

정말 비법이 있었다. 그것은 사장님과 종업원의 끈끈한 정과 단결이었다. 이곳의 종업원은 네 명인데 놀랍게도 모두 장수 직원들이다. 17년, 20년, 23년, 25년 등 종업원 네 명 모두가 사장님처럼 일하고 있었다.

정연임 여사, 그의 직업은 식당 종업원이다. 한 식당에서 무려 25년째 일하고 있다. 망원시장에서 건어물 장사를 했는데 1984년 망원동 물난리 때 물건을 모두 망쳐버렸다. 아이들 키울 걱정에 하늘이 노랬단다. 그리고 취직한 곳이 지금의 '청기와 숯불갈비'다.

정청래 정 여사님! 아니, 어떻게 한 식당에서 25년씩 일을 할 수가 있어요?

정연임 그렇게 오래됐네요. 내가 40세 때 와서 이제 65세가 되었으니 강산이 두세 번 바뀐 거네요.

정청래 이렇게까지 오래 있게 된 이유가 뭐예요?

정연임 사장님이 너무 좋아요. 손님들이 우리를 함부로 하면 그 손님을 무지 혼내요. 항상 우리를 진짜 가족처럼 위해줘요.

그랬다. 꼬박 이곳에서 30년 동안 건물 주인한테 쫓겨(?)나지 않고 지금껏 영업을 해온 유영한 사장님. 그는 참 온화하고 마음씨 좋은 아저씨였다. 그의 부인도 참 수완이 좋고 싹싹한 여걸이었다. 시집오자마자 청춘을 이곳에 바쳤다고 한다.

사진을 찍으려고 카메라를 들이대자 정연임 여사는 "화장도 안 하고 얼굴도 안 좋은데 부끄럽다"며 한사코 촬영을 거부했는데, 여사장님이 한마디 하자 곧장 촬영에 응했다.

"아니, 의원님이 우리 식당하고 언니 홍보해준다는 데 열 번이라도 찍어야지."

좋은 사람들이 참 건강하게 살아가는 현장이다. 마음이 뻥 뚫리고 눈이 개운해지는 느낌으로 식당을 나왔다.

예쁘게 살아가는 당신들이 나의 스승들이십니다.

제자의 결혼식 (2011년 4월 24일)

20년 전 2년 동안 감옥살이하고 나서 성산동에 '길잡이학원'을 차렸습니다. 그때 초등학교 6학년 아이가 예비 중1 과정에 들어왔습니다. 열성적인 어머니는 그 아이의 교육을 위해 모든 것을 다 바친 분이었습니다. 공부를 열심히 해서 전교 1등을 하기도 했습니다.

1994년 12월 10일 토요일. 제가 결혼식을 할 때 학원생 두 놈이 학원을 빠지고 하객으로 참석을 했습니다. 가방공장을 하는 아이의 어머니는 제 신혼여행 가방을 챙겨 주셨습니다.

그중에 한 아이가 장성해서 오늘 결혼식을 올렸고 한 아이는 축가를 불렀습니다. 지금도 이 아이들은 저를 선생님으로 부릅니다. 20년이 흘렀어도 얼굴을 알아 볼 수 있습니다.

"선생님, 죄송해요! 신혼여행 다녀와서 찾아뵐게요"라고 합니다.

결혼식 내내 앉아 있으면서 많은 생각을 했습니다. 사람의 인연은 무엇이고 세월은 무엇인가?

"성민아! 잘 살아라."

신부가 신랑 됐네 (2011년 12월 18일)

오늘 오후 인덕원 근처에 있는 벌말성당에서 조촐한 결혼식이 있었습니다. 매우 재미있는 지인의 따님 결혼식이었는데 사위가 신부 되려다가 다른 길을 택했다고 합니다.

본당 주임신부의 영적 아드님이라서 성당에서 결혼식을 올렸다는데, 제가 다가가 신부 아버님에게 "이게 어떻게 된 거예요? 주임신부님 아드님은 뭐고 신부가 웬 결혼식이에요?" 하고 물으니, "나도 몰라 신부가 신랑이 됐대"라고 하네요. 아무튼 신랑신부인지 신부신랑인지 두 분 행복하게 사시길 바랍니다.

동창회 (2011년 12월 1일)

30년 만에 중학교 동창회를 갔습니다. 30년이란 세월이 흘렀건만 오가는 대화와 걸음걸이, 얼굴 표정들, 성질머리도 똑같은데, 정작 머리카락 숫자는 많이들 변해 있더군요. 반갑지만 말 못 할 쓸쓸함이 밀려들더군요.

직업도 가지각색. 조폭으로 감옥 갔다 온 놈, 어린이집 원장 하는 여자 동창, 이름을 개명한 친구, 말단 공무원으로 늙어가는 친구, 착실하게 회사 다니는 친구, 유명 화가로 성공한 친구 등등. 그런데 이 친구들 하나같이 하는 말

"야, 정청래. 너 그때는 정말 키도 제일 크고 무섭고 살벌했어야."

오늘 아침 관광버스 운전사를 하는 친구가 전화를 했습니다. 자기는 23세에 결혼했고 일찍 딸을 낳았는데 그 딸이 아이를 낳아서 할아버지가 되었다고요. 아! 우리의 인생이 이렇게 늙어가는 건가요?

국회로 오세요 (2013년 5월 2일)

국회, 여러분은 국회 하면 어떤 생각이 드시나요? 이기적이고 욕심 많은 나쁜 사람들이 모여서 세비나 축내며 싸움박질이나 하는 부정적 인식이 먼저 떠오르시나요? 그래서 절대로 가고 싶지 않은 장소인가요?

사실 그렇지만은 않은 장소가 국회입니다. 오히려 더 관심을 갖고 익숙해져야 하는 장소입니다. 대한민국은 법치국가이고 국회 본회의장에서 법이 통과되지 않고서는 한 발짝도 움직일 수가 없는 사회가 대한민국입니다.

그리고 국회의원 300명이 매일 욕 먹을 짓만 한다고 생각하십니까? 언론에 보도되지 않은 많은 일들이 국회에서 진행되고 있습니다. 학교에도 전교 1등부터 꼴찌가 있듯이 국회에도 1등부터 300등까지 있습니다.

다만 언론에 의해서 300명이 모두 300등화되어 국민에게 부정적 인식이 팽배해졌습니다. 물론 언론 때문만은 아닌 것은 분명합니다만 과도하게 비난하여 분노심을 유발시키고 있는 것 또한 부인할 수 없습니다. 병리현상이라 하겠습니다.

매일 수천 명의 관람객이 국회를 견학하고 갑니다. 본회의장, 상임위실, 소회의실 등 입법 절차와 과정에 대한 설명도 곁들여집니다.

특히 초등학생 관람객이 가장 많고 시골 어르신들도 효도관광차 많이들 오십니다.

맘에 안 든다고 욕만 하고 있을 것이 아니라 오히려 국회에 더 많은 관심을 갖고 두 눈 부릅뜨고 지켜본다면 국회도 국민도 더 많은 이익이지 않을까요? 제 지역구인 마포을은 서강대교만 건너면 바로 올 수 있는 편리성 때문에 많은 초등학교 어린이들이 국회 견학을 옵니다.

17대 초선 시절에도 1년이 지난 후부터 여름방학, 겨울방학을 이용해 약 200여 회의 견학이 있었습니다. 일단 저도 좋고 아이들도 좋고 엄마들도 굉장히 좋아들 하십니다. 올해는 중학교에서 한 반 전체가 현장학습을 오겠다고 신청해서 제가 직접 안내를 맡기로 했습니다.

오늘 예행연습 삼아 어머니들이 국회에 오셔서 제가 안내를 하면서 구석구석 설명을 드렸고 입법절차에 대해서도 설명을 드렸더니 좋아라 하십니다.

마포을 주민이 아니더라도 국회 견학이 가능하냐. 가능합니다. 신청하세요. 02-784-9241(담당 조호제 비서). 조 비서 고생 좀 해.

이제 민주당이 투쟁할 때다 (2013년 4월 20일)

국정원 원장까지 나서서 불법 대선개입을 자행한 전 국정원장 '원세훈 게이트'가 점점 그 실체를 드러내기 시작했습니다. 거기다가 당시 수사를 맡았던 수서경찰서 권은희 수사과장의 양심선언을 통해 경찰청 윗선이 나서서 수사에 간섭하며 축소은폐까지 도모한 사실이 드러났습니다.

대선 한복판에서 터진 국정원사건도 사건이지만 이를 공정하게 수사해서 국민에게 알려야 할 경찰이 축소은폐까지 시도하며 국민의 표심을 왜곡했습니다. 더군다나 당시 박근혜 후보는 댓글녀가 무죄이며 인권을 침해했다는 억지 주장까지 했으니 이는 분명 도둑맞은 선거입니다.

이제 민주당이 나서서 대선 부정선거를 규탄하고 대선 원인무효 투쟁까지 불사해야 하는 상황이 온 것 같습니다. 하늘이 민주당에게 준 마지막 기회인 것 같습니다. 사실이 확인되고 도둑맞은 선거임이 분명해진 이상 더 망설일 필요가 없을 듯합니다.

죽기를 각오하고 투쟁한다면 살 것이요, 살기 위해 망설인다면 죽을 것입니다.

이제 오로지 투쟁밖에 없습니다. 투쟁!

역사야! 많이 아프지? (2013년 3월 13일)

역사야! 미안하다.

프랑스는 나치 치하 2년 6개월 동안 나치에 부역한 사람을 끝까지 추적해서 민족의 이름으로 처벌하고 청산했지. 우리는 일제 치하 36년간 수만, 수십만이 친일을 했어도 단 한 명도 벌을 주지 못했어.

역사야! 너는 아니?

프랑스는 민족 반역자에게는 공소시효를 없애고 끝까지 추적해서 무려 15,000여 명을 법의 심판대에 올렸어. 그런데 우리는 거꾸로 항일 독립운동을 했던 김구 선생이 암살당했어.

역사야! 미안하다.

프랑스 국민은 이제 처벌할 만큼 처벌했으니 이제 그만 나치 부역자들과 그 가족을 용서하고 관용을 베풀자고 했어. 그래서 프랑스는 톨레랑스(관용)의 나라가 되고 지금은 문화예술의 강국이 되었어. 우리는 거꾸로 친일의 후예들이 아직도 정권을 잡고 주류 사회 지도층들이야.

역사야! 너도 알지?

프랑스에서는 독일의 나치가 물러간 뒤 제일 먼저 처형을 당한 사람들이 바로 언론인들이야. 신문사 사장, 편집국장 등이 제일 크게 부역을 했다 하여 가장 먼저 사형시켰어. 우리는 거꾸로 일왕을 칭송하며 일제침략을 정당화한 친일의 나팔수였던 그 신문들이 아직도 국내에서 1, 2위 신문사야.

역사야! 미안해.

프랑스는 나치 부역을, 치욕스러운 오욕의 역사를 민족의 이름으로 깨끗이 청소했어. 우리는 거꾸로야. 귀국한 백범 선생이 극악한 친일을 했다하여 처형해야하는 263명의 이름이 적힌 살생부가 있었어(2002년 월간중앙 특종 발굴). 그러나 거꾸로 백범 선생이 죽었어.

역사야! 미안해.

아마 내일 민주당에서 조·중·동 종편에 출연하는 것을 개별 국회의원의 의사에 맡기겠다는 나름 고육지책을 발표할 것 같아. 나는 반대하고 안 나가겠지만 나 혼자 힘으론 역부족일 것 같아.

미안해! 역사야.

장관 후보자 인사청문회장 (2013년 3월)

"곧 장관이 되실 텐데……."

"장관이 된 이후에 잘 하시고……."

인사청문회장이 아닌 취임청문회장을 방불케 하는 이런 식의 솜방망이 질의가 새누리당 의원들의 덕담이 아니라 야당 의원들 질의라는 것이 참 놀랍습니다.

딸의 생계형 장학금 가로채기, 위장 전입, 다운계약서, 세금 탈루, 도로교통 속도위반 23차례 후 과태료 미납에 따른 자동차 압류, 국제학교 입학 사실 숨김, 신 전관예우 2,300만 원 연구용역 수령 등 각종 의혹을 집요하게 고함치고 파고든 사람만 뻘쭘하게 왕따되는 분위기.

강하고 세게 직설적으로 소리 높여 파헤치고 공격하면, 여야 구분없이 소위 다선중진 의원들께서 공히 한마디씩 합니다.

"쌈닭처럼 그러지 말고 살살해라."

의욕적인 초재선 의원들을 은근히 기죽이며 미숙한 경험을 꾸지

람합니다. 이런 참견과 잔소리를 들으면서 좋은 게 좋다는 질서 속으로 편입되는 것이 아닐까 합니다.

정녕 국회는 공격수들의 무덤인가?

대통령 취임식에 다녀왔습니다 (2013년 2월 25일)

쿨하게 대통령 취임식에 다녀왔습니다. 며칠간 고민을 좀 했습니다. 아직도 아파하는 분들이 많은데 축하 성격의 취임식에 가는 것이 적절한지.

아침에 제 보좌관이 말했습니다.

"개인 정청래라면 안 갈 수도 있지만 국회의원 정청래로는 가야 합니다. 민주당 국회의원으로서 현장에서 더 많은 것을 느끼고 문재인 후보를 지지했던 분들을 대표해서 더 많이 아파하는 것도 예의입니다. 그리고 모든 것을 떠나 우리나라 대통령의 취임식에 가는 것은 너무도 당연한 일입니다."

취임식장 단장 뒤쪽에 마련된 '입법부' 좌석에는 많은 국회의원들이 와 있었습니다. 민주당, 새누리당 구분 없이 마련된 좌석에 앉아 취임식을 지켜보았습니다. 국제 가수 싸이의 '챔피언', '강남스타일'을 끝으로 식전 행사가 끝나고 본격적인 취임식이 시작되었습니다.

"나는 헌법을 준수하고 국가를 보위하며 조국의 평화적 통일과 국민의 자유와 복리의 증진 및 민족문화의 창달에 노력하여 대통령으로서의 직책을 성실히 수행할 것을 국민 앞에 엄숙히 선서합니다."

새 대통령에 대한 호불호를 떠나 대한민국 국민의 행복을 위해, 한반도 평화번영을 위해, 조국과 민족의 역사를 위해 취임선서처럼 잘해주기를 바랍니다.

참 말로 표현하기 어려운 미묘한 감정이 몰아치고, 만감이 교차했습니다. 이 취임 선서를 문재인 대통령이 읽었다면 얼마나 좋았을까요?

정청래의 약속 (2014년 최고위원 출마 선언문)

'정청래의 약속 7.' 당내 을의 눈물을 닦겠습니다. 원외 지역위원장의 눈물을 압니다. 저도 원외였던 4년의 아픔을 기억합니다. 지역위원회 합법화를 추진하겠습니다. 민주정책연구원 시도당 분회를 건설하겠습니다. 야당답게 정청래! 거침없이 정청래!

'정청래의 약속 6.' 당을 뒤집어놓겠습니다. 국회의원, 지역위원장 평가시스템을 통해 활동으로 정확하게 평가하는 공천혁명을 이룩하겠습니다. 계파 보스 눈치 보지 않고 자신의 활동으로 공천하는 셀프 공천 시대를 열겠습니다. 야당답게 정청래! 거침없이 정청래!

'정청래의 약속 5.' 역사가 있는 정당. 당 지도부 바뀌면 당의 모든 매뉴얼이 소실되는 떴다방 정당이 아니라 히스토리를 기록하는 정당의 기틀을 세우겠습니다. 야당답게 정청래! 거침없이 정청래!

'정청래의 약속 4' 열린 정당을 만들겠습니다. 21세기에 모바일 투표도 못 하는 정당은 죽은 정당입니다. 닫힌 정당, 참여와 광장이 없는 죽은 정당을 SNS 스마트정당, 살아서 펄펄 뛰는 생동감 있고 역동적인 정당으로! 야당답게 정청래! 거침없이 정청래!

'정청래의 약속 3.' 지방이 살아야 나라가 산다. 전국 지방자치 부문에서 한 명을 선정해 올리면 지명직 최고위원으로 임명, '선거 때만 지방을 신경 쓰고 4년 내내 나 몰라라' 하는 무관심의 고리를 끊겠습니다. 야당답게 정청래! 거침없이 정청래!

'정청래의 약속 2.' 전국 정당화! 영남-강원 전략지역 선정, 당선 안정권 비례대표에 우선 배정, 각 지역에서 비례대표 경선을 해서 올리면 20번 안에 배치, 영남-강원을 뒤집어놓겠습니다. 야당답게 정청래! 거침없이 정청래!

'정청래의 약속 1.' 야성회복, 정권교체! 야당다운 야당, 정체성이 분명한 야당, 선명하고도 강력한 야당, 그래서 유능하고 이기는 야당. 이순신 장군의 말씀처럼 승리의 길목을 잘 지켜 한 명의 군사로도 천 명의 적군을 물리칠수 있다는 것을 보여드리겠습니다.

야성회복, 정권교체! 야당답게 정청래! 거침없이 정청래!

나는 자랑스러운 태극기와 부족한 당기 사이에서 당의 재건을 통해 야성을 회복하고 정권교체를 위한 초석을 다지기 위하여 최고위원선거에서 열과 성을 다해 최선을 다할 것을 굳게 다짐합니다. 충성!

국회의원들의 수능 성적표

언어 영역(미)-말하고 읽고 쓰는 것은 뛰어나나 듣기가 개판이다.

수리 영역(수)-세비, 유권자 계산 잘하고 선거 날짜에 민감하다.

체육 과목-선거 때 밤낮을 가리지 않고 걸어 다니는 체력. 평소엔 약함.

외국어 영역(낙제)-외국 여행 잘 다니고 외제차는 잘 타지만 언어에는 유독 약하다.

카메라를 좋아하는 국회의원 (2011년 11월 16일)

저승에는 죽은 이유에 따라 그룹이 따로 정해져 있다. 벼락 맞아 죽은 사람들은 1,000도가 넘는 온도에 화상까지 입어 정말 고통스러운 표정들이다. 그런데 유독 한 사람만 씨익, 씨익 웃고 다니는 한 사람이 있었다.

염라대왕 : 웃고 다니는 놈 이리 와봐. 너는 어찌하여 다른 사람들은 다 고통스러워하는데 웃고 다니는 거야?

웃고 다니는 놈 : 카메라 플래시 터지는 줄 알고 웃었는데요.

염라대왕 : 너 직업이 뭐였어?

웃고 다니는 놈 : 국회의원이었는데요.

염라대왕 : 라따라따 아라따. 계속 웃고 다녀라.

이 일을 어떻게 할까요? (2011년 7월 9일)

"다 나와. 다 나오라고. 우리 아버지는 절대로 그런 말 안 했어요. 진짜로 그런 말 안 했는데 왜들 그래요. 엉엉엉. 우리 아버지가 뭘 잘못을 했냐고요. 엉엉엉."

2008년 4월 10일, 큰 아이 한백이가 서교초등학교 운동장 한복판에 혼자 서서 외쳤답니다. 아시다시피 지난 총선에서 『문화일보』, 『조선일보』의 악의적 허위 왜곡보도로 낙선한 다음 날 초등학교 6학년인 어린 녀석이 서교초등학교에 쳐들어갔습니다.

낙선 후 1년 6개월 간 『문화일보』와 『조선일보』 허위보도에 맞서 7건의 민형사소송을 전부 승소했습니다. 『문화일보』와 『조선일보』 반론보도문 게재, 정정사과보도문 게재, 『문화일보』 2,700만원 배상,

허위제보자 선거법 위반으로 구의원직 상실 및 2,000만 원 손해배상, 허위 제보한 가짜 학부모는 팔순 노모와 함께 반성 및 사과하기에 깨끗이 용서.

"아버지, 제가요, 선거 다음 날 혼자 서교초등학교에 쳐들어갔어요. 운동장에 서서 다 나오라고 했어요. 아버지가 그 나쁜 사람들 때문에 떨어졌잖아요."

재판을 모두 이긴 2009년 가을 어느 날, 가족 외식을 하고 돌아오는 차 안에서 한백이가 뜬금없이 이렇게 말했습니다. 아내와 나는 깜짝 놀랐습니다. 한 번도 선거와 정치에 대해서는 대화를 해보지 않았는데 그 어린 녀석이 알 것은 다 알고 있었습니다.

"아버지! 재판에서 당연히 이길 줄 알았어요. 저도 다 알아요."

선거 다음 날 가방을 매고 혼자 울면서 낯선 학교 운동장에 '쳐들어간' 아들의 모습을 떠올리니 운전대를 잡은 팔뚝 위로 조용히 눈물이 떨어졌습니다. 아내도 옆에서 흐느껴 울고 있었습니다.

지금은 중학교 3학년이 된 큰아들이 아버지 때문에 상처받고 참 맘고생을 심하게 했습니다. 중학교 1~2학년 때 엄청난 방황을 하고 지금은 좀 진정이 되었습니다. '없는 사실'을 만들어 거짓말을 하는 어른과 선생님에 대한 적개심이 대단했었나 봅니다. 아이의 가슴속에 깊이 박힌 이 대못을 어떻게 빼낼 수 있을지 참 먹먹합니다.

"아버지, 정치 안 하시면 안 돼요? 선거 때 아버지 벽보 보고 있는데 어떤 사람이 지나가면서 욕을 하는데, 진짜. 아, 진짜, 아버지가 뭔 잘못을 했다고 욕을 해요?"

나와 아내는 잠시 아무 말을 할 수가 없었습니다.

어른들 세계에서 벌어지는 이 무거운 주제를 어떻게 설명할까요?

효과적인 말하기 (2011년 6월 17일)

인간이 동물과 다른 특징은 생각하고 말하고 글을 쓰는 점일 것이다. 인간은 자신의 생각을 말이나 글로써 표현함으로써 자신의 뜻을 관철하기도 하고 상대방의 뜻을 수용하기도 한다. 자신의 생각을 효과적으로 말할 수 있는 능력은 사회적 동물로서 인간이 갖는 매우 중요한 능력이다.

효과적으로 말을 잘하기 위해서는 우선 대화의 목적을 분명하게 설정하고 그 경계를 넘지 않아야 한다. 가볍게 농담하고 즐기는 친교의 시간에 마치 학술 토론회 발표나 주장처럼 한다면 그 말이 아무리 유식하고 설득력 있는 말일지라도 효용성 측면에서 매우 부정적 결과를 가져온다. 반대로 진지한 학술토론회에서 가벼운 어투로 말하는 것도 물론 지양해야 한다.

상대방을 설득하는 자리나 비즈니스 발표 같은 자리에서는 사투리를 쓰지 않고 표준말을 써야 한다. 또한 정확한 발음을 구사하고 사용하는 단어의 뜻을 명확하게 알고 써야 한다. 사투리는 동창회 자리에서는 정감을 나타내 분위기를 좋게 이끌 수 있지만 때와 장소를 구분해야 한다.

대화는 항상 상대방이 있기 마련이다. 말을 할 때 항상 상대방의 얼굴 표정과 반응에 따라 음의 장단, 강약과 고저를 조절해야 한다. 내가 하고 있는 말에 대해 상대방의 반응은 매우 중요하다. 아무리 좋은 말일지라도 상대방이 지루해하거나 거북해하다면 내가 말하는 목적만큼 효과를 거두기 어렵다.

상대방과의 대화에서 적절한 유머와 칭찬을 사용한다면 훨씬 윤기 있고 부드러운 분위기가 될 것이다. 내가 하는 말이 상대방에게 받아들여지는데 매우 중요한 말하기 자세이다. 어렵고 경직된 말보다는 쉬운 언어로 상대방을 편하고 즐거운 상태로 이끄는 것이 중요하다. 대화의 흐름에 맞게 알아듣기 쉬운 적절한 사례를 든다면 더욱 효과적이다.

버트런드 러셀은 남의 말을 가장 잘 듣는 사람이 가장 말을 잘하는 사람이라고까지 했다. 내가 하고 싶은 말을 먼저 하기보다 상대방의 말을 먼저 진지하게 경청하는 자세는 내 말의 설득력을 높이는 데도 매우 효과적이다.

명언이나 속담, 일화를 적절하게 구사하는 것도 말을 더욱 맛깔나게 한다. 상대방의 입장에 서서 역지사지하고 무엇을 원하는지 먼저 파악했다면 그 대화는 절반의 성공을 거둔 것이나 마찬가지이다. 대화는 간결하고 핵심적 내용은 말의 앞뒤와 중간에 적절하게 반복하며 강조한다. 그러나 앞에서 말한 효과적인 말하기는 어쩌면 말하는 기능 내지 기술이라고 할 수 있다. 말이 어눌하고 설령 어법이 맞지 않을지라도 가장 말을 잘하는 것은 솔직한 태도, 진지한 자세와 진정성 있는 가슴과 가슴의 대화일 것이다.

아무리 말을 잘해도 진정성이 결여되어 있다면 그것은 단지 기계음에 불과할 것이기 때문이다. 진정성의 기반 위에 앞서 말한 것을 충실히 말한다면 가장 좋은 효과적인 말하기가 될 것이다.

밤섬 이야기 (2011년 3월 11일)

"신촌 로터리 여기까지만 신작로였고 합정동 쪽으로는 길이 없었어." 서대문 사거리 적십자병원으로 문상을 갔다가 (지금은 고인이 되신) 합정동 이강필 노인회장님을 차로 모시고 오면서 옛 서대문과 마포 일대의 50~60년간의 변모하는 모습을 들었습니다.

"신촌 현대백화점은 시장이었어. 거그 옆에는 지금은 복개가 되었지만 하천 변에 판잣집이 즐비했어. 우리는 농사를 지어 지게 져나르며 팔았는데, 농사가 많은 집은 우마차 등으로 실어 날랐지. 망원동은 뻘이 많았고 땅이 좋았지.

신촌 전화국 자리는 원래는 웅덩이였는데 흙을 실어다 메우고 건물을 지은 거야. 그리고 말이야 성산중학교 자리는 원래 야트막한 동산이었는데 그 산을 다 깎아내고 지었지. 그 주변에 밤나무도 몇 그루 있었고. 지금도 성산중학교 터가 다른 데보다 좀 높잖아. 운동장

밑은 다 돌이야.

밤섬 있지? 밤섬은 60~70호가 살았는데 내 서강초등학교 동창 놈들도 7~8명이 밤섬에 살았어. 그때는 강변북로 쪽이 물이 훨씬 많았고 여의도 쪽으로는 백사장이어서 걸어 다닐 수 있었는데, 서강동 쪽으로는 폭이 넓고 깊어서 배를 타고 다녔지. 지금은 여의도 쪽으로 물길을 돌려서 그쪽이 물이 더 많지만……."

책으로는 제대로 알 수 없는 마포구 일대의 역사를 배웠습니다. 20분간 서울의 도로를 달리면서 그 옛날 서울의 거리를 상상해보았습니다. 이강필 회장님, 감사합니다.

20대를 위하여 (2011년 2월 8일)

'20대 대표, 20대 국회의원' 제하의 김민후 님과 20대 후배들의 토론을 읽다가 댓글로 쓴 내용입니다.

"토론 잘 읽었습니다. 20대가 하지 말라는 법은 없습니다. 헌법에 보장된 피선거권은 누구나 도전하면 되는 것입니다. 그러나 여성의 현실적 조건이 열악하기에 1, 3, 5, 7, 9 이렇게 법으로라도 강제적으로 비례대표를 뽑아야 합니다. 마찬가지로 '20대는 반드시 비례대표 한 명을 당선자로 내야 한다'는 법을 제정하면 됩니다.

그것이 현실적으로 어렵다면 당의 정책으로 '20대는 반드시 한 명 공천한다'로 정하고 그 선출 방식을 투명하고 공정하게 개방하면 됩니다. 예를 들면 민주당 20대 비례대표 후보를 공모하고 일정한 자격심사를 한 후 10명 정도 후보자를 만들어 모바일 인터넷 투표를 해서 1등을 하면 당선권에 배치하면 됩니다. 못 할 것이 없습니다.

이미 17대 국회 때도, 20대 비례대표는 아니지만, 인터넷 비례대표제를 실시하려다 벽에 막혀 못 한 적이 있습니다. 누구라고는 말 못 하지만 상당히 개혁적인 인사가 이를 막았다고 들었습니다. 그러나 지금은 당에서 적극 검토하고 실시하면 됩니다. 제가 당 개혁 특위위원인데 이를 적극 추진해보도록 하겠습니다.

김민후 님! 언제 만나서 진지하게 함께 머리를 맞대고 실현 가능한 로드맵을 고민하고 지혜를 짜냈으면 좋겠습니다.

20대가 어리다고요? 능력이 모자라다고요? 지식이 부족하다고요? 저는 충분하다고 봅니다. 경험만 좀 부족할 뿐입니다. 이집트 혁명을 페이스북 혁명이라면서요. 이 페이스북 창시자의 올해 나이는 만 26세입니다. 그가 특별한 천재라고요? 아닙니다. 세상을 움직이는 힘은 진보이고 젊은 열정입니다. 오히려 저는 20대가 나서야 된다고 생각합니다. '청년이 바로 서야 조국이 바로 선다'는 말이 괜히 있는 말이 아닙니다.

19세의 나이로 독일 녹색당 비례대표가 된 안나 뤼어만 의원. 그는 재선에도 성공했습니다. 대한민국 젊은이라고 못 할 법이 어디 있겠습니까?

4대강 날치기 처리 (2011년 12월 10일)

서울광장에서 열린 4대강 예산. 날치법안 무효를 위한 국민 서명 운동 집회에 다녀왔습니다. 민주당 국회의원 및 전국 지역위원장 긴급소집회의인 집회에 가보니 국회 본회의장 날치기 현장은 뉴스보도 그 이상의 것이었습니다.

강기정 의원이 짐승의 주먹에 맞아 병원에 실려간 것은 드러난 사건이고 국회의원 대부분은 타박상을 입었습니다. 떡대가 좋은 한나라당 초선 국회의원이 서너 명씩 짝을 이뤄 물건 치우듯 들고 나갔답니다. 제가 경험한 17대 국회와는 사뭇 달랐습니다. 독재정권 그 말 말고는 설명할 길이 없습니다.

어느 선배 의원께서 "야, 정청래. 너 왜 떨어졌냐?"라며 볼멘소리를 하셨습니다. 그래서 "죄송합니다"라고 말씀을 드렸습니다. 낙선한 것이 죄스러운 하루하루입니다. 국민께도 죄송한 마음입니다.

평화로 전쟁을 막을 수는 있어도 전쟁으로 평화를 얻을 수는 없다

(2011년 11월 30일)

오늘 아침 군사전문가로부터 현 연평도 사태에 관한 강의를 들었습니다. 북한의 도발은 대단히 잘못된 일임이 분명하고 이에 대한 준엄한 비판은 너무도 당연합니다. 특히 민간인 피해에 대한 부분은 국내적으로도 국제적으로도 비판을 받아도 북한은 할 말이 없을 겁니다. 그러나 북한의 도발이 잘못된 것이지만 정부의 대응은 더 어리석기 짝이 없다는 것을 새삼 느꼈습니다.

첫째, 초기 대응이 잘못되었다는 점입니다. 포격전이 이루어지고 있는 상태에서 '확전자제' 발언은 전략적으로 잘못되었다고 합니다. 안으로는 그럴지라도 외부로는 단호한 대응이 기조를 이루었어야 한다고 군사전문가는 지적합니다.

둘째, 북한이 사격을 가한 개머리 진지에 대한 정확한 타격은 확전의 개념이 아니라 정확하고 단호한 대응이라는 점입니다. K-9 자주포든 그 외 다른 무기든 포격 지점에 대한 응징에 집중했어야 한다고 합니다.

셋째, 청와대 특히 대통령의 입에서 교전수칙 핑계를 대는 듯했던 발언은 책임회피의 느낌을 지울 수 없다고 합니다. 군통수권자로서는 그 이상의 대응을 할 수 있고, 교전수칙 정도는 부대장 정도 지위에서의 발언이라는 겁니다.

넷째, 연평도에 최신예 무기를 배치하는 것은 사태 해결에도 북에 대한 위협 내지 억지력에도 도움이 되기 어렵다는 점입니다. 북한의 코앞에 신형무기를 배치한다 한들, 북한의 육지에 비하면 섬에 노출만 되고 전력상 우위에 서기도 힘들다고 합니다(서북 5도의 비대칭적 위치).

다섯째, 연평도에 군사시설을 증설하면 할수록 민간인은 살기 어려워지고, 민간인이 모두 빠져나오면 연평도는 군사기지화되어 더 많은 분쟁이 있을 것이고, 이것이 북한의 노림수라는 점에서 스스로 말리는 꼴이 된다고 합니다.

여섯째, '전쟁 중에는 장수를 바꾸지 않는다'라는 말이 있습니다. 통상 국방장관을 경질해도 어느 정도 사태가 수습되고 나서 하는 것이 일반상식인데 서둘러 장관을 교체한 것이 정도에 맞느냐는 겁니다. 그것도 이모 씨로 한다고 했다가 현 김 내정자로 교체되는 등 마치 전쟁 중에 밥그릇 싸움하는 것 같은 내부의 시기와 질투 내지 갈등이 참으로 어리석다는 평가입니다.

일곱째, 북한은 3개월 단위로 주기적인 도발을 해왔다는 점이고 조금씩 포탄의 착지 지점이 남하해왔다는 점이랍니다. 북한은 대북정책에서 경직성으로 일관한 이명박 정부를 끊임없이 테스트해왔는데 이에 대한 단호한 조치도 안 되었고, 대화도 못 하고 어정쩡한 상태에서 쓸 수 있는 대북카드를 모두 소진해버렸다는 점을 지적하더군요.

그러나 분명한 것은 남한도 북한도 이런 군사적 긴장과 국지전이 한반도 전체에 어떤 도움이 될까 생각해봅니다. 전쟁으로 이룩할 것은 현 상태로는 없습니다. 북한의 도발에 대해서는 국민의 생명과 재산을 지킨다는 차원에서 단호한 조치를 해야 하고, 그것이 북이 가한 폭격의 수준에 맞게 대응해야겠지만 그런 사태가 발생하지 않도록 하는 선제적 조치가 더욱 필요하지 않을까 합니다.

저는 그 해법은 군사적 긴장과 군사적 조치가 아니라 결국 남북 긴장완화와 한반도 평화정착을 위한 지난 민주정부 10년 동안의 대북 평화정책, 대북 포용정책 말고 무엇이 있을까 합니다. 더디고 힘들고 지치더라도 결국 남과 북이 싸우지 않고 평화롭게 공존 공생할 수 있는 길이 아무리 생각해도 무력에 의한 해결책은 아니라는 점입니다.

연평도 사태가 어느 정도 마무리되면 이명박 정부는 지금까지의 대북대결 출혈정책을 전면수정하고 인내력을 갖고 대북평화 관리 시스템을 정착해야 합니다. 연평도 사태로 더욱 어려워지겠지만 그래도 해야 합니다. 전쟁은 어떠한 경우에도 막아야 하기 때문입니다. 전쟁을 통해 얻을 것은 폐허와 죽음 말고 없기 때문입니다.

정청래 최근 트위터 20선

정청래 @ssaribi

정청래 @ssaribi · Jul 28

<대한민국이 사찰국가인 증거>작년 국정감사 자료인데요. 국가권력이 얼마나 국민을 감시하고 있는지 한눈에 보이죠? 3년간 국민의 절반을 엿보았습니다. 국민의 힘으로 감시권력을 끌어내야 합니다.

지난 3년간 국가기관별 통신사실확인 및 통신자료 요청 현황

자료 미래창조과학부 * 기타기관: 군수사기관, 해양경찰청, 사법경찰권이 부여된 행정부처

(단위 : 건수)

구 분			검 찰	경 찰	국정원	기타기관*	합 계
2011년	통신	문서	115,834	473,109	10,077	52,165	651,185
		전화번호	1,295,968	3,958,055	102,979	491,989	5,848,991
		합 계	1,411,802	4,431,164	113,056	544,154	6,500,176
2012년	통신	문서	158,966	597,115	7,670	57,049	[illegible]800
		전화번호	2,241,812	5,115,131	110,923	[illegible]	[illegible]88
		합 계	2,400,778	5,712,[illegible]	[illegible]	[illegible]	[illegible],388
2013년	통신	문서	188,438	694,[illegible]	[illegible]	[illegible]562	944,927
		전화번호	2,858,991	6,230,6[illegible]	113,305	371,[illegible]46	9,574,659

총 2천600만건 요청

965 216

정청래 @ssaribi · Jul 26

<도대체 어떻게? 참 궁금합니다.>사후 그 사람이 타고다니던 차량을 폐차하는 것을 상속폐차라고 합니다. 상속폐차 절차와 방법이 이렇게 복잡한데 어떻게 장례를 치룬지 하루만에 폐차완료 할 수 있을까?

상속폐차 서류(사망신고 후)

구 분	필요서류
상속폐차	1. 고인의 재적등본(고인의호적등본) 2. 고인의 기본증명서 3. 고인을 기준으로한 가족관계증명서 4. 상속포기각서(가족관계증명서에 나와있는직계 가족모두의 서명, 미성년자가 있을경우, 미성년자의 부모에게 미성년자 동의서)

1.1K 230

정청래 @ssaribi · Jul 21

<바보야, 핵심의혹은 시기와 대상이야!>국정원이 밝힌 해킹 프로그램 구매 시점은 각각 2012년 총선전 1월-10회선, 3월-35회선 추가구매. 대선전 7월-10회선 구매, 12월 6일-30회선 추가구매...대북용이라면서 왜 하필 선거를 앞두고?

619 124

정청래 @ssaribi

정청래 @ssaribi · Jun 30

<박근혜 대통령은 독특하다.>집권 3년차를 맞는 역대 대통령중 유일하게 업적이 없다. 집권초에는 국정원 댓글사건으로, 집권 2년차는 세월호 참사로, 집권 3년차는 성완종 리스트와 메르스 대응실패 등 업적은 없고 업보만 생각난다. 업적이 없는 대통령.

View translation

RETWEETS 1,515 FAVORITES 310

정청래 @ssaribi · Jun 29

<박근혜대통령의 가장 큰 잘못>세월호 참사, 메르스 사태로 희생된 국민의 생명에 대한 슬픔과 분노는 접시물보다 얕고 자신의 자존심이 다친 상처에 대한 슬픔과 분노는 바다보다 깊다. 사학법과 연계해 국회를 두달간 내팽개친 자신의 과거를 뒤돌아 보시라.

822 180

정청래 @ssaribi · Jun 29

<더 열심히 하겠습니다.>전체 국회의원 300명중 11등, 새정치민주연합 130명중 6등. 입법활동 법안통과 출석률 등 13개 분야 종합평가. 앞으로 더 실력있는 당대포가 되겠습니다. 변함없이 쭈욱~

View translation

RETWEETS 782 FAVORITES 187

정청래 @ssaribi

정청래 @ssaribi · Jun 29

<삼권분립>헌법에 위배된 법률은 헌재에서, 법에 위배된 시행령은 국회에서 바로 잡아야 한다. 유아교육법은 보육예산 국가책임을 규정했는데 시행령에서 지자체도 부담하도록 모법을 위반했다. 그럼 당연히 국회에서 바로 잡아야 한다. 이것이 삼권분립 정신이다.

731 155

정청래 @ssaribi · Jun 29

<유승민은 무죄다.>박근혜의원도 2010년 이명박대통령의 세종시수정안 정면반기, MB와 대치했다. 朴의 유승민 찍어내기는 지난 여름날 자신의 행위에 대한 정면 부정이다. 박근혜는 무죄이고 유승민은 유죄인가?

582 137

정청래 @ssaribi · May 2

<가장 슬픈트윗>박정권은 기억하라! 슬픔이 차오르면 분노가 되고 분노가 극에 달하면 세상을 뒤엎게 된다는 것을. 세상에서 가장 무서운 힘이 슬픈본노라는 사실을. 80년 광주에서 87년 박종철때 그러했노라고.

View translation

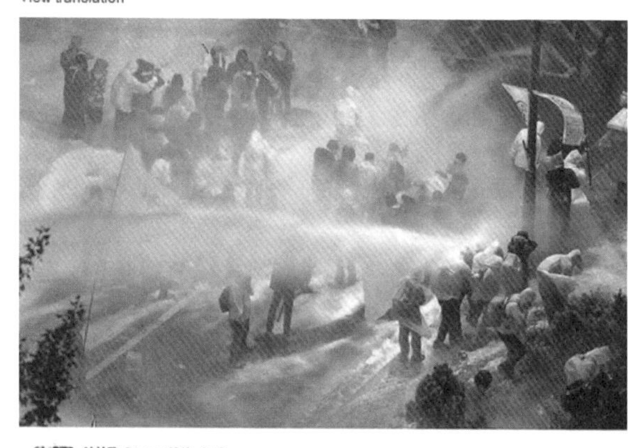

이현주 @answer1219 · 6시간

물로 아이들 수백명을 죽이더니 이젠 자식잃은 그 부모들마저 물로 죽이려드는 박근혜.

74 12

RETWEETS 833 FAVORITES 182

 **정청래** @ssaribi

정청래 @ssaribi · Apr 28

<경찰부터 법을 지켜라!>차벽은 현장에서 도저히 불가피한 상황일때 설치할 수있다. (헌재판결) 미리 차벽을 설치해 집회를 막았다면 명백한 불법. 4.18 집회전날에 기획하고 설치했기에 경찰이 불법행위다.

698 114

정청래 @ssaribi · Apr 18

<광화문 상황 끝!>유기족들 버스2대에 타고 떠나는 모습보고 저도 집으로 가고 있습니다. 저는 유가족 보호가 오늘 임무였는데 마지막은 큰충돌 없이 마무리 되었습니다. 오늘 함께 해주신 분들께 감사드립니다.

735 149

정청래 @ssaribi

정청래 @ssaribi · Apr 18

<유민아빠 풀려났습니다.>유민아빠, 영석아빠 등 유가족들은 대부분 풀려났거나 바로 석방될 예정. 유민아빠는 시민들 걱정이 태산입니다. 내일 경찰과 협의해서 시민들도 곧 풀려나도록 조치하겠습니다. 다들힘내세요!

View translation

RETWEETS 713 FAVORITES 132

정청래 @ssaribi · Mar 14

<홍준표식 대화법>경남도청은 업무보러 가는 곳이지 밥 먹으러 가는 곳이 아니다. 홍준표지사는 업무만 보고 밥은 먹지 마시라. 밥 먹을 일 있으면 돈 내고 드시라. 지켜보겠다.

RETWEETS 626 FAVORITES 125

정청래 @ssaribi

정청래 @ssaribi · Feb 25

<TV조선에 묻는다.>박정희대통령의 공과를 똑같이 봐야 한다고 주장한다. TV조선 당신들은 독재자 박정희의 폭압에 대해 신랄하게 비판한 적이 있는가? 당신들은 권력을 감시하는 언론인가? 빌붙어 먹는 언론인가?

RETWEETS 611 FAVORITES 118

정청래 @ssaribi · Feb 24

<논두렁 국정원>노대통령을 죽음으로 몰고간 "명품시계 논두렁에 버렸다."는 것은 국정원의 언론플레이. 대통령때도, 퇴임후에도 퍼부은 저들의 저주의 주술에 분노합니다. 노대통령님의 억울한 슬픔을 기억하겠습니다.

View translation

RETWEETS 875 FAVORITES 162

정청래 @ssaribi

정청래 @ssaribi · Feb 13

<김무성 대표님, 참 두껍습니다.>노대통령 당선후 대통령으로 인정도 안하고, 지난 대선때 반말로 "노무현이가 NLL을 포기했다."며 부산 유세장에서 증오와 저주의 허위사실 유포하고선…참 얼굴 두껍습니다.

RETWEETS 1,167 FAVORITES 208

정청래 @ssaribi · Feb 11

<朴대통령에게 다시 묻는다.>기초노령연금, 무상보육를 공약하며 "약속을 지키는 것이 가장 큰 약속"이라던 朴후보. "약속을 지기기 위해 정치생명을 걸겠다"고? 약속을 어겼으니 어떻게 정치생명을 걸지 대답하라!

RETWEETS 755 FAVORITES 116

정청래 @ssaribi · Feb 9

<박근혜대통령은 말하라!>대선 D-5일, "국정원 댓글이 허위면 문재인이 책임져라."고 말했다. 법원은 원세훈에게 국정원법, 선거법 위반으로 3년 실형을 선고했다. 박근혜, "대통령직은 유효한가?" 답하라!

RETWEETS 1,091 FAVORITES 187

정청래 @ssaribi

정청래 @ssaribi · Jan 7

<당대포!>이번 잔당대회 최고의 히트어 랍니다. 앞으로 두고 보세요. 말만이 아니라 진짜루 당대포가 되어 맹활약 하겠습니다. 당의 대포가 되어 무도한 새누리정권에 포문을 열겠습니다. 동의하시면 폭풍RT~

View translation

RETWEETS 625 FAVORITES 85

정청래 @ssaribi

정청래 @ssaribi · Mar 7

<나도 착하게 살고싶다.>
"착하기는 쉽다. 그러나 정의롭기는 어렵다."
나도 쉬운길, 편한길 착하게 살고싶다.
그러나 정의로운 길이 비록 어려운 길이라도...
나는 그 길을 가겠다.

View translation

RETWEETS	FAVORITES
822	180

거침없이 정청래

초판 1쇄 발행일 2015년 9월 16일
초판 2쇄 발행일 2015년 9월 21일

지은이 정청래
펴낸이 정은영

펴낸곳 (주)자음과모음
출판등록 2001년 11월 28일 제313-2001-259호
주 소 04083 서울특별시 마포구 성지길 54
전 화 편집부 (02)324-2347, 경영지원부 (02)325-6047
팩 스 편집부 (02)324-2348, 경영지원부 (02)2654-7696
e-mail munhak@jamobook.com
커뮤니티 cafe.naver.com/cafejamo

ISBN 978-89-544-3185-9 (03340)

이 도서의 국립중앙도서관 출판예정도서목록(CIP)은 서지정보유통지원시스템 홈페이지(http://seoji.nl.go.kr)와 국가자료공동목록시스템(http://www.nl.go.kr/kolisnet)에서 이용하실 수 있습니다.(CIP제어번호: CIP2015024590)